판례와 사례를 중심으로 한

인권과 사회복지

| 박연주 저 |

Human Rights and Social Welfare
Focusing on Judicial Precedents and Cases

학지사

이 저서는 2017년 정부(교육부)의 재원으로 한국연구재단의
지원을 받아 수행된 연구임(NRF-2017S1A6A4A01020350)

머리말

이 책은 사회복지학이 인권과 관련해 출발한 학문임에도 불구하고 복지는 경제의 부가적인 것으로 인식되고 있기에, 사회복지에 대한 인식의 변화를 위해 집필하였다. 여전히 '인권' 하면 법에 의해 발전되는 것 그리고 법률전문가가 인권의 대변인으로 인식되고 있음을 반성하면서, 앞으로 사회복지가 자선복지에 머물지 않고 점차 권리복지의 추구를 실현시켜야 하므로 이 책이 인권과 사회복지의 발전 과정에 한 축이 되고자 한다.

이 책은 크게 3부 8장으로 분류하여 구성되었다.

제1부는 인권과 법, 사회복지의 이해를 다루고 있다. 인권의 개념과 관련해서는 자유·평등 등의 가치개념이 포괄되어 있으며, 국제적으로는 세계인권선언을 통해 그 가치를 이해할 수 있다. 또한 이 개념들은 국내적으로는 「헌법」의 기본권의 개념을 이해함으로 설명되게 된다. 따라서 제1장에서 인권과 법의 관계를 이해하고 제2장에서는 인권과 사회복지의 관계를 이해하면서 현대 인권논의의 발전추구를 위해 법과 사회복지의 융합을 실천적으로 다루고자 총설 부분으로 제1부의 내용을 선정하였다.

제2부는 인권취약계층의 자유침해를 다루고 있다. 제3장에서는 아동의 자유침해에 대해서 아동학대, 아동체벌, 성폭력범죄와 관련한 판례의 내용을 분석하여 사회복지의 시사점을 다루고 있다. 제4장에서는 장애인의 자유침해에 대해

서 장애인학대, 성폭력범죄와 관련한 판례 내용을, 제5장에서는 노인의 자유침해에 대해서 노인학대, 노인자살 및 자기방임과 관련한 판례와 사례의 내용을 분석하여 사회복지의 시사점을 다루었다.

제3부는 인권취약계층의 평등추구를 위한 사회적 기본권보장을 다루고 있다. 제6장에서는 재판에서의 아동 의견존중, 소외계층 아동의 교육권과 관련한 판례 및 사례의 내용을 분석하여 사회복지의 시사점을 다루고 있다. 제7장에서는 장애인고용촉진, 장애인의 이동할 권리 및 시설물 이용을 위한 이동과 관련한 판례 및 사례 부분을 다루고 있으며, 제8장에서는 노인의 고용촉진, 노인의 부양의무와 관련한 판례의 내용을 분석하여 사회복지의 시사점을 다루었다.

이 책에서 자유의 침해 및 평등추구를 위한 사회적 기본권보장과 관련해 각 계층별, 주제별로 모두 다루지는 못하였다. 이 책에서 다루지 못한 계층별, 주제별 내용과 관련해서는 후속연구를 계속적으로 연구하여 후속 서적을 집필하고자 한다.

마지막으로 성균관대학교 한창근 교수님께 감사의 말씀을 드린다. 이 책이 나오기까지 너무도 힘든 시기에 성균관대학교의 한창근 교수님께서 저술활동이 원활히 진행될 수 있도록 많은 도움을 주시고 가슴으로 걱정해 주시면서 멘토로서 이 책이 무사히 나올 수 있도록 옆에서 많은 도움을 주셨다. 교수님께서는 바쁘신 가운데서도 저자에게 긍정적 격려와 더불어 이 책의 연구주제에 맞게 인권과 사회복지의 이론적 토대를 직접 정리해 알려 주시면서 원고활동에도 지대한 도움을 주셨다.

또한 몸이 많이 아프고 힘든 상황에 있으나 곁에서 힘이 되어 준 신랑과 딸 가은이, 이 책이 나올 수 있도록 도움을 준 학지사 김은석 이사님, 편집을 맡아 준 박선민 대리에게도 감사드린다.

2020. 1.

박연주

차례
....

인권과 법, 사회복지의 이해

인권과 법의 관계

제1장 인권과 법의 관계

학습목표

1. 인권의 개념을 이해한다.
2. 인권의 역사에 대해 알아본다.
3. 국제인권 관련 법률에 대해 살펴본다.
4. 인권과 「헌법」의 관계에 대해 살펴본다.

제1절 인권의 개념

1. 인권이란 무엇인가

1) 인권의 본질과 천부인권사상

"인권이란 무엇인가?"에 대해 학생들에게 질문하면 "인권은 천부인권사상을 의미합니다."라는 답이 나온다. "그럼, 천부인권사상이란 무엇인가?"라고 다시 질문하면 "태어나면서부터 부여받는 인간의 기본적 권리입니다."라고 대답한다. 이렇듯 인권을 인간이 가지는 기본적 욕구에 따른 당연한 권리라고 개념 정의하는 것은 인권을 너무 모호하게 인식할 수 있다. 여기서부터 인권의 본질과 관련해 문제가 발생하게 된다. 물론 인권은 인간이라면 누구나 누려야 할 권리로 실정법 이전에 존재하는 권리이기는 하나, 인권을 절대적 가치로 추구하게 되면 이러한 절대적 인권이 서로 충돌하게 되고 각각의 인권이 제한될 수 없게 되어 인권의 충돌 문제는 해결되기 어렵게 된다(이준일, 2015).

따라서 국제적으로는 1948년 세계인권선언(Universal Declaration of Human Rights)에 따라 구체적으로 표현되고 국내적으로 인권은 이성적으로 논해질 수 있는 출발점인「헌법」제10조에 의한 인간은 존엄한 존재로 행복을 추구할 권리를 가지는 존재라는 규범에서 비로소 출발하게 된다고 볼 것이다. 그렇다면 인간이 존엄하고 가치 있는 존재로 행복을 추구하기 위한 필수적 조건은 무엇인가? 이를 위해서는 모든 인간에게는 자유와 평등이 전제적으로 실현되어야 할 것이다. 인간이라면 마땅히 누려야 할 자유와 관련해서는 여러 가지 보완적 권리가 필요하다. 이와 관련해서는 국가의 제약이 있다면 이를 중지해 줄 것[1]을 요구할 것과 타인에 의해 침해될 경우[2]에는 국가로부터 보호해 줄 것을 요구할 권리 및 자유를 실현하고 생존·생명을 지킬 수 있도록 최소한의 물질적 지원을 추구해 주는 사회권[3]과 관련해 국가의 지원이 실현되어야 비로소 자유를 전제로 한 인간의 존엄이 실현되었다 볼 것이다.

한편, 평등과 관련해서는 인권 추구와 관련해 계속적 논증이 이루어지고 있다. 이와 관련해서는 절대적, 상대적 평등에 대한 논증[4]과 법적, 사실적 평등[5]에 대한 논증을 통해 인권의 추구를 위해 노력하고 있다. 즉, 평등과 관련해 어떠한

---

1) 이러한 국가의 제약을 중지해 줄 것을 요구할 수 있는 권리를 방어권이라 한다.
2) 타인의 침해로부터 보호해 줄 것을 국가에 요구할 수 있는 권리를 보호권이라 한다.
3) 현 사회에서의 사회권은 자유, 평등의 실현을 위해서는 다양한 방식으로 이해가 된다. 특히 사회적 기본권은 자유권적 기본권과는 달리 주로 국가에 급부에 대한 적극적인 행위를 요구하는 것이기 때문에 사회복지와 관련해서는 적극적 옹호활동을 구체화할 필요가 있다.
4) 절대적 평등이란 모든 것에 대해 동일하게 대우하는 것을 말하며, 상대적 평등이란 다른 것은 다르게 대우하는 것을 말하는데, 평등은 상대적 평등을 말한다고 볼 것이다(이준일, 2015). 이러한 상대적 평등은 기준이 객관적으로 정해져 있는 것이 아니기 때문에 무엇을 같게, 무엇을 다르게 판단하는지에 따라 평등의 문제를 합리적으로 해결할 수 있게 될 것이다(이준일, 2015).
5) 법적, 사실적 평등을 포함하여 비로소 평등을 논하게 된다. 법적 평등이란 행위에 대한 평등으로 어떠한 행위를 함에 법적으로 평등하게 대우받고 있는가를 말한다면, 사실적 평등이란 행위에 대한 결과의 평등으로 단순히 행위를 위한 기회, 가능성의 평등이 아닌 그러한 행위에 대한 결과의 평등까지를 말한다(이준일, 2015).

실천적 지원이 이루어져야 비로소 평등을 전제로 한 인간의 존엄성이 실현되고 행복을 추구할 수 있는지에 대해서는 시대적, 경제적, 문화적, 국가적 상황 등에 따라 변화하고 있으며, 그러한 노력에 따라 평등을 전제로 한 인간의 존엄이 실현되었다 볼 것이다.

2) 인권에 관한 기본적인 논의들

인권은 인간으로서 당연히 가지는 권리로 정의할 수 있다. 인간이기 때문에 당연히 가지는 권리로서의 인권을 강조하는 것은 상대적으로 인권에 대한 침해가 빈번하며 인권 보호를 위해 국제적인 그리고 국가적인 차원에서의 적극적인 대처가 필요하다는 점을 역설적으로 보여 주고 있다. 여기에서는 인권에 관한 기본적인 논의점 및 논쟁점들에 대한 설명을 제시하고 있다.

(1) 인권의 범주

인권을 인간이 가지는 기본적 욕구에 따른 당연한 권리라고 개념 정의하는 것은 인권을 너무 모호하게 인식할 수 있다. 따라서 인권의 구체적인 목록 또는 항목들을 이해하는 것이 인권을 보다 구체적으로 이해하는 데 필수적이다. 또한 인권의 영어표현은 human rights이다. 권리에 대한 영어표현이 단수가 복수 형태로 제시되고 있다는 점은 주목할 필요가 있다. 즉, 인간이 가지는 권리는 다양하다는 점이다. 크게 인간이 가지는 권리를 자유권, 생존권, 사회권 등으로 구분한다면 이 모든 권리에 대한 보장이 필요하다는 것을 의미한다. 따라서 저자의 입장은 영어표현을 적극적으로 반영한다면 인권은 기본적으로 인권'들'이란 의미로 인식될 필요가 있다고 본다. 인권의 다양성을 이해하기 위해서는 인권의 유형 및 범주에 대한 기본적인 이해가 필요하다. 여기에서는 1948년 세계인권선언(Universal Declaration of Human Rights)에서 제시하고 있는 세 가지 유형들을 소개하고 있다.

첫째, 세계인권선언에서는 인간이 가지는 정치적 그리고 개인적 자유를 제시하고 있다. 이 인권유형은 공정한 재판을 받을 권리, 의사표현 및 종교의 자유, 거주 이전의 자유, 결사의 자유, 차별, 노예, 고문에 반대하는 보장 등을 포함하고 있다(세계인권 선언문. 2~15조. 1948.). 정치적 자유는 정치적 공동체의 구성원으로서 의사표현을 하거나 국가업무에 참여하고 국가권력을 권리의 향상에 요구하는 권리를 강조하고 있다. 개인적 자유는 시민으로서 일상 생활영역에서 국가나 타인의 간섭으로부터 보호받을 수 있는 권리를 의미한다. 이러한 권리들은 부정적 권리(negative rights)로 표현될 수 있다. 즉, 개인 자신의 권리를 보장받기 위해 국가의 간섭이나 활동을 제한하거나 부정하는 측면에서 부정적이라는 것이다. 국가의 불간섭을 강조하는 특성을 가지고 있다.

두 번째 범주의 인권은 상대적으로 긍정적 권리(positive rights)를 포함하고 있다. 긍정적 권리는 권리를 유지하거나 향상시키기 위하여 국가나 타인에 대해 구체적인 행동을 요구하는 것을 의미한다. 이 두 번째 범주의 인권하에서 모든 사람은 적절한 삶의 수준(adequate standard of living)을 요구할 수 있는 권리를 포함한다. 적절한 삶의 수준은 음식, 의복, 주택, 의료, 그리고 필요한 사회서비스 등을 포함한다(United Nations, 1948, article 25). 또한 모성보호와 아동보호를 위해 특별한 지원과 서비스를 받을 수 있는 권리를 보장하고, 초등교육 수준의 교육권을 보장하는 것도 이러한 긍정적 권리에 포함된다(United Nations, 1948, articles 16-27).

세 번째 범주는 집합적 인권(collective human rights)으로 인권 향상을 위해 국가 간 협력을 통해 달성되는 권리들을 포함하고 있다. 국가 간 협력을 담보로 이루어지는 특성상 이 집합적 권리는 세 가지 인권 범주 중에서 가장 낮은 발달수준을 보이고 있다. 세계인권선언에서는 인권의 향상을 위해 모든 사람은 국제적 질서에 호소할 수 있다고 선언하고 있으나(United Nations, 1948, article 28), 국제적인 협약 및 협력에 따라 이러한 호소가 인정되고 보장될 수 있다. 대표적인 예는 에이즈 위협을 받고 있는 국가들을 지원하기 위한 국제적인 협력노력을 들 수 있다. 또한 지구온난화와 국제 환경보호를 추진하는 국제협약도 이러한 국제적인 협력의 예라고 볼 수 있다.

(2) 보편주의와 문화적 상대주의

인권과 관련된 핵심 원칙 중의 하나가 보편주의(universalism universality)이다. 보편주의는 모든 인간은 보편적인 권리, 즉 인권을 가진다는 것이다. 어느 한 사회에서 어떤 사회경제적 지위에 위치하고 있는가와 상관없이 인권을 향유할 수 있다는 것이 보편성 또는 보편주의의 핵심이다. 예를 들어, 모든 사람은 적절한 영양섭취를 할 권리를 가지고 있다. 국가별 특히 저개발국가의 경우, 모든 사람에게 적절한 영양섭취를 제공할 자원이 부족할 수도 있지만, 사람은 국가를 향해 적절한 영양섭취를 제공하라고 요구할 수 있다는 것이다. 즉, 보편성 추구는 인간의 존엄성 추구라는 본질적 차원이라는 의미에서 어떤 구체적 제도나 법, 사회적·문화적 가치에 따라 달리 추구되는 것이 아니다(손병돈 외, 2011).

보편주의는 여러 비판적인 관점과 함께하고 있다. 그 첫 번째는 보편주의가 하나의 집단 및 조직이 다른 집단보다 우월하다는 식민사관과 연관되어 있다는 비판이 있다(Ignatieff, 2001). 이러한 비판은 잘 사는 국가에서는 모든 시민에게 적절한 건강, 교육, 주택, 그리고 서비스를 제공하고 있으니 못 사는 국가에서도 이러한 권리들을 그 국민들에게 제공할 필요가 있다고 강조하고 있다는 내용이다. 하지만 인권선언이 이루어지는 과정에서 알 수 있듯이 인권선언은 어느 한 집단이 다른 집단보다 우월적 지위에서 강요하기보다는 다양한 국가의 상황과 환경을 고려한 합의에 의해서 구성된 것이다. 모든 사람이 적절한 권리를 향유할 수 있도록 모든 국가들이 노력해야 한다는 점을 강조하고 있다는 점에서 보편주의를 식민사관과 연결시키는 것은 무리라는 것이다(Reichert, 2011).

보편주의의 비판은 자연스럽게 상대주의와 연결된다. 또한 문화적 상대주의는 식민주의에 대응하는 수단으로서 부각되고 있다. 1800년대 서구 국가들은 그 외 지역 국가들보다 우월하고 그 시민들도 원주민들보다 우월하다는 시각이 팽배하였다. 하지만 각각의 문화는 그 자체로 가치가 있고 의미가 있다는 문화적 상대주의가 등장하였다. 각각의 문화는 독특하고 다양하기 때문에 그 문화를 있는 그대로 봐야 하지 서구 기준으로 보아서는 안 된다는 관점이다. 그러나 문화적 상대주의는 의도적으로 악용되기도 한다. 대표적인 예가 나치 정부의 유대인 학살정책이다. 게르만족의 순수성을 강조하면서 수백만 명의 유대인들을 학살한 나치 정부는 문화적 상대주의를 악용한 결과이다. 다른 예들로 보편적인 의료보장을 제공하지 않거나 여성들에게 운전면허를 발급하지 않는 경우 그리고 하나의 종교만을 인정하는 경우도 이러한 문화적 상대주의를 정당화하면서 실시되고 있는 경우이다.

문화적 상대주의의 악폐로 우리에게는 다소 생소하지만 여성할례(female genital mutilation)가 있다. 여성의 외부생식기를 제거하거나 절단하는 여성 할례 피해자는 약 30여 개 국가에서 하루 평균 6,000여 명, 그리고 연간 약 200만 명에 이르는 것으로 보고되고 있다. 이에 여성 할례 철폐를 위해 UN에서는 매년 2월 6일을 세계 여성 할례 철폐의 날로 정하였다. 여성 할례는 여성 그리고 아동의 인권을 심하게 유린하는 관습이다. 할례가 이루어지는 많은 국가에서는 법적으로는 이러한 여성 할례를 금지하였으나 관습 및 문화로 남아 있어서 할례가 끊이지 않고 행해지고 있다. 문화적 상대주의의 관점에서 이러한 악습을 대하는 접근은 신중할 필요가 있다. 외부인의 강요적인 악습금지는 오히려 식민사관 및 식민주의 관점이라는 역풍을 맞을 수 있다. 따라서 국가 및 지역사회 차원에서 그러한 악습을 줄이기 위한 교육 그리고 캠페인을 통한 악습을 낮추는 노력이 필요하다(Reichert, 2011).

보편주의와 문화적 상대주의의 긴장은 인권 자체에 내포하고 있는 지속된 갈등을 보여 주고 있다. 우리는 외부인이 무엇을 하라고 지시하는 것에 반발심을 가지고 있다. 하지만 국제적으로 보편적인 인권 원칙들을 무시한다면, 내부자들의 인권이 향상될 것이라는 가능성은 줄어들 수 있다. 이러한 상황은 인권과 관련된 보편주의와 문화적 상대주의를 균형 있게 고려하되, 궁극적으로는 모든 사람이 인권을 향유할 수 있는 기반을 확대하는 것에 초점을 둘 필요가 있다.

국제적인 협력에 따라 발전가능성을 도모하는 집합적 인권은 국제적인 이슈에 대한 국가들의 협조와 연대가 중요한 역할을 한다. 하지만 여기에서 선진국들은 상대적으로 경제개발이 뒤처진 후진국들의 상황을 고려한 연대와 협력을 이끌어 내야 한다. 선진국들이 처한 정치·경제·사회적 환경은 후진국들이 처한 상황과 여러모로 다르기 때문에 발전된 국가들 입장만을 고려할 경우 이러한 협력은 더 멀어질 수 있다(Reichert, 2003).

(3) 인권의 상징성과 현실

조효제(2007, pp. 336-337)는 인권담론의 특징을 종합적으로 정리하면서 "인권이 지향하는 목표는 구체적이고 현실적이다."라고 설명하고 있다. 인권은 유토피아의 건설과 같은 높은 추상성을 주장하는 것이 아니라 인간으로서의 존엄을 위해 최소한 이것들만을 보장해 달라는 의미로서 구체성과 현실성을 강조하고 있다는 것이다. 조효제는 이러한 인간이 가지는 최소한의 요구를 절대적으로 추구한다는 점에서 '최소절대화(Absolute-minimum)[6]'라는 방식에 의해 작동한다고 주장하고 있다. 이러한 설명에서 인권은 구체적이고 현실적인 주장이라고 말할 수 있다. 그러나 여기에서 설명하고 있는 인권의 상징성과 현실은 아무리 이러한 최소한의 요구를 구체적으로 제시하더라도 현실적으로 이러한 인권들의 실현은 진행이 더디다는 점을 강조하고 있다. 아주 단순하게 인권은 모든 사람이 적절한 권리를 향유한다는 점을 강조하고 있지만 현실에서 인권격차는 다양한 국가에서 나타나고 있다. 인권선언이 채택되고 다양한 분야에 있어서 인권선언들이 추가되고 있지만 이러한 긍정적인 노력들에 비하여 실제 모든 사람이 인권을 향유하고 있는가에 대해서는 여전히 의구심이 많다.

이에 대해 Reichert(2011)는 인권은 모든 사람에게 평등을 보장하지 않는다고

---

6) 조효제(2007, p. 336)는 최소절대화는 절대적으로 최소한의 요구만을 주장하는 것이 아니라, 요구 자체는 최소한으로 하는 것처럼 제시되나, 그 요구는 양보 없이 절대적으로 관철해야 한다는 것으로 보충설명하고 있다.

설명하고 있다. 다만 인권은 생존하기 위한 기본적인 기준만을 권리로 강조하고
있다. 이러한 기본적인 기준은 다양한 격차와 불충분을 철폐하기보다는 완화시
킨다는 점으로 이해될 필요가 있다. 미국에서의 불평등 문제, 가진 자와 못 가진
자의 격차의 확대는 대표적인 예이다. 카트리나 허리케인이 미국 남부 지역을
강타하면서 이러한 상황을 단순히 자연재해의 결과물로 해석할 수도 있지만, 경
제적 불평등에 따라 이재민의 대응 결과가 다르다는 점은 미국 내 불평등 문제
를 부각시키고 있다. 이러한 자연재해에 따라 수많은 이재민이 쉘터를 찾지 못
해 고생하는 상황에서 경제적으로 발전한 미국이 모든 시민에게 인권을 보장하
고 있다고 말할 수 있겠는가? 이러한 과정에서 우리는 불행하게도 인권을 달성
하기 위한 시도들이 실패하는 과정을 경험하고 있다고 볼 수 있다.

국제적인 수준에서는 사회복지와 인권의 연결성은 보다 구체적으로 명시되
어 왔다. 전 세계 사회복지사의 국제기구인 International Federation of Social
Workers(이하 IFSW)는 인권선언과 인권 원칙들을 강조하고 있고, 사회사업 실
천에 적극적으로 반영하도록 주장하여 왔다(Reichert, 2011). IFSW의 회원인 사
회복지 기관 및 조직들은 IFSW의 윤리규정들을 준수해야만 한다는 점을 고려하
면 국제적으로는 사회복지실천 과정에서 인권의 적용은 중요하나 실제 각 기관
들이 인권 함양을 위해 적극적으로 활동하고 있는지에 관하여는 부정적인 것이
사실이다. 미국의 경우를 살펴보면 이러한 부정적인 판단이 현실로 나타난다.
미국에서도 사회사업 교육기관들을 총괄하는 조직인 Council on Social Work
Education(이하 CSWE)는 인권을 미국 사회복지교육기관 교과목에 통합시켜 적
용하라고 명시하고 있다. 하지만 최근까지 미국에서도 사회사업 전문직은 인권
을 사회사업 교육에 통합시켜 진행하는 경우는 드물었다(Reichert, 2011).

이러한 인권의 상징성과 현실 사이의 격차는 한국에서도 빈번하게 일어나고
있다. 현재 한국은 국제적인 인권선언에 적극적으로 참여하고는 있지만 한국의
인권수준이 높은가라는 질문에는 많은 독자가 고개를 갸우뚱거릴 것이다. 이러
한 현실은 인권선언의 법적 강제성이 제한적이라는 점에 원인이 있다. 국제질서

의 과정에서 채택한 인권선언들이 강제적으로 적용될 가능성도 실질적으로 높지 않다. 인권선언들은 기본적으로 인권 향상을 위한 가이드라인으로 제시되고 있고 가능하면 이러한 가이드라인에 따라 각 국가의 국내 현실을 고려하여 실천되기를 바라는 것이 지금 우리가 처한 현실이다.

인권의 상징성과 현실 사이의 격차를 보여 주는 단편적인 예는 인권 차원에서의 바람직한 방향으로의 제도 수정이 필요한데 실제 법과 제도에서는 그러한 제도 수정이 이루어지지 못하는 경우가 많다. 최근 한국에서 장애인이 노인이 되면서 장애인활동지원서비스에서 노인장기요양보험 서비스로의 서비스 전환과정에서 나타나는 장애인 인권침해의 예는 대표적이라 볼 수 있다.

장애인이 자립생활을 유지하는 데 중요한 사회복지서비스인 장애인활동지원서비스가 있다. 장애인이 지역사회에서 자립생활하면서 지역사회로부터의 소외와 분리를 예방하고 지역사회 통합을 목적으로 한 장애인활동지원 사업은 2007년 시범사업으로 운영된 후 2011년 「장애인활동 지원에 관한 법률」의 제정에 의해 그해 10월부터 본격적으로 시행되고 있다. 지원대상은 초기 14,000명에서 2018년 78,530명으로 확대되었고 소요예산도 확대되고 있는 상황이다(이만우 · 김대명, 2018). 이러한 확대에도 불구하고, 2014년 10월 UN 장애인권리위원회에서는 장애인의 지역사회 동참을 위한 정책들(활동보조 제도를 포함)이 부족하다는 우려를 표명하였다. 이러한 의견에 대해 국가인권위원회는 장애인활동지원 제도에 관한 실태조사를 실시하였고, 그 결과를 바탕으로, 첫째, 활동지원서비스의 급여량 부족과 지역별 불균형 문제, 둘째, 만 65세 이상 장애인의 노인장기요양보험 서비스로의 전환 문제, 셋째, 활동보조인의 처우 문제 등의 개선을 보건복지부에 권고하였다(국가인권위원회, 2017). 특히 활동보조서비스를 한 달에 400~500시간 정도 받고 있던 장애인이 65세가 되면 노인장기요양보험에 따라 한 달 약 100시간(하루 최대 4시간) 활동지원을 받게 되어 「장애인복지법」에 의한 활동지원보다 양적인 면에서 급격하게 감소되는 상황에 대한 대안으로 장애인들에게 「장애인복지법」에 의한 활동보조서비스와 노인장기요양보험에 의한 활동지원 중 선택할 수 있는 권리를 제공하라고 권고하였다. 하지만 보건복지부는 수급자 편중과 형평성 문제 등을 이유로 이 권고를 채택하지 않았다. 장애인이 나이 들어가면서 활동보조지원 제도의 필요성이 요구되는 상황에서 제도적으로 그와 반대되는 지원에 제도적 한계가 발생하고 있는 것이다(오마이뉴스, 2018. 9. 21.).

(4) 인권의 충돌

인권은 모든 인간에게 적용되는 보편주의 원칙을 강조하고 있다. 그러나 상대주의 관점에서 다양한 상황에 따라 인권의 적용이 필요하다는 점은 인권들이 충돌할 가능성이 높다는 것을 암시하고 있다. 즉, 인권이 보편적이라고 선언할 수 있지만 실제 적용의 과정에서는 다양한 가치와 권리들 사이에서 충돌이 발생할 수밖에 없다는 것이다(고명석, 2016). 모든 개인적 인권의 가치를 최대한 보장하는 것이 중요하지만 실제 우리의 현실에서는 인권은 바로 선택의 문제로 이해될 수 있다. 즉, 모든 인간의 인권 향상을 목표로 하지만 실제 모두를 만족시키는 상황은 쉽지 않다.

몇 가지 예들은 이러한 인권의 충돌을 이해하는 데 필요하다. 첫째, 우리는 장애인 시설 및 기관의 설치에 있어서 장애인(부모), 국가기관, 그리고 그 지역주민 간 이해충돌이 일어나는 경우를 자주 목격하고 있다. 최근 예로 2017년 9월 서울 강서구에 장애인 특수학교를 신설하는 것에 대해 지역 주민들이 반대하자 학부모들이 무릎을 꿇고 호소하는 모습이 뉴스에 등장하였다. 이 지역에 한방병원 설립을 희망하는 지역주민들이 장애인 특수학교 설립을 강력하게 반대하면서 등장한 갈등의 모습이었다. 서울에 사는 장애학생은 약 1만 3천 명 정도인 데 반해 특수학교는 29개에 불과하고, 2002년을 마지막으로 추가적으로 개교한 특수학교는 없는 것이 현실이었다. 이러한 과정에서 장애인 특수학교의 설립은 서울교육청이 처음부터 추진하였으나 지역 주민들의 재산권 또는 새로운 의료시설이용권 주장과 장애인 학생들에 대한 교육권과의 충돌현상으로 나타난 것이다.

둘째, 범죄와 관련된 범죄피해자의 인권과 범죄자 인권의 충돌은 또 다른 예이다. 범죄자 또는 피의자의 얼굴 공개는 대표적으로 논쟁이 일어나는 상황이다. 현재 「특정강력범죄의 처벌에 관한 특례법」 제8조 제2항(피의자의 얼굴 등 공개)에 따르면 범행수단이 잔인하고 중대한 피해가 발생한 특정 강력범죄의 피의자의 경우 그 죄를 범했다고 믿을 만한 충분한 증거가 있을 경우에는 피의자 얼굴을 공개할 수 있다고 명시하고 있다.[7] 범죄를 저지른 범죄자는 기본적으로 범죄에 대한 혐오 및 반발에 의해 강력한 낙인이 부과될 수밖에 없다. 특히 피의자 및 범죄자의 가족이 감당해야 하는 낙인은 감당하기 어려울 것이라는 것을 쉽게 예측할 수 있다. 이러한 상황에서 가해자인 범죄자의 죄에 대한 처벌은 법적인 절차에 의해 이루어져야 하는 것이지 추가적으로 범죄자의 최소한의 인권에 대한 침해는 이루어지지 않도록 해야 한다.

이러한 인권 충돌의 예들은 특정 권리를 보호하기 위하여 다른 이들의 특정 권리에 제한을 가할 수밖에 없다는 것, 그러나 그러한 제한을 두는 과정에서 법과 민주주의 원칙이 엄격하게 적용되어야 하는 것이 중요하다. 인권 충돌의 해결방법으로 이익형량에 의한 해결과 실제적 조화의 원칙을 들 수 있다. 이익형량에 의한 해결방법은 상하 인권, 동위 인권 간의 충돌을 구별하여 적용할 수 있다. 실제적 조화의 원칙은 충돌하는 인권 모두가 최대한으로 그 기능과 효력을 나타낼 수 있도록 조화를 추구하는 방식으로의 해결을 의미한다. 이러한 해결방법들은 법원이나 국가인권위원회와 같은 공신력 있는 국가기관에 의한 판단으로 구체화될 수 있다. 그리고 국가기관들은 인권의 원칙과 형평성, 그리고 인권감수성에 기반하여 판단을 해야 할 것이다.

---

7) 범죄자 신상이 공개된 최근 사례로는 김성수(서울 강서구 PC방 살인사건), 변경석(손님과 말다툼을 벌이다가 흉기로 살해한 뒤 과천 서울대공원 근처에 유기한 사건), 김성관(재가한 어머니의 일가족을 살해한 사건), 어금니 아빠 이영학, 김다운(이희진 부모살해 피의자) 등이 있다(연합뉴스, 2019. 3. 25.).

3) 인간의 존엄성추구를 위한 자유, 평등가치

인간의 존엄성추구는 자유, 평등을 통한 사회권보장 등을 통해 실현될 수 있는 가치라 할 것이므로 이에 대해 살펴보면 다음과 같다.

(1) 자유침해에 대한 보호: 생명·신체를 훼손당하지 아니할 권리

역사적으로 자유에 대한 가치는 인권과 관련해 밀접한 관련을 갖고 있다. 이러한 자유에 대한 추구는 각종 역사적 선언문[8] 등을 통해 발전하게 된다. 세계인권선언 전문에서는 "모든 개인과 사회 각 기관이 이 선언을 항상 유념하면서 학습 및 교육을 통해 이러한 권리와 자유에 대한 존중을 증진하기 위하여 노력하며 …… (중략) …… 그 관할 영토의 국민들 사이에서 이러한 권리와 자유가 보편적이고 효과적으로 인식되고 준수되도록 공통의 기준으로서 이 세계인권선언을 선포한다."고 규정하고 있다.

자유권의 침해와 관련해 특히 제3자에 의한 신체자유의 침해에 관해서는 지금까지는 주로 법률가에 의해 주도되어 왔다. 그러나 복잡 다양한 현 사회에서 생명·신체를 훼손당하지 아니할 자유권과 사회권을 분리하여 생각할 수 없듯이 자유권의 영역에서 특히 취약계층에 대한 자유권의 보호와 관련해 사회복지 실천가들은 이들에 대한 옹호자로서의 역할을 담당해야 할 때이다. 이 책에서는 제2부에서 인권의 취약계층인 아동, 장애인, 노인의 생명·신체를 훼손당하지 아니할 자유침해에 대한 보호와 관련해 다양한 판례와 사례를 통해 사회복지의 방향과 생각해 볼 문제에 대해 다루고 있다.

(2) 평등추구를 위한 사회적 기본권보장

평등추구를 위한 사회적 기본권보장과 관련해서는 모든 인간은 인간의 존엄

---

8) 역사적으로 인권과 관련한 주요 선언문을 살펴보면 1776년의 버지니아 권리선언, 1789년의 프랑스의 인권선언, 1948년의 세계인권선언을 중심으로 살펴볼 수 있겠다.

성을 추구하기 위하여 성별, 장애, 사회적 신분, 그 밖의 모든 영역에서의 차별을 반대하고 동일한 기회를 주기 위한 차원의 평등추구를 위해 발전하게 된다. 이와 관련해 전통적으로 사회복지는 삶의 모든 영역에서 기본적 최저수준 보장을 위해 발전하였다.

인권에는 기회의 평등을 넘어 결과의 평등가치를 부분적으로 반영하고 있다. 이러한 결과의 평등가치는 사회권 중에서 특히 사회복지와 관련하여 반영되고 있다.

인권은 사회정의, 평등, 그리고 임파워먼트와 같은 사회복지의 주요 실천 목표를 해석하는 데 있어서 중요한 기본적인 철학을 제공한다. 즉, 왜 사회정의가 이루어져야 하는지, 평등이 왜 필요한지, 그리고 일부 취약계층에 집중하여 그들의 역량을 향상시켜야 하는지 등에 관한 기본적인 근거는 인권에 기초한다. 다시 말하면 그들도 우리와 같이 살아가는 인간이기 때문이다(Dewees & Roche, 2001).

사회복지는 기본적으로 인권과는 뗄 수 없는 관계이다. 보다 구체적으로 Centre for Human Rights(1994, p. 5)는 인권 철학이 사회복지 이론, 가치, 윤리, 그리고 실천과 밀접하게 연관되어 있다고 설명하고 있다. 인간의 욕구에 대응하는 권리는 지지되어야 하며, 그러한 권리는 사회복지의 정당화와 동기부여에 기초를 제공하고 있다. 또한 '사회복지 전문직은 인권의 향상과 발전에 정치사회적으로 옹호하는 활동에 치중해야 한다.'고 강조하고 있다.

이 책에서는 제3부에서 평등추구를 위한 사회적 기본권보장과 관련해 사회복지가 담당해야 할 영역으로 아동의 경우 평등실현을 위한 의견표명, 교육과 관련한 부분을 장애인의 경우 생존권과 직결되는 근로와 이동권의 문제를, 노인의 경우 장애인과 마찬가지로 생존권과 직결하여 근로 및 돌봄과 관련한 부양의 문제에 대해 다루고 있다.

2. 인권의 역사

1) 국제인권의 역사

인권은 인간이 인간답게 살기 위해 보편적으로 추구되는 자격으로 역사적으로 추구하고자 하는 보편적 인권 개념이 다르게 성립되었다고 볼 수 있다. 이에 이 책에서는 인권 초기단계부터 현대의 인권단계에 이르기까지 인권의 역사에 대해 간략히 다루고자 한다.

(1) 국제인권의 초기단계

고대사회는 특정인에 대한 권리의식만이 존재하는 시기로 지금의 인권 개념과는 차이가 있으며 이 당시는 신에 의해 부여된 권리를 인권이라 보았다. 그 후 중세에 이르러 1215년 영국의 권리대헌장(Magna Carta)을 통해 인권의 역사가 도래되게 된다. 권리대헌장인 Magna Carta는 절대 권력인 왕권에 대한 최초의 국민의 권리 옹호 문서로 처음에는 귀족의 권리 재확인에서 출발하였으나 Magna Carta 제39조[9]에 따라 자유 시민에 대한 권리의 근거가 마련되게 된다. 이러한 최초의 법적 근거를 토대로 인권에 대한 문서로써의 권리 보호가 일반 시민에게 주어지게 되고 이는 이후 근대 시민인권운동에 기초를 마련한 계기가 된다.

(2) 현대 국제인권의 등장

근대 인권에 대한 실질적 문서화[10]로 인해 현대적 인권개념이 형성되기에 이

---

9) 제39조: 자유시민은 동등한 신분을 가진 자에 의한 합법적 재판 혹은 국법에 의하지 않고서는 체포·감금, 추방, 재산의 몰수 또는 어떠한 방식의 고통도 받지 않는다. "No Freeman shall be taken or imprisoned, or be disseised of his Freehold, or Liberties, or free Customs, or be outlawed, or exiled, or any other wise destroyed; nor will We not pass upon him, nor condemn him, but by lawful judgment of his Peers, or by the Law of the Land. We will sell to no man, we will not deny or defer to any man either Justice or Right."(한희원, 2012, p. 36)

10) 근대의 대표적 인권관의 문서로는 1689년 권리장전(Declaration of Rights), 1776년 버지니아주 헌법, 1776년

르게 되는데 제1차 세계대전(1914~1918년)으로 인류의 참상을 목격한 이후 국
제연맹을 창설하게 된다. 국제연맹은 최초로 국제노동기구(International Labor
Organization, 이하 ILO)를 창설한다.

이후 제2차 세계대전(1939~1945년)을 겪으며 인류는 실질적 인권 존중기구인
국제연합(United Nations, 이하 UN)을 창설하게 된다. UN은 실질적 인권의 발전
을 위해 세계인권선언[11]을 채택하였고 이는 인권에 대한 현대적인 인권 보호의
구체적 시초라 할 것이다.

인권의 역사는 이후에도 지속적으로 발전하여 1966년 12월 「경제적 · 사회적
및 문화적 권리에 관한 국제규약」(A규약) 및 「시민적 및 정치적 권리에 관한 국
제규약」(B규약)의 2개의 국제인권규약(International Human Rights Covenants)이
제정되며 현대 국제인권 탄생의 기틀이 마련된다. 이후 일반 시민들의 여러 귀
속계층[12]과 관련한 인권법들이 생겨나게 된다.

(3) 국제인권의 성장단계

미국과 소련으로 대변되는 냉전시대의 인권은 자본주의와 공산주의라는 이념
의 갈등으로 전 세계가 양분되어 개개인 혹은 개별국가의 인권문제는 이념 대립
에 묻히게 된다(손병돈 외, 2011).

이후 1990년대 탈냉전시대에 접어들면서 인권은 많은 변화를 가게 오게 된다.
1993년 6월 비엔나 인권선언(Vienna Declaration)에서는 UN의 최우선 목표인 '기

미국 독립선언(United States Declaration of Independence), 1789년 프랑스 인권선언문(Declaration of
the Rights of Man and of the Citizen)이라 할 것이다(한희원, 2012).

11) 세계인권선언 제1조와 제2조는 '인권의 토대'를 말하는 조항으로 제1조를 통해 '인간의 평등'에 대해 적극적
으로 표현하였고, 제2조를 통해 '차별금지'라 하여 "인종, 피부색, 성, 언어, 종교, 정치적 견해 또는 그 밖의
견해, 출신 민족 또는 사회적 신분, 재산의 많고 적음, 출생 또는 그 밖의 지위" 등 12가지의 예시적 표현을
제시하고 있다(조효제, 2011).

12) 조효제(2011)는 이와 관련해 세계인권선언 전문에 everyone이라는 표현 대신에 '남성과 여성'이라는 표현
을 사용한 것은 젠더의 차별을 표현한 것이며, 이 속에는 계급, 종교, 피부색 및 사회적 신분 등의 개인의 귀
속적 특성을 함축하고 있다 보았다.

본적 자유의 보호와 증진'임을 선언하면서 '인권고등판무관(UNHCHR)[13]제도'가
제안되게 된다.

한편, 미국에서는 2008년 미국 최초의 흑인대통령인 버락 오바마(Barack
Hussein Obama) 행정부가 출범되어 흑인에 대한 차별영역에서 상징적 인권개선
을 가져오게 된다. 또한 2010년 말 북아프리카의 튀니지에서 시작된 '재스민 혁
명[14]'은 아프리카 대륙 및 아랍권에 민주화 도미노를 가져오게 된다. 이 여파로
2011년 예멘에서는 2011년 압둘라 살레 대통령의 퇴진을 요구하며 헌법개혁운
동이 일어났으며, 리비아에서는 리비아 유혈사태가 내전상황으로 치닫게 되고
카다피 정권의 붕괴를 가져왔다(한희원, 2012).

(4) 인권에 대한 발전분류[15]

인권과 관련해서는 발전방향에 따라 크게 제1세대 인권(자유권의 보장과 법률),
제2세대 인권(자유권 및 사회권의 보장과 평등권의 보장추구), 제3세대 인권(자유권,
사회권, 평등권의 보장추구 및 지역공동체를 통한 인권의 추구)으로 분류할 수 있다.
제1세대 인권은 자유권을 중심으로 발전한다. 이때의 인권은 자유권 침해와 관
련해 적극적 인권 보호 중심으로 발전된 것이 아니라 소극적 자유권 보호에 있
다. 즉, 국가는 소극적으로 국가로부터의 피해에 대해 보호할 필요가 있는 권리

---

13) 인권고등판무관의 임무로는 인권의 증진과 보호, 인권의 보호, 증진을 위한 국제협력의 강화 및 모든 시민 ·
경제 · 사회 및 문화적 권리의 증진과 보호의 임무 등을 갖고 있다. 2007년 반기문 UN사무총장에 의해 강경
화(현 외교부장관)가 부인권고등판무관으로 지명되기도 했다(한희원, 2012, p. 55).

14) 재스민 혁명은 2010년부터 2011년에 걸쳐 튀니지에서 일어난 시민혁명을 의미하는데 2010년 12월 17일 실
직 중이던 26세 남성 모하메드 부아지지가 과일과 야채를 거리에서 판매하다가 영업허가가 없다는 이유로
경찰이 상품과 저울을 몰수하고 손찌검을 당하여 이에 항거하기 위해 휘발유를 둘러쓰고 분신자살을 시도
하는 사건이 발생하게 된다. 이 당시 튀니지는 청년실업이 매우 높아 대학 졸업 후에도 취업을 못하는 젊은
이들이 속출하고 정부가 대책마련에 소극적인 상태였다. 이에 젊은이들을 중심으로 집회와 단체결성 자유,
언론 자유화, 대통령 주변의 부패에 대한 처벌 등을 요구하며 전국 각지에 파업과 시위가 일어나게 되면서
전 연령층으로 확대되게 된다. 높은 실업률에 항의하는 시위는 부정부패와 인권침해로 상징되는 23년간의
벤 알리 장기독재 체제에 대한 항의로 비약하면서 급속히 발전하게 된다(한희원, 2012).

15) Ife는 인권에 대해 발전단계별로 제1세대 인권, 제2세대 인권, 제3세대 인권으로 분류하여 사회변화와 발전
에 따른 인권의 개념에 대한 변화, 발전단계를 살펴보고 있다(Ife, J. 2006; 손병돈 외, 2011 재인용).

에 대해서 권리를 보호할 것을 요구받는다(김형식 · 여지영 역, 2001). 이러한 자유권의 보장과 관련해서는 사회복지가 발전하지 못하였으나 이후 현대 자유권 침해에 대한 보호에 와서 사회적 약자에 대한 자유권의 보호와 관련하여 사회복지법제를 중심으로 발전하게 된다.

제2세대 인권은 국가가 적극적 서비스의 권리를 추구하는 방향으로 발전하여 경제적 · 사회적 · 문화적 권리의 추구인 사회권보장으로 발전하게 된다. 이는 급변하는 사회에 대비하여 다양한 형태의 욕구실현을 위한 사회보장에 대한 권리들로 각 계층에 따른 사회복지급여와 서비스의 발전, 적정임금과 일할 권리에 대한 사회보장 및 의료서비스에 대한 권리보장 등을 포함한다(손병돈 외, 2011).

제2세대 인권단계에 와서 사회권보장의 발전은 사회복지의 발전을 가져오게 된다. 이 시기에 사회복지는 실업, 질병, 출산 등과 관련한 사회적 위험 및 근로, 교육, 육아, 차별금지, 돌봄 등에 대한 사회복지의 제반적 권리 보호가 사회복지법제를 통해 발전하게 된다.

제3세대 인권은 인권 보장의 개념을 개인에 국한시키지 않고 집단적 차원으로 발전시켜 지역사회의 권리보장, 더 나아가 국가, 공동체의 권리보장으로 발전하게 된다. 특히 이 시기는 환경에 대한 관심이 고조되는 시기로 깨끗한 환경을 통한 깨끗한 공기, 물, 식량에 대한 권리보장에 대한 관심이 고조된다(김형기 · 여지영 역, 2001). 한편, 제3세대 인권단계의 사회복지는 지역사회나 국가 차원의 권리보장으로 발전하게 되는데, 지역사회서비스의 발전과 관련한 계획과 조직 활동에 관심이 고조되어 지역사회복지가 발전하게 된다. 이러한 전개는 사회복지가 개인적 수준에 머물지 않고 거시적 차원으로 발전하여 지역사회에서의 인간의 존엄성 추구를 위한 적극적 노력으로 지역공동체를 통한 사회복지의 실천이라 할 것이다. 즉, 제2세대 인권인 사회권보장의 영역은 개인의 신청이 없는 경우에는 사회복지가 적극적으로 진행이 되지 않는 단계라면 제3세대 인권시대는 지역사회가 적극적으로 사각지대에 있는 주민을 발굴하여 사회복지 취약계층을 위한 적극적 사회복지실천을 이루는 단계라 할 것이다.

2) 인권교육의 역사

역사적으로 보면 교육계는 인권을 가르치는 데 상대적으로 더딘 반면에, 국제적인 정치조직 또는 기관들은 1940년대 후반 이후부터 인권의 중요성을 강조하여 왔다. 특히 2차 세계대전 과정에서 나치 정권에서 진행된 유대인 학살은 인권의 의미 및 그 중요성을 부각시키는 촉발제의 역할을 하였다(Morsink, 1999). 뒤를 이어 인권 이슈를 국제적으로 확산시키는 역할은 국제기구인 UNESCO (United Nations of Educational, Scientific and Cultural Organization)에 의해 이루어졌다. UNESCO는 1970년대 이후부터 국제적인 정치논의의 과정에서 인권 이슈들을 부각시키고 인권옹호의 선도자로서의 역할을 지속적으로 해 오고 있다. 이러한 노력의 결과물로서 UNESCO(1980: 2)는 'Plan for the Development of the Teaching of Human Rights'를 제시하였다. 이 계획서는 인권교육의 목적을 다음과 같이 제시하고 있다.

① 인권에 내재되어 있는 관용, 존중, 그리고 연대의 태도를 함양하기(Fostering the attitudes of tolerance, respect and solidarity inherent in human rights)
② 국내적으로 그리고 국제적으로 인권에 대한 지식과, 인권을 위해 실시되고 있는 제도에 관한 지식을 제공하기(Providing knowledge about human rights, in both their national and international dimensions, and the institutions established for their implement)
③ 국내적으로 그리고 국제적으로 인권이 사회 및 정치 현실에 발현될 수 있는 수단 및 방법들을 개인들에게 인지하도록 도와주기(Developing the individual's awareness of the ways and means by which human rights can be translated into social and political reality at both the national and the international levels)

이 UNESCO의 플랜 내용에서 첫 번째 내용은 인권에 내재되어 있는 세 가지 가치를 중요하게 간주하고 있다. 이 가치는 관용, 존중 그리고 연대를 포함하고 있다. 첫 번째로 인권교육의 현장에서는 이러한 가치들과 인권이 어떻게 조율되고 융합되는지 그리고 이러한 가치들을 향상시키기 위한 어떠한 노력들이 이루어져야 하는지에 대한 내용들이 포함되어야 한다는 것을 의미한다.

둘째, 인권에 대한 정보가 제한적이라는 문제점을 극복하기 위해서 인권교육에서는 인권에 관한 지식과 인권 함양을 위한 제도에 관한 지식을 시민들에게 제공해야 함을 강조하고 있다.

마지막으로 지식 함양에 이어 구체적으로 인권을 실현시키기 위한 다양한 수단 및 방법들에 대한 소개 그리고 그것을 가능케 하는 방안들에 대한 정보들을 제공하는 것이 인권교육의 내용이라고 볼 수 있다.

인권관련 교과과정의 예

인권이 사회복지와 필연적으로 그리고 내생적으로 연관되어 있다는 점에서 사회복지 교과목 안에 인권의 내용이 포함되어야 한다. 이에 인권의 무슨 내용들이 사회복지교과목 안에 포함되어야 할까? 그에 대한 하나의 답변은 Reichert(2015, pp. 78-79)의 내용을 통해서 전달하려고 한다. 그 책에서는 인권은 인권과 사회복지와 같은 특수한 과목을 통해 정보를 제공할 수도 있으나 기본적으로는 모든 사회복지교과목 안에서 다음과 같은 내용들이 포함되기를 추천하고 있다.

〈표 1-1〉 인권과 사회복지교육

─인권의 역사
─인권, 특히 예를 들면 인종차별철폐협약, 여성차별철폐협약, 고문방지협약, 아동권리협약, 장애인권리협약 등 UN 조직과 관련된 인권에 대한 국제법규와 의정서
─인권에 대한 국내외 법규
─예를 들면, 여성과 가정폭력, 전쟁에서의 강간피해자로서의 여성, 아동 인신매매, 아동군인 등의 현실에서의 핵심 이슈와 사례들
─인권침해의 사례와 이에 대한 조치들

－조치의 목적과 수단들이 인권에 부합되는지 확인하기
－인간의 존엄성과 가치를 지지하는 과정
－실천에서 인권을 어떻게 강화할 것인가에 관한 문제
－인권을 구체화하는 데에 있어서 시뮬레이션과 역할놀이를 포함한 활동들
－조치들의 가능성과 위험을 탐색하기 위한 'What if' 활동
－교차문화 이슈와 인권 관련된 프로젝트
－중재와 비폭력 갈등해결 기술들
－옹호하기와 국가와 기업의 책무성을 위한 캠페인 벌이기
－고발 절차와 기술들

출처: Reichert(2015, pp. 78-79).

앞에서 제시한 사회복지교과목에 포함되었으면 좋겠다는 인권관련 주제들은 하나의 제시안이다. 구체적으로 교과목을 구성하고 진행하는 과정에서는 가감이 이루어질 수밖에 없을 것이다.

3) 국내 인권의 보장과 국가인권위원회

세계인권선언과 더불어 국제인권은 눈부신 발전을 가져왔다. 세계는 각 국가의 국가인권기구를 통해 인권의 보장에 노력하고 있으며, UN은 이러한 국내인권기구의 설립을 권고하고 있다. 우리나라는 '국민의 정부'가 출범되면서 1998년 9월 인권법 시안을 발표하였으나 국회통과가 지연되다가 2001년 5월 24일 「국가인권위원회법」이 제정되고 국가인권위원회가 그해 11월에 탄생하게 된다(한희원, 2012).

(1) 「국가인권위원회법」의 주요 내용

「국가인권위원회법」은 국가인권위원회 활동 및 역할에 대한 법적 근거를 제시하기 위해 2001년 5월 24일 제정된 이후 2012년 3월 21일 내용이 일부 개정되었다. 「국가인권위원회법」은 총 6장, 전문 63조와 부칙으로 구성되어 있다. 구체적으로 6장은 제1장 총칙, 제2장 위원회의 구성과 운영, 제3장 위원회의 업무와 권

한, 제4장 인권침해 및 차별행위의 조사와 구제, 제5장 보칙, 그리고 제6장 벌칙으로 구성되어 있다.

「국가인권위원회법」 주요 내용은 다음과 같다. 이 법 제1조는 이 법의 목적을 "이 법은 국가인권위원회를 설립하여 모든 개인이 가지는 불가침의 기본적 인권을 보호하고 그 수준을 향상시킴으로써 인간으로서의 존엄과 가치를 실현하고 민주적 기본질서의 확립에 이바지함을 목적으로 한다."로 제시하고 있다. 또한 제2조 제1항은 인권의 정의를 "인권이란 「대한민국헌법」 및 법률에서 보장하거나 대한민국이 가입·비준한 국제인권조약 및 국제관습법에서 인정하는 인간으로서의 존엄과 가치 및 자유와 권리를 말한다."라고 규정하고 있다. 제4조에서는 법 적용범위로 대한민국 국민과 대한민국의 영역에 있는 외국인에 대하여 적용한다고 규정하고 있다. 또한 「국가인권위원회법」 제19조에서는 국가인권위원회의 주요 업무내용을 구체적으로 명시하고 있다. 국가인권위원회의 주요 업무로는 인권침해행위에 대한 실태조사 및 연구, 인권에 대한 교육 및 홍보, 그리고 국제적인 교류 및 협력이 포함되고 있다(〈표 1-2〉 참조).

〈표 1-2〉 국가인권위원회의 주요 업무: 「국가인권위원회법」 제19조

1. 인권에 관한 법령(입법과정 중에 있는 법령안을 포함한다.)·제도·정책·관행의 조사와 연구 및 그 개선이 필요한 사항에 관한 권고 또는 의견의 표명
2. 인권침해행위에 대한 조사와 구제
3. 차별행위에 대한 조사와 구제
4. 인권상황에 대한 실태 조사
5. 인권에 대한 교육 및 홍보
6. 인권침해의 유형, 판단 기준 및 그 예방 조치 등에 관한 지침의 제시 및 권고
7. 국제인권조약 가입 및 그 조약의 이행에 관한 연구와 권고 또는 의견의 표명
8. 인권의 옹호와 신장을 위하여 활동하는 단체 및 개인과의 협력
9. 인권과 관련된 국제기구 및 외국 인권기고와의 교류·협력
10. 그 밖에 인권의 보장과 향상을 위하여 필요하다고 인정하는 사항

(2) 국가인권위원회의 주요 활동 및 성과

국가인권위원회는 매달 진정사건 접수 및 처리 현황을 홈페이지를 통해 발표하고 있다. 여기에서는 2018년도의 진정사건 처리결과에 관한 내용을 다음에 제시하고 있다. 주요 내용을 정리하면 다음과 같다. 첫째, 처리건수의 구분에서 알 수 있듯이 국민들은 권리침해를 받았다고 진정을 접수하는 비율이 75.8%(7,716건) 차별에 관한 진정(2,437건)보다 높은 것으로 나타났다. 둘째, 진정에 대한 처리 내역으로 가장 비율이 높은 것은 각하(6,284건)로 나타났고, 뒤를 이어 기각(3,098건)으로 나타났다. 상대적으로 국가인권위원회에의 업무에 해당하지 않거나 진정인이 심경변화 및 진정사유 해소 등의 이유로 진정을 취하한 경우가 높다는 것을 의미한다. 셋째, 진정건수가 많은 침해의 경우, 구제율이 8.7%로 차별의 진정건에 대한 구제율 38.7%보다 상대적으로 매우 낮다. 넷째, 실제적인 권리구제의 일환으로 제시되는 처리 내역들(수사의뢰, 조정, 권고, 고발, 징계권고, 긴급구제, 합의종결 등) 중에서는 권고가 가장 높은 비율을 차지하고 있다. 국가인권위원회의 처리 내역 중 권고가 많다는 점은 상대적으로 이러한 권고[16]의 법적 강제성이 없다는 점과 대비하여 국가인권위원회의 기능과 역할에 대한 논의가 필요하다.

〈표 1-3〉 2018년 국가인권위원회 진정사건 권리구제 현황

구분	처리건수 (a)	권리구제					
		합계 (b+c)	인용* (b)	조사 중 해결			구제율 ((b+c)/a)(%)
				소계(c)	각하	기각	
전체	10,176	1,614	701	913	539	374	15.9%
침해	7,716	670	336	334	254	80	8.7%

16) 문재인 대통령은 국가인권위원회의 위상 강화를 위하여 위원회 권고 수용률을 정부 부처의 기관장 평가항목으로 도입할 것을 검토하였다. 2017년 국가인권위원회 통계(2018) 결과에 의하면 진정사건 권고에 대한 권고수용률은 97.5%로 나타났다. 이는 2016년 권고수용률 95.6%에 비해 소폭 상승한 것으로 나타났다. 하지만 높은 권고수용률에 비해 그 법적 강제성에 있어서는 의문이 제기되고 있다.

차별	2,437	944	365	579	285	294	38.7%
기타	23	–	–	–	–	–	–

*인용: 수사의뢰, 합의권고, 조정, 권고, 고발, 징계권고, 법률구조, 긴급구제, 합의종결, 기초조사해결 등을 포함함.
출처: 국가인권위원회(2019).

　국가인권위원회는 2006년부터 국가인권위가 집중해야 할 목표를 구체적으로 설정하여 '인권증진행동계획'이라는 3개년 계획을 수립해 오고 있다. 제4기 인권증진행동계획이 2015년부터 2017년까지 진행되었고, 제5기 인권증진행동계획이 2018년부터 시행되고 있다. 이 계획안에 의하면 제5기 인권증진행동계획은 양극화와 차별을 넘어 누구나 존중받는 인권사회라는 방향을 설정하였다. 또한 인권개념을 북한인권 개선, 정보인권 보호, 군 인권 등으로 확장시키는 것을 강조하고 있다. 이를 위해 이 행동계획은 19개의 성과목표를 제시하고 있다(〈표 1-4〉 참조). 또한 이러한 방향을 구체적으로 실행하기 위해서 인권기본법, 인권교육기본법, 차별금지법을 제정하는 것이 필요하다고 설명하고 있다(국가인권위원회, 2017b).

〈표 1-4〉　국가인권위원회의 제5기 인권증진행동계획

[전략목표 I] 사회권 강화와 인간다운 삶의 보장
　1. 노동인권 보호
　2. 차별 없고 자유로운 교육을 받을 권리보장
　3. 의료체계 공공성 및 취약계층 의료접근권 강화
　4. 주거 빈곤층 주거권 보장 강화
　5. 절대빈곤계층의 생존권 보장
[전략목표 II] 차별해소를 통한 실질적 평등사회 구현
　6. 성차별 해소 및 성희롱·성폭력 예방과 권리 구제
　7. 장애인 등 탈시설화(사회복귀) 및 접근성 제고
　8. 이주민·난민의 인권 보호
　9. 형사사법제도에서의 인권 보호와 평등권 실현
　10. 사회적 약자에 대한 예방적 보호 강화

[전략목표 III] 지속가능한 인권 거버넌스 구축
    11. 인권교육 제도화 및 전문화
    12. 지방인권기구 협력 강화
    13. 시민사회 협력 강화
    14. 국제 인권기구 협력 및 국제인권기준 국내 이행 강화
[전략목표 IV] 인권의 확장과 다원화
    15. 북한인권 문제의 균형적 대응
    16. 기업의 인권경영 확산 및 증진
    17. 변화하는 시대의 정보인권 보호
    18. 생명 · 안전, 환경 및 문화의 권리 강화
    19. 인권친화적 병영문화 정착
특별사업
    혐오표현 공론화 및 대응
기획사업
    위원회 역량과 위상 강화

출처: 국가인권위원회(2019).

(3) 국가인권위원회의 인권교육 및 홍보

「국가인권위원회법」 제26조는 인권의식의 확산과 향상을 위해 인권교육과 홍보를 강조하고 있다. 인권교육의 강조와 인권교육 프로그램의 다양한 확대를 통해 인권교육 횟수와 인원은 꾸준히 증가추세에 있다. 2002년 3,942명이 인권교육을 수강한 이후, 2007년에 52,501명의 수강생으로 급속하게 증가하였으며, 2011년 처음으로 연간 인권교육 수강생이 10만 명을 돌파하였다(121,402명). 그 뒤 인권교육은 더욱 확대되어 2016년 처음으로 20만 명을 돌파하였으며(242,147명), 2017년에는 총 249,428명이 인권교육을 이수한 것으로 보고되고 있다(국가인권위원회, 2018). 인권교육의 유형별로도 다양화되는 추세에 있다. 2017년 인권교육과정(494회), 방문프로그램(533회), 인권특강(1,968회), 사이버 인권교육(915회), 콘텐츠 공동 활용 교육(537회) 등으로 인권교육의 양적 질적 확대가 이루어지고 있는 것으로 보인다(국가인권위원회, 2018).

〈표 1-5〉 인권교육과 홍보

---

1. 위원회는 모든 사람의 인권의식을 깨우치고 향상시키기 위하여 필요한 인권교육과 홍보를 하여야 한다.
2. 위원회는 「초·중등교육법」 제23조에 따른 학교 교육과정에 인권에 관한 내용을 포함시키기 위하여 교육부장관과 협의할 수 있다.
3. 위원회는 인권교육과 인권에 관한 연구의 발전을 위하여 필요한 사항을 「고등교육법」 제2조에 따라 설립된 학교의 장과 협의할 수 있다.
4. 위원회는 공무원의 채용시험, 승진시험, 연수 및 교육훈련 과정에 인권에 관한 내용을 포함시키기 위하여 국가기관 및 지방자치단체의 장과 협의할 수 있다.
5. 위원회는 「정부출연연구기관 등의 설립·운영 및 육성에 관한 법률」 제8조 및 제18조와 「과학기술분야 정부출연연구기관 등의 설립·운영 및 육성에 관한 법률」 제8조 및 제18조에 따라 설립된 연구기관 또는 연구회의 장과 협의하여 인권에 관한 연구를 요청하거나 공동으로 연구할 수 있다.
6. 위원회는 「평생교육법」 제2조 제2호에 따른 평생교육기관의 장에 대하여 그 교육내용에 인권 관련 사항을 포함하도록 권고할 수 있다.

국가인권위원회는 '개정 교육과정'에 따라 단계적으로(2017~2020년) 초·중등 교과서에서 인권에 관한 논의들이 어떻게 제시되고 있는가를 모니터링하고 있다. 아동·청소년들이 보는 교과서에서 표현되는 내용들이 결국에는 아이들이 세상을 이해하는 관점을 제공한다는 점에서 교과서에서 잘못된 표현이나 내용들은 수정되어야 한다는 것이 이러한 모니터링의 주요 목적이다. 2017년 첫해에는 초등학교 1·2학년 교과서를, 2018년에는 초등학교 3·4학년과 중·고등학교 교과서를 모니터링하였다. 2019년에는 초등 3·4학년 국어(12권), 도덕(2권), 사회(4권), 수학(8권), 과학(8권)을, 중학교과정에서는 도덕(6권), 사회(6권), 통합사회(3권) 등 전체 49권을 검토하였다. 모니터링 연구에서 이용한 분석틀은 민주시민 양성과 관련된 지표들을 이용하였다(우리 사회 안팎의 사회적 소수자나 특정집단이 배제되지 않을 것, 그들의 모습이 다양하고 균형 있게 다루어지고 있는지, 연령·성별·장애·직업·다문화 배경 등에 대한 비하나 왜곡, 차별 등이 개입된 표현을 사용했는가 등).

  또한 국가인권위원회에서는 이러한 교과서의 내용적인 면도 중요하지만 학교
에서의 교사의 역할이 중요함을 강조하고 있다. 인권친화적인 교과서가 만들어
지더라도 교육 현장에서 제대로 적용되지 않으면 실제 인권 내용의 전달이 잘
이루어지지 않을 수 있다는 것이다. 이러한 점에서 교사의 인권감수성이 중요하
다는 것이다. 같은 내용이더라도 인권감수성이 높은 교사와 상대적으로 낮은 교
사와의 인권 측면에서의 교육효과는 차이가 날 수 밖에 없다는 것이다. 따라서
교사의 인권감수성을 강화하는 교사보수교육이 중요하다는 점은 주목할 필요가
있다.

제2절 인권법원

학습목표

1. 인권법원을 이해한다.
2. 국제인권법에 대해 알아본다.
3. 인간존엄과 인권의 관계에 대해 알아본다.
4. 기본권이 서로 상충될 경우 각 기본권의 문제를 어떻게 해결할 것인지에 대해 알아본다.

1. 인권법원의 전개

  법의 연원인 법원(法源)은 법의 존재형식을 말한다. 이러한 존재형식은 성문의
모습 또는 불문의 모습으로 나타나는데, 성문의 존재형식은 성문법으로, 불문의
존재형식은 관습법, 조리법 등으로 표현된다. 이 장에서는 국제성문법, 국제불
문법의 존재형식을 간단히 언급하면서 국내법과의 관계를 살펴볼 것이며, 국내
인권과 관련해서는 각 장에서 살펴보고자 한다. 국제성문법으로는 성문의 국제

인권법으로 수많은 9대 인권협약[17]과 인권관련 선언문, 결의문, 원칙, 기준, 권고문 등[18]이 이에 해당한다.

2. 국제인권법

인권과 관련한 국제인권법에 대한 인식은 1948년 세계인권선언을 통해 구체화 되었으며, 1966년 국제연합에서 「경제적·사회적 및 문화적 권리에 관한 국제규약」(A규약) 및 「시민적 및 정치적 권리에 관한 국제규약」(B규약)이 채택됨으로써 기본 인권규약의 형태로 규범화되었다.

이후의 국제인권은 이러한 인권규약을 토대로 하여 여성·아동·인종·고문 등 각 분야로 세분되어 다양한 내용과 형태의 국제성문법들을 갖추게 된다.

이 장에서는 이 책의 각 장에서 개별적으로 다루고 있는 아동, 장애인, 노인과 관련해 「UN아동권리협약」, 「UN장애인권리협약」, 노인을 위한 UN원칙을 기준으로 일반적 원칙에 대해 살펴보고자 한다.

---

17) 국제적 9대인권협약: ① 모든 형태의 인권차별 철폐에 관한 국제협약(International Convention on the Elimination of All Forms of Racial Discrimination: ICERD), ② 시민적·정치적 권리에 관한 국제협약(International Covenant on Civil and Political Rights: ICCPR), ③ 경제적·사회적·문화적 권리에 관한 국제협약(International Covenant on Economic, Social and Cultural Rights: ICESCR), ④ 모든 형태의 여성차별 철폐에 관한 협약(Convention on the Elimination of All Forms of Discrimination against Women: CEDAW), ⑤ 고문 및 그 밖의 잔혹한 비인간적인 또는 굴욕적인 대우나 처벌의 방지에 관한 협약(Convention against Torture and Other Cruel, Inhuman or Degrading Treatment or Punishment: CAT), ⑥ 아동의 권리에 관한 협약(Convention on the Rights of the Child: CRC), ⑦ 모든 이주노동자와 그 가족의 권리 보호에 관한 국제협약((International Convention on the Protection of the Rights of All Migrant Workers and Members of Their Families: ICRMW), ⑧ 모든 형태의 강제실종으로부터의 보호를 위한 국제협약(International Convention on the Protection of the Rights of All Persons from Enforced Disappearance: CPED), ⑨ 장애인의 권리에 대한 협약(Convention on the Rights of Persons with Disabilities: CRPD)

18) 각종 국제적 선언문, 결의문, 원칙, 권고문들 중에서는 이 책의 내용과 관련한 아동, 장애인, 노인과 관련한 것들을 살펴보면 1958년 고용과 직업에서의 차별 금지원칙, 교육차별 철폐협약, 아동매매·매춘·포르노금지부속의정서, 무력분쟁에서의 아동의 권리에 대한 부속의정서, 최소연령협약, 최악의 아동노동에 대한 협약, 국제연합노인원칙, 정신지체아권리선언, 장애인권리선언, 정신지체아 보호원칙, 장애인의 동등기회기준원칙, 기아와 영양실조의 퇴치를 위한 세계선언 등이 존재하고 있다.

1)「UN아동권리협약」

「UN아동권리협약」(UN Convention on the Rights of the Child, 이하 CRC)은 1990년에 발효되었으며 총 54개조로 구성되었다. CRC는 제1부(1~41조), 제2부(42~45조), 제3부(46~54조)로 나뉘어 있으며, 이러한 CRC의 권리로는, 첫째, 생존의 권리(right to survival)로 적절한 생활수준을 누릴 아동의 권리를 말하며 안전한 주거지에서 살아갈 권리, 충분한 영양을 섭취하고 기본적인 보건서비스를 받을 권리 등, 기본적인 삶을 누리는 데 필요한 권리 등을 말한다. 둘째, 보호의 권리(right to protection)는 모든 형태의 학대와 방임, 차별, 폭력, 고문, 징집, 부당한 형사처벌, 과도한 노동, 약물과 성폭력 등 어린이에게 유해한 것으로부터 보호받을 권리를 말한다. 셋째, 발달의 권리(right to development)는 잠재능력을 최대한 발휘하는 데 필요한 권리, 교육받을 권리, 여가를 즐길 권리, 문화생활을 하고 정보를 얻을 권리, 생각과 양심과 종교의 자유를 누릴 수 있는 권리 등을 말한다. 마지막으로, 참여의 권리(right to participation)는 자신의 생활에 영향을 주는 일에 대해 의견을 말하고 존중받을 권리, 표현의 자유, 양심의 종교와 자유, 평화로운 방법으로 모임을 자유롭게 열 수 있는 권리, 사생활을 보호받을 권리, 유익한 정보를 얻을 권리 등을 포함하고 있다.

우리나라는 1991년 당사국이 되어 현재 아동인권과 관련해 이 협약을 지키기 위해 노력하고 있으며, 이 책의 각 장에서의 내용과 관련해서는 다음 표를 통해 살펴볼 수 있다.

〈표 1-6〉 아동인권관련 국내 주요영역

주요 영역	세부 내용
기본권/일반원칙	차별금지와 아동의 최우선 이익의 원칙 아동의 의사 존중 및 참여권의 보장 자유권보장

보건 및 복지	위기청소년에 대한 보호 및 지원 아동의 정신건강 지원 생존 및 발달, 평등권에 대한 보장 장애아동에 대한 맞춤형 복지
안전 및 가정보호/ 양육	빈곤가정 아동보호 및 학대 예방 성적 학대 및 착취, 유해 노동으로부터의 보호 사법기관으로부터의 아동보호/학교폭력 예방과 사후관리 부모로부터의 분리와 가족복귀/아동의 양육과 입양 가정, 돌봄 서비스기관 및 학교 등의 위해요인 해소
교육 및 자립지원	아동권리원칙에 부합하는 아동교육과정 운영 직업훈련 및 생활지도교육/청소년의 자립지원 청소년 필수역량 함양과 균형 성장/청소년 정책과정에의 참여

출처: 김아름(2018) 도표 변형 인용.

2) 「UN장애인권리협약」

국제적으로는 「UN장애인권리협약」(UN Convention on the Rights of Persons with Disabilities, 이하 CRPD)은 2002년에서 2006년 사이에 협상되어 2008년 5월 3일 발효되게 된다. 전문 총 25개의 각호, 50개의 조문으로 이루어져 있으며, 제1절 총론, 제2절 실체적 조항, 제3절 장애인권리위원회와 모니터링, 제4절 절차적 규정으로 구분되어 있다(국가인권위원회, 2007).

이 중 제3조는 8가지의 일반원칙을 설명해 주고 있다. 이러한 일반원칙은 모든 사람에게 적용되는 '보편성'의 원칙 외에 장애인의 특수한 욕구에 대한 수용을 반영하고 있는 '특수성'을 반영한 독특한 구조라 할 것이다. 즉, CRPD는 장애인에 대해 복지 수혜의 대상으로만 한정하지 않고 기본적인 장애인의 인권과 자유, 존엄성에 대해 표명하고 있다.

CRPD의 일반원칙은 크게 '비차별의 개념'과 '합리적 편의제공'의 기본 중심 개념을 토대로 하고 있다. 초기 특별위원회에서 만들어진 a호에서 e호까지의 개념은 '비차별의 개념'만을 다루었으나 이후 6차 회의에서 만들어진 f호는 '합리적 편의제공'과 g호에 따른 성별 차별의 금지를 7차 회의 이후에는 h호를 추가하여 장애아동의 역량을 존중하고 상대적으로 약자인 장애아동의 권리를 존중할 것을 적절히 추가 반영하였다.

〈표 1-7〉 「UN장애인권리협약」의 일반원칙

---

a. 개인의 천부적인 존엄성, 선택의 자유를 포함한 자율, 자립에 대한 존중
b. 차별금지
c. 완전하고 효과적인 사회참여 및 통합
d. 인간의 다양성과 인간성의 일부분으로서의 장애인에 대한 차이의 존중과 수용
e. 기회의 균등
f. 접근성
g. 남성과 여성의 평등
h. 장애아동의 점진적인 역량 존중 및 정체성 유지에 대한 권리의 존중

제3조의 일반원칙의 의의는 두 가지로 나눌 수 있다. 첫째, 이 조항에서의 일반원칙은 장애인 권리의 증진 및 실현 방안에 대해 국제적으로 합의된 기본 태도로 각 당사국 정부가 국내 법령이나 제도를 수립하고 해석을 적용하는 데 일반원칙이 하나의 기준으로 적용되어야 함을 뜻한다고 볼 것이다.

둘째, 일반원칙의 조항은 협약의 각 조항을 해석함에 실천적 주요 요소라는 것이다. 동 조항의 일반원칙에 따라 「UN 장애인권리협약」의 각 조항들이 구성되어 있으며, 각 당사국 역시 본 협약의 이행에 있어 이러한 기본원칙들을 기반으로 이 협약에서 부과하는 의무를 준수하여야 한다(장애인권리협약 해설집, 2007: 32).

CRPD에서는 특히 장애아동에 대한 보호와 능력증진에 대한 존중을 h호를 통해 언급하고 전문 r항에서는 CRC의 중요성 및 비준 국가들의 수행의무에 대해 명시하고 있다(국제아동권리포럼, 2013). 즉, CRC의 아동의 최우선 이익의 원칙을 준수하고자 CRPD 제7조 장애아동 조항에서는 장애아동과 비장애아동이 동등한 권리를 누려야 하며 의사결정에서 '최상의 이익'을 고려해야 함을 언급하고 있다.

일반원칙에서 e호는 CRPD 제19조의 '자립적인 생활과 지역사회통합'을 통해 장애인이 다른 사람들과 동등한 생활을 누릴 것을 명시하고 있다. 이는 장애인에 대한 시설에서의 생활에 대한 강요를 탈피하고 자립적인 생활을 통해 지역사회에 통합될 권리가 있음을 명시하는 것이다. 제6조의 여성장애인에 대한 조항에서는 장애여성과 장애소녀들은 장애와 여성이라는 이중의 차별을 겪고 있음에 특히 존엄성, 자유에 대한 권리, 평등 등의 내용을 포함하고 있으며 일반원칙 a, b, e, g호가 적용된다(장애인권리협약 해설집, 2007: 32).

3) 노인을 위한 UN원칙

UN은 제2차 세계대전 직후인 1948년 '노인권리선언'을 통해 사회권을 기반으로 하여 10가지의 권리[19]에 대해 제시하게 된다. 이후 1982년 '국제고령화

---

19) 노인권리선언의 10가지 권리
    ① 원조 받을 권리(right to assistance): 노인들은 자기의 가족에 의해서 충분히 보호받을 권리를 가진다. 빈곤자의 경우, 직접적으로 혹은 이를 위해 만들어진 여러 기관이나 재단을 통해 보호하는 것은 국가의 의무이다. 그 경우 의무수행을 게을리한, 지불할 능력이 있는 친척에게 해당되는 노인의 지원을 위하여 적당한 부담을 청구하는 국가 또는 앞에 말한 기관의 권리를 헤쳐서는 안 된다.
    ② 거주의 권리(right to accommodation): 모든 사람은 인간으로서의 안락함과 건강한 거주환경을 가질 최저한의 고유한 권리를 가진다. 그러한 이유 때문에 노인도 거주의 권리를 가진다.
    ③ 식사에 대한 권리(right to food): 개인의 연령과 신체에 적합한 건강한 식사의 제공에 대해서 특별한 주의가 이루어져야 한다.
    ④ 의복에 대한 권리(right to clothing): 개인의 고유의 권리는 환경이나 기후에 적합하고 충분한 의복에 대한 권리를 포함한다.
    ⑤ 신체적 건강을 돌볼 수 있는 권리(right to the care of physical health): 노인의 신체의 건강에 대한 케어와 보호는 제 기관과 정부의 특별하고 계속적인 관심이 없어서는 안 된다.
    ⑥ 정신적 건강을 돌볼 수 있는 권리(right to the care of moral health): 노인이 정신적으로 건강한 상태를 유지할 수 있도록 하는 자유로운 정신적, 종교적, 지적 발달에 대한 권리가 지켜져야 한다.
    ⑦ 여가에 대한 권리(right to leisure): 노인은 여가와 퇴직 후의 생활을 만족하며 지낼 수 있도록 합리적인 최소한의 여가에 대한 권리를 가진다.
    ⑧ 노동의 권리(right to work): 모든 노인은 노동능력이 있는 한 노동할 권리를 가지며, 제 기관과 국가는 노인의 생산능력을 평가하여 노동의 가능성을 고려해 주어야만 한다.
    ⑨ 안정에 대한 권리(right to stability): 모든 노인은 일정하게 확보된 안정 상태에 대한 권리와 인생의 말년에 있어서 고민과 근심에서 해방된 생활에 대한 권리를 가진다.
    ⑩ 존경받을 권리(right to respect): 노인은 다른 사람으로부터 충분한 존경을 받고 배려되어야 할 권리를 가져야 한다.

행동계획'의 채택으로 인구고령화에 대한 대책으로 A. 건강과 영양(Health and Nutrition), B. 노인소비자보호(Protection of Elderly Consumers), C. 주택과 환경(Housing and Environment), D. 가족(Family), E. 사회복지(Social Welfare), F. 소득보장과 고용(Income Security and Employment), G. 교육(Education) 등에 대한 권고안이 나오게 된다.

1991년 UN은 노인인권 측면에서 '노인을 위한 UN원칙'을 제정한다. 이는 크게 5가지의 원칙을 담고 있는데 그 내용은 〈표 1-8〉과 같다.

〈표 1-8〉 노인을 위한 UN원칙

1. 독립(Independence)
1-1. 노인은 소득, 가족과 지역사회의 지원 및 자조를 통하여 적절한 식량, 물, 주거, 의복 및 건강보호에 접근할 수 있어야 한다.
1-2. 노인은 일을 할 수 있는 기회를 제공받거나, 다른 소득을 얻을 수 있는 기회에 접근할 수 있어야 한다.
1-3. 노인은 직장에서 언제 어떻게 그만둘 것인지에 대한 결정에 참여할 수 있어야 한다.
1-4. 노인은 적절한 교육과 훈련 프로그램에 접근할 수 있어야 한다.
1-5. 노인은 개인의 선호와 변화하는 능력에 맞추어 안전하고 적응할 수 있는 환경에서 살 수 있어야 한다.
1-6. 노인은 가능한 한 오랫동안 가정에서 살 수 있어야 한다.

2. 참여(Participation)
2-1. 노인은 사회에 통합되어야 하며, 그들의 복지에 직접 영향을 미치는 정책의 형성과 이행에 적극적으로 참여하고, 그들의 지식과 기술을 젊은 세대와 함께 공유하여야 한다.
2-2. 노인은 지역사회 봉사를 위한 기회를 찾고 개발하여야 하며, 그들의 흥미와 능력에 알맞은 자원봉사자로서 봉사할 수 있어야 한다.
2-3. 노인들을 위한 사회운동과 단체를 형성할 수 있어야 한다.

3. 보호(Care)
3-1. 노인은 각 사회의 문화적 가치체계에 따라 가족과 지역사회의 보살핌과 보호를 받아야 한다.
3-2. 노인은 신체적, 정신적, 정서적 안녕의 최적 수준을 유지하거나 되찾도록 도와주고 질병을 예방하거나 그 시작을 지연시키는 건강보호에 접근할 수 있어야 한다.
3-3. 노인은 그들의 자율과 보호를 고양시키는 사회적 법률적인 서비스에 접근할 수 있어야 한다.

3-4. 노인은 인간적이고 안전한 환경에서 보호, 재활, 사회적 정신적 격려를 제공하는 적정수준의 시설보호를 이용할 수 있어야 한다.

3-5. 노인은 그들이 보호시설이나 치료시설에서 거주할 때도 그들의 존엄, 신념, 욕구와 사생활을 존중받으며, 자신들의 건강보호와 삶의 질을 결정하는 권리도 존중받는 것을 포함하는 인간의 권리와 기본적인 자유를 향유할 수 있어야 한다.

4. 자아실현(Self-fulfillment)

4-1. 노인은 자신들의 잠재력을 완전히 개발하기 위한 기회를 추구하여야 한다.

4-2. 노인은 사회의 교육적, 문화적, 정신적 그리고 여가에 관한 자원에 접근할 수 있어야 한다.

5. 존엄(Dignity)

5-1. 노인은 존엄과 안전 속에서 살 수 있어야 하며, 착취와 육체적 정신적 학대로부터 자유로워야 한다.

5-2. 노인은 나이, 성별, 인종이나 민족적인 배경, 장애나 여타 지위에 상관없이 공정하게 대우받아야 하며, 그들의 경제적인 기여와 관계없이 평가되어야 한다.

출처: 국가인권위원회(2017a).

이후에 UN은 세계적인 고령화에 대응하기 위해 2002년 「마드리드 국제고령화 행동계획(Madrid International Plan of Action on Ageing, MIPAA)」을 수립하게 되는데 본 협약의 이행사항의 핵심은 노인유기, 학대, 노인에 대한 부정적 이미지 개선 대책 등에 대해 회원국의 주기적 모니터링을 결정하게 된다. 또한 2012년 에는 「노인의 인권상황에 관한 UN인권 최고대표 보고서(Report of the UN High Commissioner for Human Rights)」에서 연령에 따른 차별, 법적 능력인정, 장기요양 및 사회보장, 건강권과 존엄한 죽음의 권리 등에 대한 노인인권문제를 다루게 된다. 2013년에는 고령화에 따른 국제노인인권협약에 대한 요구를 천명하면서 노인인권과 보호에 대해 국제적 관심을 갖기에 이른다.

3. 국제인권법과 국내법의 관계

1) 국제협약의 국내법적 수용이론

국제협약과 관련해서는 「헌법」 제6조 제1항에 따르면 "헌법에 의하여 체결·공포된 규약과 일반적으로 승인된 국제법규는 국내법과 동일한 효력을 가진다."고 규정되어 있다. 이와 같이 「헌법」에 규정되어 있다고 국제법규가 반드시 국내법적 효력을 갖는 것은 아니며, 이러한 효력여부에 대해서는 학설이 대립[20]되어 있다.

한편, 헌법재판소 결정에 따르면 "「헌법」 제6조 제1항의 국제법 존중주의는 우리나라가 가입한 조약과 일반적으로 승인된 국제법규가 국내법과 같은 효력을 가진다는 것으로 조약이나 국제법규가 국내법에 우선한다는 것은 아니다."고 판결[21]하여 형식적 효력이 동일한 양자가 충돌하는 경우에는 국내법규 상호 간의 경우처럼 신법 우선의 원칙 및 특별법 우선의 원칙이 적용된다고 보고 있다.

2) 국제협약의 국내법적 수용가능성

우리나라의 경우 국제협약과 관련해 등위이론에 따라 국제협약과 국내법규는 등위에 있다는 견해를 따르고 있다 할 것이다(Brownlic, 2003). 그렇다면 이에 따른 국제협약의 국내법적 수용체계는 어떻게 되어 있는지 살펴볼 필요가 있다.

---

20) 국제협약과 국내법의 효력과 관련해서는 다음의 세 가지 학설이 대립하고 있다. 첫째, 일원론으로 일원론에 따르면 국내법규와 국제법규는 하나의 법규로 다시 국내법 우위의 일원론과 국제협약우위의 일원론으로 분류되어 있다. 국내법 우위의 일원론은 국가주권론을 우위로 보는 것으로 국제협약은 국내에서 자기구속력 및 자기 집행력을 가질 수 없다는 견해이다. 이 견해에 따르면 국제협약은 국내법으로 편입되어야 인정된다는 것이다. 국제협약우위의 일원론은 국제협약의 위임에 따라 국제협약이 상위의 법적지위를 갖고 통일적 법체계를 갖게 된다는 견해이다. 둘째, 이원론은 국제협약과 국내법은 독립된 법체계를 갖게 된다는 이론으로 국제협약과 국내법이 충돌할 때 국제협약 적용과 관련해서는 국내적인 문제라는 입장이다. 이 견해는 현대 국제관계에서는 수용하기 어려운 견해라 볼 것이다. 마지막으로 등위이론이 있는데 이 이론에 따르면 국제협약과 국내법규는 등위에 있으며 법규가 충돌할 때는 상황에 따라 조정한다는 이론으로 우리나라에서는 상황에 따라 국내법의 일부로 국제협약이 수용된다고 보고 있다(학설관련 내용 정리: 정경수, 2007; Brownlic, 2003; 박연주, 2015 재인용 정리).

21) 헌법재판소 99헌가13.

국제협약의 국내수용여부와 관련해 사법부는 경제적·정치적 분야와 관련해서는 신자유주의의 영향을 받아 국제협약을 적극적으로 수용하고 있는 반면, 인권 분야의 재판에서는 적극적으로 수용하지 않고 있다. 현재 사회복지와 관련한 재판으로 국제협약기준에 따라 '인간다운 생활을 할 권리'와 관련해 위헌여부 확인의 헌재결정들은 국민기초생활보장최저생계비에 대한 위헌확인사건[22] 이후 「국민기초생활 보장법」의 조항과 관련한 결정 등이 나오는 수준에 그치고 있다. 그러나 그러한 결정례도 대부분이 위의 결정과 같이 '인간다운 생활을 할 권리'를 침해하고 있는지 여부와 관련해서 결정에 소극적 입장[23]을 보이고 있다.

4. 「헌법」과 인권의 관계

우리 「헌법」 제10조에서는 "모든 국민은 인간으로서의 존엄과 가치를 가지며, 행복을 추구할 권리를 가진다. 국가는 개인이 가지는 불가침의 기본적 인권을 확인하고 이를 보장할 의무를 진다."라고 규정하고 있다. 이러한 인간의 존엄이란 인권과 같은 절대불가침의 개념은 아니며,[24] 객관적인 가치질서의 성격을 가

---

22) 헌재 2004. 10. 28. 2002헌마328결정

23) 전원재판부 2016헌마448. 2017. 11. 30. 결정의 결정요지를 살펴보면 다음과 같다. 「국민기초생활 보장법」 제15조 위헌확인여부 중 '대학원에 재학 중인 사람'과 '부모에게 버림받아 부모를 알 수 없는 사람'에 대하여 조건부와 유예사유를 두지 않은 이 사건 시행령조항이 청구인의 인간다운 생활을 할 권리를 침해하는지 여부와 관련해 재판부는 "이 사건 시행령조항은 조건 부과 유예 대상자로 '대학원에 재학 중인 사람'과 '부모에게 버림받아 부모를 알 수 없는 사람'을 규정하고 있지 않다. 그런데 「국민기초생활 보장법」은 조건 부과 유예 대상자에 해당하지 않는다고 하더라도, 수급자의 개인적 사정을 고려하여 근로조건의 제시를 유예할 수 있는 제도를 별도로 두고 있으므로, '대학원에 재학 중인 사람' 또는 '부모에게 버림받아 부모를 알 수 없는 사람'이 조건 제시 유예 사유에 해당하면 자활사업 참여 없이 생계급여를 받을 수 있다. 여기서 「고등교육법」과 「법학전문대학원 설치·운영에 관한 법률」이 장학금제도를 규정하고 있는 점, 생계급여제도 이외에도 의료급여와 같은 각종 급여제도 등을 통하여서도 인간의 존엄에 상응하는 생활에 필요한 '최소한의 물질적인 생활'을 유지하는 데 도움을 받을 수 있는 점 등을 종합하여 보면, 이 사건 시행령조항은 청구인의 인간다운 생활을 할 권리를 침해하지 않는다."고 결정하고 있다.

24) 인간의 존엄이란 개념은 절대적인 개념이 아니라 상황에 따라서 변화할 수 있는 개념이며 구체적인 상황에 따라 확정될 수 있는 개념이고 무엇이 인간인지의 문제는 현재의 상황에 따른 인식수준을 근거로 판단될 수밖에 없는 개념이나 인간이 다른 목적을 위한 하나의 도구로 전락하는 것은 허용되지 않으며 자체목적(Selbstzweck)이어야 한다(최우정, 2016, p. 112).

지고 국가에 의한 제도와 절차[25]를 통해 보장되고 있다.

인간존엄 및 행복추구권과 관련해서 헌법재판소[26]는 기본개념으로서의 성격과 구체적 기본권으로서의 성격을 동시에 갖고 있다 보고 있다. 그렇다면 인권을 제도적 관점에서의 가치질서의 성격을 갖고 있다고 본다면 「헌법」 제10조의 인간존엄 및 행복추구권을 통해 포괄적으로 인간이라면 당연히 누려야 할 권리가 마련되었다고 볼 것이다. 이 밖에 「헌법」에서는 인간의 권리와 관련해 다음과 같은 규정들을 통해 개별적 기본권의 확립을 통한 인권 보장의 규범을 마련하고 있다. 개별적 기본권 중 자유권이란 마땅히 인간이라면 누구나 누려야 할 권리로 국가의 제약이 있다면 이를 중지해 줄 것을 요구하는 것과 다른 사람이 제약한다면 국가가 이를 보호해 주어야 하는 것[27]을 말한다(인권정책연구소, 2012). 이러한 자유권적 성질은 생명권 규정들과 서로 보완적인 규정의 성질을 갖고 있으며, 생명권과 관련해서는 좀 더 넓게 해석하여 자유권을 보호해 주고 있다.

한편, 인간존엄과 관련해 사회적 기본권은 생존을 위한 기본적 충족을 위해 국가에 요청할 수 있는 특징을 갖는다. 이와 관련해 여기서는 사회적 기본권 조항 중 특히 제34조에 대해 살펴보고자 한다. 이러한 사회적 기본권 조항은 국가의 적극적인 행위를 요구할 수 있는 조항으로 국가에 대해 직접적인 소구가 가능하다 할 것이다(헌법재판소, 2016). 그러나 사회적 기본권의 실현정도는 각 국가의 경제수준, 재정규모 및 입법자의 의지가 고려되어 대부분 사회적 약자인 취약계층에 대한 우선적 보장을 원칙으로 한다(이준일, 2010).

이 규정의 원칙은 자칫 대상자에 대한 선택의 문제인 오류를 범하여 더 시급한 계층은 사각지대에 머물게 되고 희생될 가능성도 있다. 왜냐하면 사회적 기본권

---

25) 인간존엄과 가치는 규범적이고 당위적인 개념으로 구체적 사안과 관련해서는 법원의 재판을 통해 확인되지는 개념이다(최우정, 2016).

26) 헌법재판소 1992. 10. 1. 91헌마31; 헌법재판소 1992. 4. 14. 90헌마82; 헌법재판소 1990. 9. 10. 89헌마82; 헌법재판소 1991. 9. 16. 89헌마165.

27) 예를 들면, 아동학대에 대한 처벌강화를 위한 형사특례법인 「아동학대범죄의 처벌 등에 관한 특례법」 제정이나 성폭력범죄에 대한 「성폭력범죄의 처벌 등에 관한 특례법」, 「아동·청소년의 성보호에 관한 법률」 등이 이에 대한 국가의 법적 보호 조치라 할 것이다.

은 신청에 따라 각 신청권자 중 신청적격자에 한하여 우선적인 권리가 주어지기 때문이다. 예를 들면, 기초생활자의 경우 기초서류 신청서를 작성하고 수급권자로서의 자격들에 대한 입증을 당사자가 서류제출들을 통해 증명하여야 하는데 이러한 서류제출과 관련해 문맹 및 이해의 부족으로 인해 어려움을 겪게 되거나 아예 신청을 꺼리게 되는 경우가 종종 발생하기 때문이다. 따라서 이러한 제도적 문제점들을 해결해야 함이 사회적 기본권 보장의 핵심과제라 할 것이다.

참고문헌

고명석(2016). 인권과 사회복지실천. 서울: 대왕사.
국가인권위원회(2004). 인권백서. 서울: 국가인권위원회.
국가인권위원회(2007). 장애인권리협약 해설집. 서울: 국가인권위원회.
국가인권위원회(2017a). 노인인권종합보고서 작성을 위한 실태조사. 서울: 국가인권위원회.
국가인권위원회(2017b). 제5기 국가인권위원회 인권증진행동계획(안)(2018-2020). 서울: 국가위원회.
국가인권위원회(2019). 2019년 1월말 현재 사건 처리 현황 인권통계. 서울: 국가인권위원회.
국가인권위원회(2018). 2017 국가인권위원회 통계. 서울: 국가인권위원회
국제아동권리포럼(2013). 아동 인권의 발자취. 서울: (사)국제아동인권센터.
김아름(2018). 아동권리의 법적 기반 확보 방안. 이슈페이퍼 KICCE 육아지원정책 원인과 과제.
박연주(2015). 아동인권 관점에서 살펴본 아동학대 관련 판례분석연구. 성균관대학교 대학원 박사
    학위논문.
박지영 · 배화숙 · 엄태완 · 이인숙 · 최희경(2016). 함께하는 사회복지의 이해. 서울: 학지사.
법원 국제인권법연구회(2017). 인권판례평석. 서울: 박영사.
손병돈 · 김기덕 · 권선진 · 박지영 · 이종복 · 이혜경 · 최승희(2011). 사회복지와 인권. 경기: 양서원.
연합뉴스(2019. 3. 25.). 경찰, "이희진 부모살해 피의자 김다운 실명 · 얼굴 공개".
오마이뉴스(2018. 9. 21.). 장애인들, "65번째 생일 맞는 게 무서운 이유".
이만우 · 김대명(2018). 장애인활동지원제도의 개편: 쟁점 및 과제. NARS 현안분석 vol. 35. 서울:
    국회입법조사처.
이준일(2010). 헌법과 사회복지법제. 서울: 세창출판사.
이준일(2015). 인권법: 사회적 이슈와 인권. 서울: 홍문사.
인권정책연구소(2012). 인권10강. 서울: 인권정책연구소.
정경수(2007). 재판과정에서의 국제인권기준 적용연구. 서울: 국가인권위원회.
정진성(2004). 인권의 보편성과 특수성. 서울: 한국인권재단.
조효제(2007). 인권의 문법. 서울: 후마니타스.

조효제(2011). 인권을 찾아서. 서울: 한울.

최우정(2016). 기본권론. 대구: 준커뮤니케이션즈.

한희원(2012). 국제인권법원론. 서울: 삼영사.

헌법재판소(2016). 사회적 기본권 침해 여부의 심사기준에 관한 검토. 서울: 헌법재판소 헌법재판연구원.

Brownlic, I. (2003). *Principles of Public International Law*. Oxford University Press.

Centre for Human Rights. (1994). *Human rights and social work: A manual for schools of social work and the social work profession*. New York: United Nations.

Dewees, M. & Roche, S. E(2001). Teaching about human rights in social work. *Journal of Teaching in Social Work, 21*(1/2), 137-155.

Ife, J. (2001). 인권과 사회복지실천 (*Human rights and social work*). (김형식 · 여지영 역). 서울: 인간과 복지. (원저는 2001년에 출판).

Ife, J. (2006). Human Rights and Human Services: Opportunities and Challenges. 국가인권위원회. 사회복지분야 인권관점도입 · 확산을 위한 워크숍자료. 23-43.

Ignatieff, M. (2001). The attack on human rights. *Foreign Affairs*, November/December, 102-116.

Morsink, J. (1999). *The universal declaration of human rights: Origins, drafting, and intent*. Philadelphia: University of Pennsylvania Press.

Reichert, E. (2003). *Social work and human rights: A foundation for policy and practice*. New York: Columbia University Press.

Reichert, E. (2011). Human rights in social work: An essential basis. *Journal of Comparative Social Welfare, 27*(3), 207-220.

Reichert, E. (2015). 인권과 사회복지: 인권-기반 사회복지 실천을 위하여 (*Human rights and social welfare*). (KC대학교 남북 통합 지원센터 역). 경기: 나눔의 집. (원저는 2008년에 출판).

국가인권위원회 교육센터 홈페이지 http://edu.humanrights.go.kr/academy/eduinfo/worldHnrtList.do

제2장

인권과 사회복지의 관계

제**2**장 인권과 사회복지의 관계

1. 국제적으로 한국의 인권에 대한 평가에 있어 제한적인 분야와 관련해 논의해 본다.
2. 한국의 인권 이슈에 대해 알아본다.
3. 사회문제에 대한 자선기반, 욕구기반, 권리기반 접근법에 대해 알아본다.
4. 인권기반 사회복지 5대 원칙에 대해 알아본다.

제1절 한국의 인권 상황

1. 국제적인 한국의 인권 평가

Human Rights Watch는 전 세계 100여 개 국가들의 인권 이슈들을 평가하는 보고서를 매년 발간하고 있다. 2019년 연차보고서는 2017년 말부터 2018년 11월까지의 국가별 인권 이슈들에 관한 연차평가 내용을 담고 있다. 이 보고서에서 평가하고 있는 한국의 인권 이슈들은 다음과 같다(Human Rights Watch, 2019).

그 연차보고서에서는 총평으로 한국이 민주주의 국가이나 표현의 자유, 집회 및 결사의 자유에 있어서 제한이 유지되고 있다고 평가하고 있다. 또한 성소수자인 LGBT(Lesbian, Gay, Bisexual, and Trans-gender)와 여성소수인종, 그리고 외국인에 대한 차별이 주요한 문제로 등장하고 있다고 평가하고 있다.

1) 표현의 자유

한국은 자유로운 언론사를 가지고 있고 활발한 시민활동도 유지되고 있다. 하지만 한국의 정권들과 재벌을 포함한 권력세력들이 다양한 법을 활용하여 비판적인 의사표현에 제한을 취해 왔다. 대표적으로 표현의 자유와 관련해 표현 내용이 사실관계를 떠나서 공공이익에 배치할 경우 형사상 명예훼손행위(criminal defamation actions)로 최장 7년의 구금과 벌금을 매기고 있다. 이러한 처벌이 이루어지고 있다는 점은 '표현의 자유를 크게 훼손하고 있다.'고 할 것이다. 또한 「국가보안법」이 여전히 유지되고 있으며, 북한과 관련된 찬양과 동조의 내용을 유포하는 데 처벌을 하고 있다. 이러한 상황들은 표현의 자유와 관련된 인권을 침해하고 있다고 Human Rights Watch는 평가하고 있다.

2) 노동자의 권리

한국정부는 아직도 세계노동기구(이하 ILO)의 기본적인 협약인 결사의 자유(C. 87)와 노동조합 및 노동협약의 권리(C. 98)를 준수하지 않고 있다. 특히 공무원들은 노동조합의 설립을 법적으로 하지 못하고 있는 상황이다. 또한 한국 정부는 전국교직원노동조합(전교조)을 법적으로 인정하지 않고 있다고 평가하고 있다. 전교조의 불인정은 한국 정부의 일관된 의견에 기인한다. 즉, 감수성이 예민한 초 · 중등 학생들의 인성과 기본 습관 개발에 있어서 교사들이 끼치는 영향이 지대하기 때문에 직장 안에서나 밖에서나 학교 안에서나 밖에서나 초 · 중등 교사들의 모든 활동은 잠재적인 교육의 일부라는 점에서 교사들의 정치적 활동을 인정하지 않고 있다는 것이다. 이에 대해, 전교조는 한국의 교사들은 「헌법」에 보장된 권리인 참정권과 정치기본권을 부정당한 채 기본적 시민으로서의 권리를 박탈당해 왔다고 주장하고 있다. 또한 전교조는 ILO와 UN 인권위원회의 수차례 시정 권고에도 불구하고 여전히 한국의 교사들은 온전한 시민으로 살아가지 못하고 있다는 점을 강조하고 있다.

노동자 권리와 관련하여 Human Rights Watch는 한국에는 아시아에서 온 많은 이주 노동자가 있으나 이들이 다양한 차별, 학대, 그리고 노동권 박탈과 같은 문제를 경험하고 있다고 평가하고 있다.

3) 여성들의 권리

Human Rights Watch는 최근 한국에서도 확대되고 있는 Me Too 운동에 주목하고 있다. 이러한 Me Too 운동은 그동안 억압되어 있던 성폭력과 성적 학대에 대한 반작용으로 작용하고 있다는 점을 강조하고 있다. 구체적으로 Human Rights Watch는 2018년 1월 서지현 검사의 성추행 사건 공표를 통해서 그 뒤 많은 여성이 Me Too 운동에 동참하고 있다는 점을 설명하고 있다. 또한 안희정 전 지사의 김지은 수행비서의 성폭행 사건도 소개하고 있다.

또한 Human Rights Watch는 헌법재판소에서 판결을 준비하고 있는 낙태[1]와 관련된 설명도 추가하면서, 현재 예외적으로만 허용되고 그 외에는 낙태가 범죄로 처벌받고 있다는 점 등을 자세하게 설명하고 있다.

2018년 2월 UN Committee on the Elimination of Discrimination Against Women은 한국 상황을 검토하면서 포괄적인 반차별법(comprehensive anti-discrimination laws)이 부재하고 가정폭력에 관한 보고체계가 제대로 운영되지 않고 있다는 점에서 여성들의 권리에 있어서 우려를 표한다고 보고하였다.

4) 소수성애자 및 젠더 아이덴티티

한국에서도 증가하고 있는 소수성애자 운동은 보수단체들의 저항을 불러왔다.

---

[1] 2019. 4. 낙태죄에 대한 「형법」 처벌 조항에 대해 헌법재판소는 헌법불합치 결정을 하였으며, 2020년 말까지 국회는 낙태허용 사유를 규정한 입법을 마련하여야 한다.

대표적으로 2018년 7월, 21만 명 이상의 시민들이 대통령 청원창에 서울 Pride Parade(소수성애자들의 축제)를 금지해 달라고 청원하였다. 그 행사는 예정대로 개최되었다. 하지만 그해 9월 인천에서 개최될 예정이던 Queer Culture Festival은 성소수자 반대 운동단체들의 반대로 진통을 겪었으며 축제 참가자들을 공격하여 8명이 구속되는 사건이 발생하였다.

Human Rights Watch는 한국 정부의 교육지침에 성소수자에 대한 소개 및 설명을 제시하지 않고 있고, 이에 따라 교과내용에 성소수자를 차별하는 내용이 들어가 있다고 판단하고 있다. 또한 Human Rights Watch는 현재 헌법재판소에 군인들 간 동성애를 처벌하는 법 규정에 대한 판결을 심사하고 있다는 점을 소개하고 있다.

5) 해외난민 이슈

한국은 1951년 UN Refugee Convention 그리고 1967년 Protocol에 참여하고 있다. 하지만 Human Rights Watch는 여전히 한국의 경우 북한이탈주민을 제외한 타 국가의 해외난민을 외면하고 있다고 평가하고 있다. 예를 들어, 2017년 법무부는 총 6,015명의 난민심사를 진행하였으나 단지 91명만을 난민으로 인정하였다. 특별한 경우 한국 정부는 한국에 체류할 수 있도록 비자를 발급하고 있으나 거의 대부분 비자 신청자들은 거절당하는 경우가 흔했다. 해외난민들의 경우 이러한 차별적인 상황과 불충분한 사회적 지원에 관한 불만을 표출하고 있다.

대표적으로 2018년 1월과 5월 사이에 500명 이상의 예멘 난민들이 자유관광비자를 이용하여 제주도에 도착하였다. 이러한 상황은 한국 내에서 반난민 운동을 촉발하였고 사회문제로 부각되었다. 이에 따라, 2018년 6월 문재인 정부는 예멘을 자유관광비자국에서 배제하였다. 이에 대해 한국 시민들 약 70만 명은 예맨 난민 지원을 철회하고 그들을 추방하라고 청원을 추진하였다. 이에 대해 박상기 법무부 장관은 가짜 난민을 찾아내는 데 초점을 두고 수사하라고 발표하였고 또한 난민 브로커 색출에 치중하겠다는 설명을 발표하게 된다. 2018년 10월 17일, 정부는 373명의 난민 청구를 기각하고 339명의 난민(예맨으로 돌아갈 경우 생명이나 자유박탈의 위험에 처할 위험이 높은 대상)의 경우 1년간 체류비자를 허가하기로 했다.

6) 북한인권에 대한 정책

2018년 2월 한국 평창에서 열린 동계올림픽에 북한 대표단이 참여하면서 화해무드가 조성되었다. 그해 5월과 9월 사이 남북한 지도자는 세 번이나 정상회담을 개최하였고 협력 분위기를 만들고 있다. 이러한 화해 분위기라는 시대적 상황 때문인지 문재인 정부는 북한의 인권문제를 부각시켜 대처하지는 않고 있다. 2016년 한국은 「북한인권법」을 통과시켰고 「북한인권법」 시행을 위한 핵심기구로 북한인권재단을 출범하기로 하였으나 북한인권재단의 출범은 난항을 겪고 있다. 북한인권재단은 북한의 인권 실태를 조사하고 남북인권 대화와 인도적 지원 등 북한인권 증진과 관련된 연구와 정책개발 그리고 북한인권 관련 시민사회단체의 지원 등의 역할을 할 것으로 논의되었다. 다만 현재 통일부 소속의 북한인권 기록센터[2], 법무부 소속의 북한인권 기록보존소[3]가 2016년에 각각 설치되어 운영되고 있다. 북한인권재단의 설립이 지연되는 과정에서 통일부의 북한인권 기록센터와 법무부의 북한인권 기록보존소가 유사한 관장 업무를 따로 담당하고 있다는 점은 문제점으로 지적되고 있다.

---

2) 북한인권 기록센터는 북한주민의 인권 보호와 증진을 위하여 북한인권 관련 자료의 수집 등에 관한 사무를 관장하는 통일부의 소속기관이며, 2016년 9월 21일에 발족하였다. 주요 소관업무는 북한인권 실태조사의 기획 및 총괄, 북한인권 관련 각종 자료의 수집·기록·연구·보존 및 발간, 북한인권 자료의 공개에 관한 정책 수립, 북한인권 실태조사 관련 국내외 관련 기관 및 민간단체 등과의 협력, 그리고 북한인권 기록의 이관에 관한 사항을 담당하고 있다.

3) 북한인권 기록보존소는 북한 주민의 인권 보호 및 증진을 위하여 북한인권 기록 관련 자료의 보존 및 관리 그리고 그와 관련된 사무를 관장하는 법무부의 소속기관으로 2016년 10월 11일 발족하였다. 주요 소관 업무는 「북한인권법」 조항에 따라 자료를 이관받기 위하여 필요한 업무, 이관받은 자료의 체계적인 보존 및 관리 업무, 그리고 그 밖에 이관자료를 보존관리하기 위하여 법무부장관이 필요하다고 인정하는 업무를 관장하고 있다.

2. 한국의 인권 이슈들

사회문제란 사회변화에 따라 개인 시민들과 사회제도 간 나타나는 제도적 모순을 의미한다. 소수의 개인이나 가족에게만 특수하게 나타나는 것이 아니라 많은 사람이 공통적으로 경험하는 문제를 사회문제라고 한다. 이러한 사회문제는 다양화되었다. 전통적인 사회문제로는 빈곤, 질병 등을 언급할 수 있으나 사회가 복잡화되면서 그리고 산업사회가 후기산업사회로 전환되는 과정에서 새로운 사회문제들이 등장하였다. 특히 새로운 사회문제가 등장하는 과정에서 개인들의 인권문제가 주요 이슈로 부각되고 있다. 사회문제의 분류로 사회변동 및 사회해체, 사회적 불평등, 그리고 사회적 일탈로 구분되기도 한다. 사회변동 및 사회해체의 사회문제로는 가족문제, 인구구조 변화, 농촌과 환경문제가 포함된다. 사회적 불평등에는 빈곤, 성/소수자 차별, 노동문제, 양극화 문제 등이 그 예이다. 사회적 일탈은 비행, 범죄, 폭력, 그리고 약물중독과 남용 등의 문제들이 포함된다. 여기에서는 한국 사회에서 부각되고 있는 사회문제 그리고 이에 따라 부각되고 있는 인권이슈들을 주요 대상자별로 개략적으로 소개하고자 한다.

1) 아동·청소년 인권

아동·청소년의 건강한 발육과 성장을 돕기 위한 부모를 비롯한 지역사회 및 국가의 역할은 중요하다. 하지만 가정 내 아동학대, 어린이집 및 유치원에서의 아동학대, 아동·청소년들을 대상으로 한 성폭력 등은 끊이지 않고 발생하고 있는 것이 우리의 현실이다. 아동학대는 2000년 1월 「아동복지법」을 개정하면서 그 개념과 금지유형이 처음 법문에 제시되었다. 「아동복지법」 제3조 제4호에 의하면 "아동학대란 보호자를 포함한 성인에 의하여 아동의 건강·복지를 해치거나 정상적 발달을 저해할 수 있는 신체적·정신적·성적 폭력 또는 가혹행위 및 아동의 보호자에 의하여 이루어지는 유기와 방임을 말한다."라고 정의하고 있다. 아동이 인간 발달단계에서 보호와 관심이 필요하다는 것을 고려한다면 아동의 인권을 보

호하기 위한 국제적인 노력들은 다양한 기준의 제시로 나타나고 있다(〈표 2-1〉
참조).

〈표 2-1〉 아동보호에 대한 국제적 기준

- UN아동권리협약(UN Child Rights Convention: UNCRC) (1989)
  - (제19조 모든 형태의 폭력으로부터의 보호) 1, 2항에 대한 세부설명으로 '모든 형태의 폭력
    으로부터 자유로울 아동의 권리에 관한 일반논평 13(2011)' 채택
  - 아동폭력의 정의와 아동폭력 근절을 위한 국가의 의무와 책임을 구체적으로 기술함
- 아동의 무력충돌 참여에 관한 선택의정서(2000)
  - 아동징집과 성착취 문제로 인해 UN은 제1선택의정서를 채택하여 18세 미만 아동의 징집
    및 무력 참여를 금지
- 아동매매, 성매매 및 아동음란물 규제에 관한 제2선택의정서(2000)
  - 아동매매, 아동성매매 및 아동음란물에 대한 구체적 규제와 강력한 처벌, 국제적 공조와 피
    해 아동보호를 목적으로 하는 제2선택의정서
- 가장 가혹한 형태의 아동노동 근절에 대한 국제노동기구 협약 182호(1999)
  - 아동의 신체적, 정신적 또는 도덕적 복지에 유해 손상을 주는 아동노동 최악의 상황(강제노
    동, 감금노동, 매매춘, 포르노그래피, 마약거래 등)을 근절하기 위한 즉각적인 조치의 필요성
- 인도적 활동 시, 아동보호를 위한 최소기준(2010)
  - 인도적 활동 현장에서 아동보호를 위한 26가지 기준을 제시(아동보호실무그룹, CPWG)
  - 아동보호 이해당사자 간 공동원칙을 수립하고, 아동보호사업의 질적 강화 및 아동보호 활
    동에의 책무성 제고
- SDG와 아동보호(2015)
  - 아동을 대상으로 하는 학대, 착취, 인신매매, 모든 형태의 폭력 및 고문을 종식(Goal 16.2)
  - 여아에 대한 모든 유형의 차별과 폭력을 근절(Goal 5.1, 5.2, 5.3, 5.c)
  - 강제노동과 아동인신매매, 모든 형태의 아동노동을 종식(Goal 8.7)

출처: 세이브더칠드런 아동안전보호정책교육 매뉴얼.

「UN아동권리협약」에서 강조하고 있고 이와 동시에 UN아동권리위원회에서
「UN아동권리협약」이 정하는 아동권리를 실현하기 위해 반드시 필요한 4가지 원
칙은 다음과 같다. 첫째, 차별받지 않을 권리이다. 모든 아동은 자기 자신의 권
리를 누릴 수 있도록 보장되어야 하며 이 권리를 누리는 데 있어서 어떠한 이유

로든 차별받아서는 안 된다는 것이다. 둘째, 국가는 아동에게 영향을 미치는 법적 그리고 제도적 결정을 하는 과정에서 아동의 이익을 최우선으로 고려해야 한다는 것이다. 아동이 한 사회에서 가장 약한 사람의 하나라는 것을 인정하고 아동의 이익이 가장 먼저 고려되도록 하는 것이 국가의 주요 책무라는 점을 강조하는 것이다. 셋째, 아동 고유의 생명권, 생존 및 발달의 권리를 보장해야 한다. 한 국가의 정치·경제·사회·문화적 상황을 고려하더라도 가능한 범위에서 아동의 신체적·사회적·정서적·문화적 발달을 최대한 지원해야 한다는 점을 강조하고 있다. 마지막으로, 아동참여와 의견존중의 권리 원칙이다. 이 원칙은 아동참여와 의견존중을 위해서는 아동에게 충분한 사전 정보를 제시하고 아동의 의견수렴을 위해 노력하며 그 의견이 어떻게 반영되었는지에 대한 설명을 제공해야 한다는 것이다(서울사회복지공익법센터, 2019).

아동인권침해의 대표적인 것이 아동학대이다. 아동학대는 신체적 학대, 정서적 학대, 성 학대, 그리고 방임으로 구분할 수 있다. 추가적으로 주목할 이슈는 이러한 학대들이 중복으로 발생하는 경우가 높다는 것이다. 이런 경우는 중복학대로 구분할 수 있으며 한 보고서에 의하면 중복학대를 한 유형으로 포함할 경우 중복학대가 45.6%로 가장 높았으며, 정서적 학대(17.5%), 방임(17.2%)의 순으로 보고되었다(보건복지부·중앙아동보호전문기관, 2015). 아동학대의 경우 신체적 학대와 성 학대는 그 아동발달에 미치는 치명적인 영향으로 인해 신문이나 뉴스를 통해서 알려지고 있으나 상대적으로 아동방임에 대한 관심은 높지 않은 것이 현실이다. 방임은 부모가 아동에게 아동발달에 필요한 의료·교육·경제적 지원을 해 주지 않는 것을 의미한다. 우리 사회에서 관심을 받지 못하고 있는 상황을 Wolock과 Horowitz(1984, p. 530)는 '방임에 대한 방임(the neglect of neglect)'으로 강조하고 있다(손예진·한창근, 2017).

아동의 인권 및 권리보장을 위해 다양한 제도 및 정책이 도입되고 있다. 기본 전제는 모든 아동에게 그들의 성장을 최대한 지원하는 정책 및 제도들이 확대 실시되어야 한다는 것이다. 하지만 여기에서는 한국 사회에서 가장 취약한 아동

들이라고 볼 수 있는 '보호대상아동'의 발생과 현황 그리고 지원제도를 제시하고
있다. 「아동복지법」 제3조 제4호에 의하면 '보호대상아동'이란 보호자가 없거나
보호자로부터 이탈된 아동, 또는 보호자가 아동을 학대하는 경우 등 그 보호자가
아동을 양육하기에 적당하지 아니하거나 양육할 능력이 없는 경우의 아동을 의
미한다.

   2016년 기준, 한국의 아동복지시설은 총 281개소가 있는 것으로 파악되고 있
다. 아동복지시설은 아동양육시설, 아동일시보호시설, 아동보호치료시설, 아동
종합시설, 자립지원시설로 구성되어 있다. 추가적으로 지역사회에서 보호되고
있는 아동을 위한 방법으로 공동생활가정과 가정위탁제도가 실시되고 있다. 이
러한 보호대상아동의 규모는 2014년 대비 꾸준히 감소하고 있는 것으로 나타났
다. 구체적으로는 아동양육시설 및 가정위탁에서의 보호아동 수는 감소추세이
나, 공동생활가정에서 보호되는 아동 수는 증가하고 있다.

〈표 2-2〉 보호대상아동의 유형별 추이

(개소)

연도	합계	아동 양육 시설	아동 일시 보호 시설	보호 치료 시설	아동 종합 시설	자립 지원 시설	공동 생활 가정	가정 위탁
2014년	31,603	13,437	336	481	124	252	2,588	14,385
2015년	30,365	12,821	350	447	140	243	2,636	13,728
2016년	29,343	12,448	356	485	170	230	2,758	12,896

출처: 보건복지부(2017).

   매년 발생하는 보호대상아동의 추이 및 발생 원인을 살펴보면 〈표 2-3〉과 같
다. 가장 의미 있는 결과는 매년 발생하는 보호대상아동의 규모가 감소하고 있
다는 것이다. 2013년 6천여 명 규모에서 2017년에는 4,121명 수준으로 감소하
였다. 학대, 부모빈곤, 실직 등에 의해 발생하는 요보호아동의 규모도 3,668명

(2013년)에서 2,769명(2017년)으로 감소하였고, 미혼부모 및 혼외자로 인한 보호아동의 수도 1,534명(2013년)에서 850명(2017년)으로 감소한 것으로 나타났다.

〈표 2-3〉 보호대상아동의 발생원인

(명)

구분	2013년	2014년	2015년	2016년	2017년
발생유형 총계	6,020	4,994	4,503	4,592	4,121
학대, 빈곤, 실직 등	3,668	2,965	2,866	3,148	2,769
미혼부모, 혼외자	1,534	1,226	930	856	850
비행, 가출, 부랑	512	508	360	314	229
유기	285	282	321	234	261
미아	21	13	26	10	12

출처: 보건복지부(2017).

　앞에서 설명한 보호아동에 대한 보호조치 결과는 〈표 2-4〉에 제시되고 있다. 2013년부터 2017년까지의 조사기간 중 가장 많은 조치 유형은 시설보호이다. 전체 보호조치 유형에 따른 시설보호조치의 비율은 2016년 63.0%로 가장 높았고 그 후 2017년에는 58.7%로 낮아졌다. 상대적으로 가정위탁의 경우는 2016년 31.6%로 가장 낮았으나 2017년 다시 34.3%로 높아졌다.

〈표 2-4〉 각 연도별 아동보호조치 현황

명
(%)

구분	2013년	2014년	2015년	2016년	2017년
보호유형 총계	6,020 (100.0)	4,994 (100.0)	4,503 (100.0)	4,592 (100.0)	4,121 (100.0)
시설보호 (%)	3,257 (54.1)	2,900 (58.1)	2,682 (59.6)	2,894 (63.0)	2,421 (58.7)
가정위탁 (%)	2,265 (37.6)	1,688 (33.8)	1,582 (35.1)	1,449 (31.6)	1,413 (34.3)

입양	478	393	239	243	285
(%)	(7.9)	(7.9)	(5.3)	(5.3)	(6.9)
소년소녀가장	20	13	0	6	2
(%)	(0.3)	(0.3)	(0.0)	(0.1)	(0.0)

출처: 보건복지부(2017).

이러한 보호아동의 복지서비스 제공 및 권리신장을 체계적으로 관리하기 위해 정부는 「아동복지법」 내에 아동권리보장원의 설립을 추진하였고, 2018년 12월 아동권리보장원 설립근거로 「아동복지법」의 개정이 국회 본회의를 통과하였다. 현재 아동학대 예방 및 방지업무, 보호대상아동 및 취약계층아동에 대한 지원업무 등의 아동지원업무들이 별개의 기관에 위탁되어 개별적으로 운영됨에 따라 종합적이고 체계적인 서비스 지원이 이루어지지 않는 현실을 개선하기 위해 아동권리보장원이 설립되었다. 이에 따라 아동권리보장원은 개별 사업들을 수행하고 있는 지원기관들을 통합하여 보호가 필요한 아동이 발견되면 보호서비스 종료 이후까지 이어지는 전 과정을 총괄적으로 그리고 체계적으로 관리하는 역할을 수행할 것으로 기대되고 있다.

2) 여성의 인권

매년 3월 8일은 세계 여성의 날이다. 이 세계 여성의 날은 1908년 미국 여성 노동자들 1만 5천 명이 뉴욕의 광장에 모여 근로여건 개선 및 참정권 보장 등을 요구하며 집회를 개최한 것에서 유래하고 있다. 집회 당시 여성 노동자들은 '우리에게 빵과 장미를 달라(We want bread, but roses, too).'는 구호를 외쳤다. 여기에서 빵은 굶주림에서 벗어날 생존권의 의미를, 장미는 인간답게 살기 위한 참정권을 의미한다고 알려져 있다. 이로 인해 빵과 장미는 세계 여성의 날을 의미하는 상징으로 여겨지고 있다. 이후 UN은 세계 여성의 지위향상과 인권 보장을 위해 1975년을 '세계 여성의 해'로 지정했고, 미국 시위가 열린 매년 3월 8일을 '세계 여성의 날'로 공식화하고 있다. 한국의 경우 1985년에 제1회 한국여성대회를 비롯한 각종 관련 행사를 개최하기 시작하였으나, 법정기념일로는 2018년에 처음 공식 지정되었다.

한국 사회에서 여성인권에 대한 법적 대책은 가부장제 문화를 비롯한 사회구조적인 폭력에 대한 대응으로 구체화되어 왔다. 1997년 「가정폭력범죄의 처벌 등에 관한 특례법」, 1997년 「가정폭력방지 및 피해자보호 등에 관한 법률」, 2004년 「성매매 알선 등 행위의 처벌에 관한 법률」과 「성매매 방지 및 피해자보호 등에 관한 법률」, 2010년 「성폭력범죄의 처벌 등에 관한 특례법」 등이 그 내용이다.

이러한 여성폭력에 대한 법 · 제도적 근거의 마련과 시행에 따라 가정 내 폭력은 긍정적 결과들을 제시하고 있다. 여성가족부의 2016년도 전국 가정폭력 실태조사(조사대상: 2016년 전국 만 19세 이상 일반국민 6,000명)에 따르면 부부 폭력비율 지표는 여성피해의 경우 2013년 29.8%에서 2016년 12.1%로, 남성피해의 경우 2013년 27.3%에서 2016년 8.6%로 감소한 것으로 나타났다(여성가족부, 2016). 그러나 부부폭력의 피해로 위협이나 공포심을 느끼고 있고, 정신적 고통을 경험하며, 신체적 상처도 발생하는 경우가 많다는 점에서 가정폭력은 여전히 사회문화 구조적으로 더욱 주목해야 할 사회문제임에는 틀림없다. 전국 가정폭력 실태조사에 따르면 가정폭력 감소를 위해 요구되는 정책으로, ① 폭력 허용적 사회문화 개선, ② 가정폭력 관련 법 및 지원서비스 홍보, ③ 가중처벌 등 가해자에 대한 법적 조치 강화, ④ 학교에서 아동기부터 폭력 예방교육 실시, ⑤ 접근이 쉬운 곳에서 가정폭력 예방교육 실시, ⑥ 경찰의 신속한 수사의 순으로 나타났다(여성가족부, 2016).

다른 한편, 성폭력에 관한 문제들은 최근 들어 더 부각되고 있다. 현직 여검사에 대한 성폭력, 안희정 사건으로 불리는 수행비서 성폭력, 스포츠 선수들에 대한 코치진들의 성폭력, 데이트 폭력 등의 사건들은 한국에서도 'Me Too 운동'으로 확산되고 있다. 이러한 성폭력 문제들의 다발적 출현은 그동안 감춰져 있던 한국의 여성인권의 암울한 현실을 반영하고 있는 것이다. 추가적으로 성폭력 피해자에게 가해지는 2차 피해도 심각한 문제로 제기되고 있다. '경찰 성폭력 2차 피해 실태자료'에 의하면 경찰에 의해 2차 피해 사례들을 설명하고 있다. 대표적으로 "가해자의 중요 부위를 그려 보라." "옷을 벗기는 과정을 상세히 진술해 주세요." "성폭행을 당할 때 느낌이 어땠나요."라는 표현은 가장 심각한 2차 피해로 지적되고 있다.

경찰은 2018년부터 성폭력 피해자 표준 조사모델을 개발하고 있는 것으로 알려졌다. 이를 위해 전문가들에 의해 태스크포스(TF)를 구성하였고 2차 피해 사례들을 수집하여 유형화하는 작업을 진행하고 있다(중앙일보, 2019. 3. 25.). 이러한 여성을 대상으로 한 폭력 그리고 2차 피해에 대한 대응은 당연히 가장 시급하고 필수적인 사회적 대처라고 이해할 수 있다.

다른 한편으로 여성인권과 관련하여 고려해야 할 이슈는 남녀차별의 관행과 제도라고 볼 수 있다. 이전 「남녀 차별 금지 및 구제에 관한 법률」이 1997년 제정되었으나 업무부처 이관(여성부에서 여성가족부로 변경과 차별 관련 업무를 국가인권위원회로 이관)의 이유로 2005년 폐지되었다. 이러한 남녀차별법의 폐지 그리고 이후 대체법안의 미제정은 어찌 보면 여성인권의 중요한 측면인 여성차별을 심각하게 인식하지 못하고 있는 제도권의 입장을 보여 주고 있다.

한국에서의 남녀차별 현상은 뚜렷하다. 유리천장(glass ceiling)이란 표현이 있다. 이는 개인이 능력과 자격이 있음에도 불구하고 성차별이나 인종차별 등의 이유로 직장에서 성공을 하지 못하는 장벽에 부딪치게 되는 현상을 의미한다. 유리천장이라는 용어는 1970년대 미국 여성이 직장에서 승진 차별을 당하고 있다는 점을 강조하기 위해 사용되었다. 이러한 유리천장 현상을 국가 간 비교하기 위해 영국 주간지 이코노미스트는 유리천장 지수(glass ceiling index)를 발표하고 있다. 이 지수는 남성과 여성의 고등교육 이수율, 여성의 경제활동 참가율, 남녀임금 격차, 관리자 중 여성 비율, 임금 대비 육아비용 등 5개 항목으로 구성되어 있다. 2019년 3월 8일 세계 여성의 날을 맞아 '유리천장 지수'가 발표되었다. 조사대상인 OECD 29개국 중 한국은 100점 만점에 겨우 20점으로 꼴찌를 차지했다. 스웨덴은 80점을 넘어 정상을 차지했고, 노르웨이, 아이슬란드, 핀란드,

프랑스 순으로 나타났다. 한국은 3개 부문에서 꼴찌를 기록했다. 남성 임금 대비 여성 임금은 34.6%나 적은 것으로 나타났고, 여성 관리자의 비율(12.5%), 그리고 여성 기업이사의 비율(2.3%)도 조사대상국 내에서 꼴찌를 차지했다. 또한 고등교육 이수자의 남녀비율 차가 6.6%로 꼴찌에서 두 번째였고, 노동참여 인구의 남녀 비율도 20.3%로 바닥권인 것으로 나타났다(중앙일보, 2019. 3. 8.).

보다 구체적인 한국에서의 남녀차별 현상은 육아휴직 참가를 통해서 분석할 수 있다. 남성의 육아휴직 참여는 여성의 경력단절 방지, 노동시장에서의 성평등, 더 나아가 사회적 차원에서의 성평등을 달성하기 위한 중요한 사회정책이다. 하지만 여전히 한국에서의 남성의 육아휴직제도의 성 불평등 현상은 두드러진다. 한국에서 육아휴직의 경우 남성보다는 여성이 육아휴직을 선택하는 것이 일반화되어 있다. 예를 들어, 2013년 기준, 육아휴직에 참여하는 남성 비중이 높은 국가 순위는 아이슬란드(45.6%), 스웨덴(45.0%), 포르투갈(43.0%), 노르웨이(40.8%)로 나타났다. 이 시점 기준으로 한국에서의 남성 육아휴직 참가비율은 4.5% 수준이었다. 최근 들어, 남성 육아휴직자의 수가 증가하고 있다. 한국의 육아휴직자 중 남성의 비중은 2009년 1.4%에서 2017년 13.4%로 증가하였다(국회입법조사처, 2018). 그러나 이 통계에서 중요하게 확인할 점은 전체 육아휴직자에서 여성의 총수는 2015년 82,467명에서 2017년 78,080명으로 줄었다는 것이다. 이것은 여성의 육아휴직 참여 자체가 줄어드는 상황에서 일부 안정적인 직장(공무원 및 대기업 중심)에서의 남성들만이 육아휴직제도에 참여하고 있다는 것을 보여 주고 있다.

〈표 2-5〉 남·여 육아휴직 참가 경향

명
(%)

구분	2008년	2009년	2010년	2011년	2012년	2013년	2014년	2015년	2016년	2017년
여성	28,790	34,898	40,914	56,735	62,279	67,323	73,412	82,467	82,179	78,080
(%)	(98.8)	(98.6)	(98.0)	(97.6)	(97.2)	(96.7)	(95.5)	(94.4)	(91.5)	(86.6)

남성 (%)	355 (1.2)	502 (1.4)	819 (2.0)	1,402 (2.4)	1,790 (2.8)	2,293 (3.3)	3,421 (4.5)	4,872 (5.6)	7,616 (8.5)	12,043 (13.4)
전체	29,145	35,400	41,733	58,137	64,069	69,616	76,833	87,339	89,795	90,123

출처: 국회입법조사처(2018).

3) 장애인의 인권

한국 사회에서 가장 많은 차별과 인권침해를 받는 계층 중에서 대표적인 대상은 장애인이라고 볼 수 있다. 선천적인 또는 후천적인 이유로 발생하는 장애를 가지고 사는 장애인들은 일반 비장애인과 비교하여 다양한 차별과 불평등을 경험하게 되는 것이다. 장애 자체로 인한 불리함과 어려움에 더하여 사회적으로 더해지는 차별과 편견은 장애인들이 짊어지고 있는 삶의 무게이다. 따라서 장애인 인권에 대한 관심과 확대에 대한 보다 적극적인 제도적 노력과 실시가 요구되고 있다.

한국에서 전체 인구 대비 장애인구 비율은 약 5.59%인 것으로 조사되었다. 이는 서구 선진국에 비하여 매우 낮은 것으로 나타났다. 스웨덴(20.6%), 호주(20.0%), 독일(18.1%), 미국(15.1%) 등의 비교에서 나타나듯이 서구 선진국에서는 장애의 범주를 포괄적으로 규정하고 있기 때문에 한국과 비교하여 장애인구 비율의 차이가 발생하는 것으로 해석되고 있다(유동철, 2017). 「장애인복지법」에 의하면 15개 장애유형(지체장애인, 뇌병변장애인, 시각장애인, 청각장애인, 언어장애인, 지적장애인, 자폐성장애인, 정신장애인, 신장장애인, 심장장애인, 호흡기장애인, 간장애인, 안면장애인, 장루·요루장애인, 그리고 뇌전증장애인)을 명시하고 있다. 한국 사회에서의 정신질환은 상대적으로 흔하다. 보건복지부의 2016년 정신질환 실태조사에 의하면 17가지 정신질환의 평생 유병율은 25.4%로 나타났다. 이는 국민 10명 중 약 4명이 평생 동안 한 번은 정신질환을 경험한다는 것이다. 정신질환이 이렇게 흔하다는 사실과 비교하여 정신장애인에 대한 차별 및 낙인은 상대적으로 깊게 뿌리를 두고 있다. 2014년 보건복지부와 국립서울병원, 그리고 중앙정신보건사업지원단에서 실시한 대국민 정신질환 태도조사 결과에 의하면,

'정신질환이 있는 사람과 대화하기가 불편한 느낌을 가진다.'라는 질문에 동의한
다는 답변이 45.3%로, '정신과 치료 경력이 있는 자를 친한 지인에게 결혼상대
자로 소개한다.'라는 질문에 61.7%가 반대하는 것으로 '정신질환자를 자신의 집
에 세를 줄 수 있는가'에 관한 질문에는 반대가 46.0%로 나타났다. 이러한 결과
는 정신질환에 대한 부정적 의견 및 차별이 다양하게 나타나고 있음을 보여 주
고 있다.

장애인 인권헌장에서는 장애인도 모든 사람과 마찬가지로 '존엄한 인간'이라는
점을 강조하기 위하여 1975년 12월 9일 국제연합 총회에서 장애인 권리선언을 채
택하였다. 한국에서도 1998년 12월 9일 장애인을 인간으로서 존엄과 가치를 가지
고 있다는 점을 강조하며 장애인 인권선언을 채택하였다.

〈표 2-6〉   장애인 인권헌장

1) 장애인은 모든 인간이 누리는 기본인권을 당연히 누려야 하며 그 인격의 존엄성은 충분히 존
   중되어야 한다. 장애인이라는 이유로 같은 시대의 같은 사회의 다른 사람이 누리는 권리, 명
   예, 특전이 거부되거나 제한되어서는 아니된다.
2) 장애인에게는 다른 모든 사람과 마찬가지로 가능한 한 정상적이고 원만하게 인간다운 삶을
   영위할 수 있도록 모든 기회와 편의가 제공되어야 한다.
3) 장애인은 다른 사람과 동일한 정치적 권리를 가지며 사회가 제공하는 모든 기회와 편의를 이
   용할 수 있다.
4) 국가는 장애인이 혼자 힘으로 행동하고 생활할 수 있도록 조치를 취할 의무가 있으며 모든 장
   애인은 그것을 요구하고 이용할 권리가 있다.
5) 장애인은 자신이 가진 능력을 최대한으로 개발하고 가능한 한 빨리 그리고 쉽게 사회에 적응
   할 수 있도록 하기 위하여 필요한 각종 보조기구, 모든 의료혜택, 의학적 및 사회적 재활교육,
   직업훈련 및 직업알선, 상담 등 각종 사회 서비스를 받을 수 있어야 한다.
6) 장애인은 인간다운 생활과 사회활동의 안정을 보장받기 위하여 자신의 능력에 따라 직업을
   선택하여 생산적인 경제활동을 할 수 있고 응당한 보수를 받을 권리가 있으며, 노동조합에 가
   입할 권리가 있다.
7) 국가가 수립하고 시행하는 사회, 경제, 교육, 문화 등 제반분야의 정책과 교통, 교육, 문화 등
   각종 시설에 장애인들이 가지고 있는 특수한 필요와 상황이 반드시 감안되어야 한다.

8) 장애인은 가족과 동거할 권리가 있으며 사회의 각종 활동에 차별대우를 받지 않고 참여할 권리가 있다. 장애인의 이익을 위한 경우 이외에는 주거환경에 있어서 차별대우를 받아서는 아니되며, 장애인의 이익을 위하여 필요하다고 인정되는 별도의 주거지역은 같은 연령의 다른 사람들이 정상적인 생활을 하는 곳에 가능한 한 가까워야 한다.

9) 장애인은 모든 종류의 착취로부터 보호를 받아야 하며, 어떤 종류건 어떠한 명목이든 차별대우나 천대를 받아서는 아니되며, 누구를 막론하고 장애인 복지를 방지하여 개인적 부를 축적하여서는 아니된다.

10) 혼자 힘으로 의사결정을 할 수 없는 장애인이나 그 가족들의 인간다운 삶을 보장하기 위하여 국가는 그에 알맞은 특별한 정책 배려를 하여야 한다.

11) 장애인은 자신의 권익을 보호받기 위하여 필요한 경우에는 상당한 법률적 도움을 받을 수 있어야 한다. 만약 장애인들이 법적인 제재를 받아야 하는 경우에도 그들의 육체적, 정신적 특수 조건이 충분히 고려되어야 한다.

12) 장애인의 권리와 복지에 관한 모든 시책이 제정되고 시행되는 경우 장애인들의 의사가 충분히 반영되어야 하며, 장애인들이 자발적으로 참여하는 조직체의 자문을 받아야 한다.

13) 모든 교육기관과 언론매체는 장애인에 대하여 가지고 있는 우리 사회의 오해와 편견을 제거하는 데 앞장서야 하며, 장애인에 대한 부정적인 표현을 삼가하여야 한다.

14) 장애인과 그 가족 그리고 장애인 단체들은 이 선언에 포함된 모든 권리에 대하여 충분한 정보를 얻을 수 있어야 한다.

이러한 노력에도 불구하고 장애인 인권의 침해 사례들은 다양하게 나타나고 있다. 장애아동 성폭력 사건으로 세간의 관심을 끈 경우는 흔히 '도가니' 사건으로 불리는 광주 인화학교 성폭력 사건이다. 소설 「도가니」와 이를 바탕으로 한 영화가 나오면서 한국 사회에서 장애아동 청소년을 대상으로 한 인권침해에 관한 보다 대중적인 반응과 장애인 성폭력에 관한 사회적 관심을 일으켰다. 장애인을 대상으로 한 생활시설과 사회복지시설에서의 인권침해 사건은 다음과 같다. 강제구금, 강제노역, 폭행, 성폭행, 살인 및 암매장, 외부와의 통신 및 접근 제한, 종교 강요, 교육의 제한, 국가의 보호비용이나 민간후원금의 횡령 등은 대표적인 문제들이다. 국가인권위원회에 2001년부터 약 10년간 보고된 차별 진정사건 중 장애인과 관련된 사건은 전체 진정사건 중 약 38.7%를 차지하고 있는 것으로 나타났다(국가인권위원회, 2019a).

한국 사회에서 장애인에 대한 다양한 사회복지지원제도 및 서비스가 실시되고 는 있으나 아직도 장애인의 삶의 질을 향상시키는 데 불충분한 것이 사실이다. 최근 국가인권위원회의 장애인을 위한 사회복지서비스의 개선을 권고하였으나 보건복지부에 의해 '거절'당하는 상황이 발생하였다(국가인권위원회, 2016). 이러한 예는 국가인권위원회의 법적 강제력이 없다는 점 그리고 실질적으로 국가인권위원회의 권고에 대한 정부 타 부처의 보다 적극적인 권고 수용방안에 대한 논의가 필요하기에 여기에서 좀 더 구체적으로 설명할 필요가 있다.

장애인인권 관련 중요한 제도 개선 내용 중 하나는 장애등급 폐지이다. 1988년부터 시행되어 온 장애등급제는 장애를 장애유형별 차이는 있지만 6등급으로 구분하여 장애 정도에 따라 복지혜택을 제공하여 왔다. 하지만 이 장애등급에 따른 복지혜택 차이가 지나치게 행정편의주의적이고 장애인의 개별적인 욕구를 반영하지 않는 등급일 뿐만 아니라 장애인에게 등급이라는 낙인을 찍어 장애인 인권에 반한다는 것이다. 이러한 주장을 장애인 단체들이 지속적으로 요구하였고, 이러한 장애등급제가 2019년 7월 1일부로 개정된 「장애인복지법」과 「장애인활동 지원에 관한 법률」에 의해 장애등급은 폐지되고 '장애정도'로 변경하고 장애인 활동 지원급여 등의 서비스를 맞춤형으로 지원되는 방향으로 수정된 것이다. 이러한 장애등급 폐지라는 제도 개선은 문재인 대통령이 대선 후보시절 '국민명령 1호'로 장애등급제 폐지를 선정하고 이에 대한 민관협의체를 통해 이루어졌다는 특징을 보이고 있다. 장애등급제 폐지에 따라 우선 장애인활동지원, 보조기기, 거주시설, 응급안정 등 4개 서비스 분야를 중점으로 장애등급이 아닌 장애인 개개인의 서비스 필요도에 관한 종합조사(일상생활 수행능력, 인지행동특성, 사회활동, 가구특성 등의 지표로 구성)를 통해서 각 서비스의 지원대상자를 선정하고 지원하는 절차가 이루어질 계획이다(머니투데이, 2019. 3. 27.). 하지만 장애인단체들은 이러한 장애등급제 폐지에 대한 제도적 개선에는 동의하지만 실질적인 예산 확보 없이 장애등급제를 폐지하는 것은 장애인을 대상으로 한 서비스의 축소로 이어질 것으로 주장하고 있다. 대표적으로 장애인활동지원사업의 경우 2018년

(6,907억 원) 대비 2019년(1조 35억 원) 예산은 45%가량(3,128억 원) 크게 증가하였지만, 최저임금 인상에 따른 서비스 단가의 인상(10,760원에서 12,960원으로)과 서비스 이용 대상자의 증가(71,000명에서 81,000명으로)에 따라 실제 일부 장애인의 경우 활동지원서비스 총 이용시간이 감소할 수 있다는 것이다(머니투데이, 2019. 3. 27.).

4) 노인인권

노인들의 경우 노인인권의 침해 요인으로 노인학대를 들 수 있다. 노인학대는 생각보다 훨씬 흔하게 발생한다. 보건복지부는 2008년 「노인복지법」을 개정하면서 3년마다 노인 보건 및 복지실태조사를 실시하고 있다. 이 조사에는 노인학대 경험여부도 조사하고 있는데, 2014년 조사결과에 따르면 조사대상 노인 10,452명 중 약 9.9%가 학대를 경험하였다고 조사되었다. 그 비율을 2014년 기준 노인인구에 대비하면 약 64만 명의 노인이 학대를 경험했다고 추론할 수 있다. 그러나 보건복지부와 중앙노인보호전문기관이 발표한 매년 '노인학대 현황 보고서'에 따르면 실제 노인학대를 신고한 건수는 그렇게 높지 않다. 즉, 실제 본인이 학대받았다고 신고한 건수는 2012년 9,340건에서 2016년 12,009건으로 증가하였다. 전체 노인 추정치에 비해 실제 신고건수는 아주 작다는 것을 보여 준다. 또한 노인학대가 신고 되었다고 하더라도 실제 학대로 판정되는 경우는 더 적게 나타나고 있다. 실제 학대 판정비율은 증감에 있어서 변화는 있지만 2012년 36.7%에서 2016년 35.6%로 40% 미만을 유지하고 있는 것으로 나타났다(보건복지부·중앙노인보호전문기관, 2016).

〈표 2-7〉 노인학대 신고건수 및 학대판정건수 추이

건
(%)

구분	2012년	2013년	2014년	2015년	2016년
학대 신고건수(A)	9,340	10,162	10,569	11,905	12,009
증감률	-	8.8	4.0	12.6	0.9
학대사례 판정건수(B)	3,424	3,520	3,532	3,818	4,280
증감률	-	2.8	0.3	8.1	12.1
학대판정비율 (B/A)	36.7	34.6	33.4	32.1	35.6

출처: 보건복지부 · 중앙노인보호전문기관(2016).

　노인학대 유형으로는 여러 유형의 학대가 동시다발적으로 발생하고 있으나, 일 반적으로 정서적 학대가 가장 흔하게 발생하고 있으며 뒤를 이어 신체적 학대, 방 임, 자기방임, 경제적 학대 순으로 나타났다. 자기방임은 노인보호전문기관 업 무수행지침에서 규정하고 있는데, 아파도 병원진료를 받지 않거나 끼니를 챙기 지 않는 경우 그리고 스스로 돌보지 않는 경우에 자기방임으로 규정하고 있다. 경제적 학대의 경우는 자식들에게서 경제적 지원을 받지 못하는 경우를 의미하 며 그동안 보살핀 자녀들에게서 적절한 경제적 도움을 받지 못하는 노인들이 있 다는 것을 의미한다. 노인학대의 경우 대부분이 가정 내에서 발생한다. 주된 학 대행위자의 경우, 학대피해자의 아들(37.3%), 배우자(20.5%), 본인(11.3%), 딸 (10.2%), 노인복지시설 등 종사자(8.5%) 순으로 보고되었다(보건복지부 · 중앙노 인보호전문기관, 2016).

　노인학대가 사회문제로 인식되면서 「노인복지법」에 의하여 노인학대 신고의 무자를 명시하고 있다. 여기에서 신고의무자는 노인복지시설 직원, 사회복지전 담공무원, 의료인 등 14개 직군을 의미한다. 이들은 노인학대를 알게 된 경우 즉 시 노인보호전문기관이나 수사기관에 신고해야 할 의무가 있으며 만약 신고하지 않으면 500만 원 이하의 과태료가 부과된다. 그러나 전체 노인학대 신고건수 대비 이러한 의무신고자에 의해 신고된 비율은 17.5%로 그리 높지 않은 것으로 나타났다. 비신고 의무자인 관련기관(자원봉사자, 경찰관, 학대노인 지킴이집 등)에 의해 학대 신고된 비율이 82.5%에 이르는 것으로 보고되고 있다. 학대노인 지킴이집은 정부와 대한노인회가 협력해서 지정한 경로당을 의미한다. 정부에서는 학대재발 위험이 높은 상황에서 원가정으로 복귀가 더 위험한 경우 학대피해노인전용쉼터를 운영하고 있다. 2016년 기준 학대판정 노인 수(4,280명) 대비 약 31.6%(1,352명)가 학대피해노인전용쉼터를 이용한 것으로 보고되었다. 이들 학대피해 노인들에게는 숙식제공과 심리상담 및 치유프로그램, 그리고 의료서비스를 지원하고 있다(보건복지부·중앙노인보호전문기관, 2016).

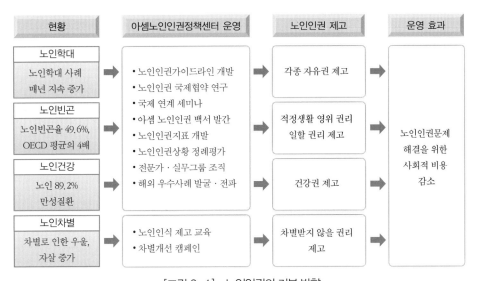

[그림 2-1] 노인인권의 기본 방향

출처: 국가인권위원회(2018b).

노인인권에 관한 관심이 커지면서 2018년 6월 ASEM(Asia Europe Meeting, 아시아유럽정상회의) 산하 국제협력기관으로 노인인권 보호 및 증진을 위한 'ASEM 노인인권정책센터'를 국내 서울글로벌센터에 설립하였다. 2014년 제10차 ASEM

정상회의에서 인권위는 노인인권 사업(센터 설립 포함)을 제안하였고, 2016년 제11차 ASEM정상회의에서 ASEM글로벌에이징센터를 한국에 개소할 것이 승인 되었다. 그 후 센터의 이름을 'ASEM노인인권정책센터'로 확정하여 설립된 것이 다. 이 센터의 주요 기능은 노인인권 정책을 개발하고, 노인인권 인식개선 및 교 류협력의 확대, 그리고 회원국 간 노인인권의 정보공유를 설정하고 있다. 이러 한 센터를 한국에 개설한 것은 세계 최초로 노인인권 전담 국제인권기구를 국내 에 출범하였다는 것에 커다란 의미가 있다(국가인권위원회, 2018b).

5) 성소수자

서구에서는 LGBT(Lesbian, Gay, Bisexual, and Trans-gender)로 표현되는 성소 수자는 성적 지향에 있어서 개인의 권리로 인정하자는 운동이 보다 적극적으로 진행되고 있다. 대표적인 것이 요그야카르타 원칙(Yogyakarta principles)이다. 요 그야카르타 원칙은 2006년 국제 NGO와 국제인권법 전문가들이 요그야카르타 (인도네시아 도시명)에 모여서 성적 지향과 성정체성과 관련된 인권선언을 하면 서 채택한 29가지 원칙을 의미한다. 역사적으로 보면 세계인권선언에서 제시하 고 있는 '모든 사람'이 가지는 인권에서 '모든 사람'은 실질적으로 다양한 특성을 가지고 있는 사람들이 모두 포함되지 않고 있다는 것이 사실이다. 가장 대표적 인 것이 성소수자이다. 요그야카르타 원칙은 성소수자를 '모든 사람'에 포함시키 기 위한 노력의 일환으로 제시된 것이다. 추가적으로 UN인권사무소는 2013년 5월 17일 국제 성소수자 혐오 반대의 날을 맞아 수수께끼(the riddle)라는 영상메 시지를 유튜브를 통해 전 세계에 보급하였다. 이 수수께끼 영상은 모든 국가에 서 국제인권법에 의해 모든 LGBT들에게 주어지는 고문, 차별, 폭력으로부터 보 호해야 할 의무가 있다는 것을 강조하고 있다.

최근 한국 사회에서의 성소수자에 대한 여론조사 결과에 주목할 필요가 있다. 한국행정연구원이 2018년 9월부터 10월 사이 전국 성인 남녀 8,000명을 대상으로 실시한 '사회통합실태조사' 연구결과에 따르면 성소수자에 대한 포용성이 높아진 것으로 나타났다. 특히 '동성애자를 받아들일 수 없다.'라는 질문에 대해서 '그렇다.'라고 응답한 배제여론은 2013년에는 62.1%, 2014년에는 56.9%, 2015년에는 57.7%, 2016년에는 55.8%, 2017년에는 57.2%로 나타났으나, 2018년에는 그 비율이 49.0%로 크게 낮아졌다(중앙일보, 2019. 2. 18.).

하지만 2018년 5월 SOGI법정책연구회[4]는 「한국 LGBTI 인권현황 2017」이라는 보고서를 발표하였다. 이 보고서에 의하면 한국의 2017년 무지개지수(성소수자들의 인권지수)는 분석대상국가 총 50개 국가 중 45위(11.85%)를 차지하고 있다고 발표하고 있다. 이 지수는 평등과 차별금지, 혐오 범죄와 혐오 표현, 트랜스젠더의 법적 성별 변경과 신체적 온전성, 집회 결사 표현의 자유 등 총 6개 대주제 그리고 전체 52개 소주제에 대한 점수를 부여하여 측정하는 것으로 보고되고 있다.

하지만 현실에서는 성소수자에 대한 인권침해 현상이 지속적으로 제기되고 있다. 지난 2015년 A 대학에서는 총여학생회장과 성소수자 모임 대표가 진행하려고 한 인권영화제는 대학교 설립 이념과 부합하지 않다는 이유로 대관 허가를 취소하고 개최 불허를 통보하는 사건이 발생하였다. 또한 2017년 B 대학에서는 학생자치단체가 '흡혈사회에서, 환대로, 성노동과 페미니즘 그리고 환대'라는 주제로 강연회를 개최하려 했으나 대학교 측이 불허를 통보하고 관계자들을 징계 처분하는 사건이 발생하였다. 국가인권위원회에서는 2019년 1월 7일 A 대학에서의 사건의 경우 대학에 종교의 자유와 대학의 자율성이 있다고 인정하지만, 학내 구성원의 기본권 제한에는 한계가 있고, 이를 이유로 장애인, 소수인종, 성소수자 등 사회적 소수자를 배제하는 행위는 허용될 수 없다고 판단했다. 또한 국가인권위원회는 B 대학의 경우 피해 대학생들에 대한 무기정학 또는 특별

---

4) SOGI법정책연구회는 2011년 8월 국내외 변호사 및 연구자들로 구성된 단체이다. 이 연구회는 성적 지향, 성별 정체성과 관련된 인권 신장 및 차별 시정을 위한 법 제도와 정책분석 그리고 대안 마련을 위해 분석하는 단체이다.

지도 조치는 학칙에 의한 조치가 아니고 이의절차가 마련되지 않고 있다는 점에 의해 「헌법」에서 보장하고 있는 적법절차를 위반했다고 판단했다. 또한 이 대학의 조치는 과잉금지의 원칙을 위해한 것으로 「헌법」에서 보장하고 있는 표현의 자유, 집회의 자유를 침해한 것으로 판단했다(국가인권위원회, 2019b).

실제 동성애 관련 포털 뉴스에 대한 온라인 댓글들은 여전히 성소수자에 대한 한국인들의 혐오를 그대로 반영하고 있다. 이 책을 집필하고 있는 과정에서 2019년 3월 5일 서울신문에 '한국인 남편 둔 영국남 "역겨운 게이가 아니라 사랑하는 부부입니다."라는 뉴스'가 실렸다. 뉴스의 주요 내용은 영국에서는 혼인신고를 하였지만 한국에 정착하여 살아가는 데는 동성혼을 인정받지 못할 뿐만 아니라 점점 혐오와 차별만 경험한다는 내용이었다. 특히 대법원 직원 및 변호사와의 대화에서도 "그냥 떠나라."라는 답변을 받았다고 정리하고 있다. 2019년 3월 5일 정오(12:00) 기준 이 기사에 대해 총 1594개의 댓글이 달렸고, 거의 대부분이 이러한 기사를 싫어하고 오히려 성소수자를 배척하는 한국의 상황이 더 정상적이라는 댓글들이 대부분이다. 좋아요 댓글이 가장 많이 달린 3개의 댓글을 〈표 2-8〉에 제시하고 있다.

〈표 2-8〉 성소수자에 대한 인터넷 댓글 예시

아 난 진짜 인권 개후진국 외노자 불체자 난민들이 지들 나라에선 끽소리도 못하다 우리나라 와서 인권 타령하면서 우리 법을 바꾸는 게 너무 역겨워. 그런데 이제 하다하다 동성애자 부부까지 처와서 우리 문화와 법을 바꾸려고 저러고 사냐? 니네 나라가 합법이면 합법인 데서 처살아. 아님 그냥 서류나 법은 무시하고 한국에서 같이 동거하고 살든가. 비자 갱신도 귀찮냐? 이 나라는 불체자도 강제 소환 못 하는 나라라 니들 아무도 안 쫓아내니깐 걱정 말고 살아.

좋아요: 3,259 싫어요: 792

합법적으로 살 수 있는 곳에서 살아요. 안 되는 곳에서 일부러 분란 일으키려 들면 관종 소리 들어요.

좋아요: 1,705 싫어요: 285

로마가면 로마법 ♩♩♪♩o 니가 뭔데 남의 나라에다 이래라 저래라야.

좋아요: 1,156 싫어요: 154

시민단체인 군 인권센터는 최근 성소수자 군인을 색출하고 수사하고 있는 해군을 비판했다. 해군이 성소수자를 수사할 수 있는 법적 근거는「군형법」제92조의 6이다. 이 조항은 "항문성교나 그 밖의 추행을 저지른 군인은 2년 이하 징역에 처한다."라고 규정하고 있다. 사건의 구체적인 내용은 다음과 같다. 성소수자 군인 A 씨는 병영생활상담관을 찾아가 자신의 성적 지향에 대한 고민을 했다. 이 사실을 그 상담관은 A 씨의 부대 상관에게 보고했고 헌병대는 다른 성소수자 군인들을 보고하라고 A 씨를 추궁하였다. 이러한 과정에서 A 씨는 B 씨를 성소수자라고 고백하였고 헌병대는 B 씨를 체포하면서 그 과정에서 미란다 원칙을 고지하지 않은 것으로 보고되고 있다. 또한 B 씨를 추궁하여 또 다른 C 씨를 미란다 원칙을 준수하지 않고 부적절한 질문을 한 것으로 나타났다. 군대 내에서의 성소수자는 여전히 차별과 핍박을 받고 있으며 상담에 대한 비밀누설이 진행되고 있는 상황에 대한 문제의식은 중요하다고 평가할 수 있다.

최근 국내에서 이루어진 성소수자를 대상으로 한 인권 향상 노력들에 대한 이해가 필요하다. 첫째, 2019년 3월 경찰청은 경찰관 인권행동강령 제정(안)을 발표하였다. 이 초안은 국제인권기준에 부합하는 경찰관 행동강령을 마련하려는 취지로 구성된 것이며 현재 경찰이 시행하고 있는「경찰인권 보호 규칙」의 상위 개념으로서의 위치를 차지한다. 이 초안은 제1조 경찰관의 사명, 제2조 다른 규칙과의 관계 등을 포함한 총 11개 조항으로 구성되어 있다. 그리고 이 초안에는 이전에는 없던 '성적 지향'에 따른 차별받지 않도록 평등하게 대우하고 보호해야 한다는 점을 포함하고 있다. 또한 제9조 사회적 약자 보호 조항에도 성소수자가 사회적 약자에 포함시키고 있다. 이 초안은 다양한 논의를 통해 수정과 보완을 거쳐서 2019년 하반기 내에 제정을 완료하고 연말에 일선 경찰들에게 배포될 계획이다.

6) 북한인권 이슈

북한인권을 설명하는 몇 가지 지표들이 있다. 2017년 이코노미스트지에서 발표한 167개국의 민주주의 지수는 선거과정과 그 다원성, 정부의 기능성, 정치 참여도, 정치문화, 시민자유, 이 5가지 지표로 구성되어 있다. 이 조사 결과 한국은 8.00점으로 20위, 북한은 1.08로 167위 꼴찌로 나타났다. 또 다른 지표로 프리덤하우스에서 발표한 2018년 세계자유지수에 따르면 총 207개 조사 대상국 중 북한은 203위(100점 만점에 3점)로 나타났다.

이러한 북한인권 상황에 문제를 지속적으로 제기한 곳은 UN이다. UN 총회에서는 지속적으로 북한인권 결의안을 채택해 오고 있다. 북한에서는 인간이 인간으로서 필요한 기본적인 권리들(표현의 자유, 종교의 자유, 사상의 자유, 결사 및 집회의 자유, 거주 이전의 자유, 적법절차의 자유 등)이 거의 무시되고 있다고 판단한 UN에서는 북한인권 향상을 위한 지속적인 압박을 진행하고 있다. 특히 주목할 것은 2014년 UN인권이사회에서는 북한인권 문제를 다루기 위해 UN인권최고대표사무소(OHCHR)에서는 '북한인권 결의안'을 채택하였고, 이 결의안에 따라 2015년 서울에 UN북한인권사무소를 설치하였다.

북한인권 문제를 제기하기 위한 국가 단위의 노력으로는 미국과 일본에서 제정된 「북한인권법」을 들 수 있다. 미국에서는 2004년 「북한인권법(North Korea Human Rights Act of 2004)」이 부시 대통령의 서명으로 발효되었다. 이 법의 주요 내용은 북한 주민의 인권 신장, 북한 주민의 인도적 지원, 탈북자 보호 등을 포함하고 있다. 또한 북한인권 신장을 위해 2005년부터 2008년까지 연간 2,400만 달러의 예산을 쓸 수 있도록 규정하였다. 구체적으로 이 예산의 일부는 미국의 소리(Voice of America)와 자유 아시아방송(RFA) 등 대북 라디오 방송에 쓰이고 있다. 미국과 동조의 길을 걷고 있는 일본에서도 2006년 6월 「북한인권법」이 통과되었다. 이 법의 정식 명칭은 「납치문제 그 밖의 북조선 당국의 인권침해문제의 대처에 관한 법률」이다. 이 법은 전문 제7조로 구성되어 있으며 주요 내용은 일본인 납치문제 해결에 대한 최대한의 노력, 국제적 연계의 강화, 북한인권 문제 개선이 이루어지지 않을 경우 선박 입항 금지와 외국환 및 외국무역법에 따른 제재 조치 등을 포함하고 있다.

한국에서도 「북한인권법」 제정을 위한 시도가 지속적으로 이루어져 왔다. 한국에서는 2005년 「북한인권법」이 처음 발의되었다(당시 한나라당 김문수 의원). 발의는 되었지만 이 법의 제정 필요성 및 실현가능성에 관한 논란이 있어 왔고, 다시 2015년 「북한인권 법안」과 「북한인권 증진법안」이 외교통일위원회에 상정되었다. 결국 앞에서 설명하였듯이 2016년 한국은 「북한인권법」을 통과시켰다. 「북한인권법」 제1조에서는 「북한인권법」의 목적을 "이 법은 북한주민의 인권 보호 및 증진을 위하여 UN 세계인권선언 등 국제인권규약에 규정된 자유권 및 생존권을 추구함으로써 북한주민의 인권 보호 및 증진에 기여함을 목적으로 한다."라고 명시하고 있다.

7) 외국인, 다문화가족, 난민의 인권

최근 한국에 체류하고 있는 외국인 규모는 200만 명이 넘는 것으로 보고되고 있다. 체류 외국인의 상당수는 다문화가정의 증가에 기인하고 있다. 다문화가정은 국제결혼으로 인해 부모 중 한쪽이 외국인으로 구성된 가정을 말한다. 중국 및 동남아 여성과의 결혼의 증가로 인해 이러한 다문화가정이 증가하였다. 다문화가정의 증가로 인해 사회문화적 부적응 문제(언어소통, 문화의 차이 등), 가족의 안정성 문제(가정폭력, 이혼증가, 자녀의 학습부진, 정체성논란 등), 그리고 사회통합 이슈들(결혼여성의 사회 부적응, 차별문제 등)이 주요 사회문제로 등장하고 있다. 한국의 다문화가족 수는 2017년 기준 96만 명으로 보고되고 있으며 10년 전과 비교하면 무려 3배 가까이 증가하였다.[5] 다문화가족의 증가는 다문화 학생 수의 증가로 이어지고 있다. 2017년 현재 다문화 학생 수는 약 10만 명이 넘는 것으로 그리고 이 수치는 5년 전과 비교하여 2배 이상 증가한 것으로 나타났다.

---

5) 통계청이 발표한 '2018년 혼인이혼 통계'에 따르면 국제결혼(한국인이 외국인과 결혼해 2018년에 행정기관에 신고한 혼인) 건수는 22,698건으로 나타났다. 국제결혼 10건 중 약 7건(73.2%)은 한국인 남성과 외국인 여성과의 혼인으로 보고되었다. 구체적으로는 한국 남성과 결혼한 외국 여성은 베트남인(38.2%), 중국인(22.1%), 태국인(9.4%) 순으로 나타났다. 한국 여성과 결혼한 외국 남성의 국적은 미국(23.6%), 중국(14.4%), 베트남(9.6%) 순으로 나타났다(연합뉴스, 2019. 3. 20.).

다문화가정의 학생들의 경우 문화 및 학교생활 부적응에 따라 학업중단율이 높은 것으로 나타났다. 교육부 통계에 의하면 2017년 기준 다문화 학생 10만여 명 중 1,278명이 학업을 중단한 것으로 나타났다. 정부는 다문화가정의 증가에 따라 제기되는 여러 문제점을 해결하고자 지난 2008년 「다문화가족 지원법」을 제정하였고 구체적으로 시군구 단위로 다문화가족 지원센터를 설립하고 다문화가정을 지원하고 있다. 하지만 여전히 한국 사회에서 다문화가정은 다양한 차별을 경험하고 있는 것으로 나타나고 있다. 다문화가정들은 빈곤 및 불평등의 경제적 문제들을 경험하고 있고, 사회적 부적응 및 인종차별을 경험하고 있으며, 전통적인 가족 문화에 적응 문제 등을 경험하고 있다. 이러한 문제들은 다문화가정 및 외국인의 인권문제가 주요 사회문제로 인식되어야 함을 강조하고 있다.

이러한 다문화가정에 더하여 현재 취업중인 외국인 근로자는 90만 명에 이른다고 보도되고 있다. 저임금 근로현장(농촌 및 건설 및 중소기업들)에서는 이주노동자들이 우리 경제를 지탱하는 한 축이 되고 있다.

외국인 근로자와 관련되어 중요한 이슈는 불법체류 외국인 이슈이다. 법무부의 국내 불법체류자 통계에 의하면 2018년 12월 말 기준 355,126명인 것으로 보도되었다. 이는 2017년 251,041명 대비 41.4% 증가한 것으로 나타났다(비자별 그리고 국가별 불법체류 추이는 〈표 2-9〉에 제시되고 있음). 이러한 급격한 증가의 원인으로 2018년 평창 동계올림픽기간 동안 입국 문호가 넓어진 점, 그리고 최저임금 인상으로 인한 외국인 고용의 증가가 지적되고 있다. 노동시장에서 한국 근로자들의 고임금 현상으로 인해 상대적으로 저임금 노동시장에서는 저임금 불법체류자를 증가시키고 있다. 실제로 일자리를 소개하는 직업소개소에서도 외국인들을 소개하고 챙기는 수수료가 상대적으로 한국인을 소개하고 챙기는 수수료에 비해 높다는 점은 외국인 불법체류 노동자들의 증가를 지속시키고 있다.

〈표 2-9〉 비자별 불법체류 추이(법무부 통계자료)

(명)

순위 년도	1위	2위	3위	4위	5위	6위
2014년	비전문취업 (52,760)	사증면제 (46,117)	단기방문 (45,746)	관광통과 (15,899)	방문취업 (6,773)	선원취업 (4,974)
2018년	사증면제 (162,083)	단기방문 (67,157)	비전문취업 (47,373)	관광통과 (30,028)	방문취업 (12,613)	일반연수 (6,174)

〈표 2-10〉 국가별 불법체류 추이(법무부 통계자료)

(명)

순위 년도	1위	2위	3위	4위	5위	6위
2014년	중국 (70,311)	태국 (44,283)	베트남 (26,932)	필리핀 (12,814)	몽골 (7,409)	인도네시아 (7,237)
2018년	태국 (138,591)	중국 (71,070)	베트남 (42,056)	몽골 (15,919)	필리핀 (13,020)	카자흐스탄 (11,413)

불법체류자의 경우 이들은 정부의 관리 및 보호 범위에서 벗어나 있어서 범죄 및 인권침해의 사각지대에 처해 있다는 점이 문제이다. 불법체류자라는 불안한 신분 때문에 노동권이 보호되지 못하고 임금을 떼이는 등 인권의 사각지대에 처해 있다. 또한 불법체류자들은 범죄의 피해자가 되기도 하지만 범죄자가 되는 경우도 많다는 것이 사실이다. 범죄의 피해자이면서 동시에 가해자의 가능성이 높아지는 현실에 대해서 정부의 보다 적극적인 대책이 필요한 이유이기도 하다.

또한 외국인 관련 중요한 이슈로 등장한 것이 난민에 관한 사항이다. 난민 인정의 요건으로 중요한 '박해'는 '생명, 신체 또는 자유에 대한 위협을 비롯하여 인간의 존엄성에 대한 중대한 침해나 차별을 야기하는 행위'를 의미한다(국가인권위원회, 2018c). 2018년 5월말까지 한국에서 난민신청을 한 40,470명 중 약 2%(839명)만이 난민 인정을 받고 있는 것으로 나타났다(국가인권위원회 · 한국난민인권연구회, 2018). 이러한 낮은 난민 인정율은 한국에서 난민을 바라보는 시각을 대표적으로 보여 주고 있다. 최근 법무부는 2018년 6월 25일부터 예민 난민 신청자 484명에 대해 난민 인정 2명, 인도적 체류허가(1년 단위로 체류기간을 연장해야 함) 412명, 단순 불인정 56명, 직권종료(난민 신청을 철회하였거나 출국 후 재입국기간 내에 입국하지 않은 자) 14명으로 발표하였다. UN난민기구는 2015년 4월 예멘 난민의 확산에 따라 '예멘 귀환에 관한 입장'을 발표하면서 예멘 난민에 대한 각 국가는 영토 접근을 허가하고 예멘인의 강제귀환을 중단하도록 권고하고 있다. 하지만 이러한 권고에 반한 결과로 낮은 난민인정율은 난민에 대한 국민의 부정적 태도를 무마하기 위한 결정이라고 볼 수밖에 없다고 국가인권위원회는 보고하고 있다(국가인권위원회, 2018c).

국내에서 난민 인정을 받은 난민들은 어떻게 생활하고 있을까? 이에 대한 연구도 정보도 거의 없는 것이 사실이다. 다만, 2018년 국가인권위원회와 한국난민인권연구회는 '한국에서 난민으로 살아가기'라는 주제로 난민 모니터링 실태조사 결과보고회를 가졌다. 한국의 「난민법」에서는 제30조 이하에서 난민 인정자의 처우에 관한 내용을 제시하고 있다. 그러나 이러한 규정들은 매우 추상적이라는 점에서 실제 적용과정에서는 여전히 혼동이 일고 있다. 이를 알아보기 위해서 앞의 결과보고회 자료집에서는 한국의 난민 인정자가 이용 가능한 사회보장서비스에 관한 실태조사 결과를 보고하고 있다. 실질적으로 난민 인정자가 받을 수 있는 다양한 사회복지서비스가 있으나, 여전히 불가능하거나 법적으로 지급가능한지 애매한 경우들도 많은 것으로 나타났다(〈표 2-11〉 참조).

〈표 2-11〉 한국의 사회보장서비스와 난민 인정자의 이용가능 여부

분류	가능	불가능	애매
저소득층관련 사회보장서비스	맞춤형 기초생활보장 기초수급자 요금감면 긴급복지지원 통합문화이용권 희망키움통장 및 내일키움통장		

가족관련 사회보장서비스	건강가정지원센터 서비스 이용	다문화가족 지원 센터 서비스 이용	
한부모관련 사회보장서비스			청소년한부모 자립지 원 한부모가족 아동양육 비 지원
청년관련 사회보장서비스			청년내일채움공제
아동관련 사회보장서비스	보육료 지원 누리과정 지원 가정양육수당 지원 아동수당 장애아동수당 학대피해아동 보호 및 지원	아이돌봄서비스	초등돌봄교실
여성관련 사회보장서비스	임신출산 진료비 여성 경제활동 촉진 지원사업	국가장학금	
장애인관련 사회보장서비스	장애인 연금 장애인 일자리 지원 장애인활동지원	장애인 훈련수당	장애인 요금감면 제도 여성장애인 출산지원
노인관련 사회보장서비스	노인장기요양보험 주택연금제도 치매검진제도 요금감면제도 노인틀니 지원	기초연금제도	
교육관련 사회보장서비스	내일배움카드	평생교육바우처 취업후상환 학자 금대출	
취업관련 사회보장서비스	실업급여	취업성공패키지	청년취업아카데미
의료관련 사회보장서비스		건강보험 차상위 의료급여제도	

주거관련 사회보장서비스		서민금융진흥원 맞춤대출서비스	행복주택 장기전세주택임대 청년매입임대주택 내집마련디딤돌대출

출처: 국가인권위원회 · 한국난민인권연구회(2018, pp. 3-7).

8) 감정노동자와 사회복지종사자의 인권

감정노동이란 말투나 표정 그리고 몸짓 등을 통해 드러나는 감정 표현을 직무의 한 부분으로 수행하기 위해 자신의 감정을 억제하고 통제하는 일을 수반하는 노동을 의미한다. 특히 제조업 중심의 산업기반에서 서비스업 종사자가 증가하면서 등장한 노동 형태이다. 감정노동이라는 표현은 미국 여성 사회학자인 앨리 러셀 혹실드(Arlie Russell Hochschild)가 발간한 『통제된 마음(The Managed Heart)』(1983)라는 책에서 처음 등장한 것으로 알려져 있다. 이 책에서는 현대사회에서 여러 직종에서 요구되고 진행되는 감정상품화 현상, 그리고 이러한 과정에서 등장하는 감정상품화의 의미를 설명하고 있다. 감정노동자의 대표적인 예는 안내데스크 직원, 서비스센터 종사자, 텔레마케터와 식당에서의 종업원, 항공기 객실승무원, 호텔종사자, 백화점 판매자, 요양보호사, 보육교사 등을 포함하고 있다. 한국 고용노동부는 감정노동을 '감정을 관리해야 하는 활동이 직무의 50%를 넘을 경우'로 정의하고 있다. 이에 따라 우리나라 전체 임금 근로자의 약 31~41%(560만~740만 명)에 해당하는 근로자가 감정노동자로 추산되고 있다. 또한 2015년 한국고용정보원의 조사에 따르면 감정노동 강도(15점 만점)가 높은 직종은 전화상담원(12.5점)으로 나타났으며 뒤를 이어 호텔 종사자, 중독치료사, 컨설턴트, 항공기 객실승무원, 판매원 순으로 보고되고 있다(YTN, 2018. 12. 10.).

감정노동자 보호를 위한 제도적 개선도 조금씩 의미 있는 노력들이 진행되고 있다. 「산업안전보건법」에 의하면 감정노동자를 위한 보호조치를 제대로 하지 않은 사업주에게 최대 1,000만 원의 과태료를 물게 하는 내용이 2018년 10월부터 실행되고 있다. 서울시에서는 2016년 「서울특별시 감정노동종사자 권리 보호 등에 관한 조례」를 제정하였고 감정노동자 권리 보호센터를 2018년에 처음 개설하였다. 전주시는 2017년 「전주시 감정노동자 보호조례」를 제정하였고 2019년 감정노동자 보호 가이드라인을 발표하였다. 이 감정노동자 보호 가이드라인에는 감정노동 종사자 보호제도 및 보호체계 구축, 감정노동으로 인한 건강장애 예방 조치의 적극 이행, 감정노동 피해 회복과 법적 조치 지원, 감정노동종사자 보호에 대한 시민 공감 확산 등의 내용이 포함되었다(일요서울, 2019. 3. 19.).

사회복지사도 감정노동을 하는 전문가로 간주할 수 있다. 사회복지가 인권침해자들의 인권신장을 위해 노력하는 전문 분야라는 전제를 하면서 사회복지종사자의 인권을 이야기하는 것은 쉽게 이해할 수 없을지도 모른다. 하지만 사회복지종사자의 열악한 근무환경 그리고 사회복지서비스 이용자의 폭력 및 괴롭힘 등이 빈번하게 발생하고 있는 현실은 사회복지종사자의 인권 이슈를 중요한 논의점으로 부각시키고 있다. 이러한 문제제기에 따라 법적으로는 「사회복지사 등의 처우 및 지위 향상을 위한 법률」이 2011년 3월 제정되었다. 또한 지방자치단체들 수준에서도 사회복지종사자의 처우 개선을 위해 조례들을 제정하여 시행하고 있다. 보건복지부도 사회복지종사자의 인권침해를 예방하기 위한 대책으로 사회복지시설 평가지표에 직원의 권리 및 인권 보호 지표 항목을 추가하여 운영하고 있다. 추가적으로 사회복지서비스 이용자의 폭력으로 인한 인권침해를 최소화하기 위해서 '사회복지시설 종사자 폭력피해 예방 매뉴얼'을 제작하여 배포하고 있다.

사회복지종사자가 경험하는 인권침해 사례들은 다양하다. 첫째, 사회복지서비스 이용자가 사회복지종사자를 괴롭히는 경우이다. 최근 자료인 2016년 서울시의 이용자 괴롭힘 경험에 관한 조사(서동명 외, 2015)에 의하면, 사회복지종사자 전체 응답자(1,367명) 중 절반가량(661명, 48.5%)이 이용자로부터 비방·공갈·협박 등의 정신적 괴롭힘을 경험한 것으로 나타났다. 또한 이 중 약

21%(137명)는 연 7회 이상의 괴롭힘을 경험한 것으로 보고되고 있다. 신체적 폭력의 경우는 203명(14.9%)으로 나타났고, 세부적으로는 주먹질(95명, 7.0%), 발길질(56명, 4.1%), 목졸림(8명, 0.6%) 등의 심각한 신체적 위험을 경험하기도 하였다. 사회복지종사자의 경우 여성이 많다는 점을 고려하면 성적 괴롭힘의 경우도 14.7%(200명)가 경험한 것으로 보고되고 있다(최병근, 2019). 둘째, 사회복지기관 및 시설에서 특정 종교를 강요하는 등의 종교적 어려움을 경험하는 경우이다. 종교적 색채가 짙은 것이 사회복지현장의 특징이라는 점을 감안하더라도, 종교의 자유가 있는 상황에서 많은 사회복지종사자들이 종교적 압박을 받는 것으로 나타났다. 이와 같은 연구에 따르면 전체 응답자의 약 19.5%(266명)가 근무하는 기관 및 시설에서 종교적 압박으로 인한 어려움을 겪었다고 조사되었다. 이는 사회복지기관 및 시설에서 타 종교(또는 무교)를 가진 사회복지종사자에게 특정 종교 활동을 강요하거나, 종교차이에 따른 부당한 인사처우, 특정 종교를 갖도록 강요하는 행위 등이 발생하는 것으로 나타났다(최병근, 2019). 세 번째 유형은 비윤리적 행동을 강요하는 경우이다. 사회복지기관 및 시설에서의 비윤리적 행동 강요의 유형으로 동료에 대한 부당한 처우, 실적 평가서 작성에 대한 부정직한 보고, 금전의 부적절한 사용, 이용자에 대한 부당한 처우, 후원금 강요, 취업 청탁 등 다양하게 제시되고 있다. 이러한 기관 및 시설로부터 비윤리적 행동을 강요받는다고 응답한 비율은 18.0%(245명)로 나타났다(최병근, 2019).

사회복지현장에서 사회복지종사자의 인권침해가 끊이지 않고 빈번하게 발생하고 있는 상황 그리고 제도적 노력이 충분하게 발현되지 않고 있는 상황에서 국회입법조사처에서 최근 발행한 소논문에서는 다음과 같은 개선방안을 제시하고 있다(최병근, 2019). 첫째, 법인 및 시설에서의 철저한 관리·감독 운영, 둘째, 실효성 있는 인권교육 실시, 셋째, 실효성 있는 사회복지시설 평가지표 체계 마련, 넷째, 이용자의 특성을 고려한 폭력 피해 예방 매뉴얼 마련, 그리고 인권침해 경험을 한 사회복지종사자들을 위한 치료와 회복을 제공하는 고충처리센터의 마련 등이다. 사회복지현장에서 업무과로 그리고 괴롭힘을 경험할수록 이직률

이 높아진다는 점을 고려하면 보다 적극적인 대책 마련과 실시가 요구되는 상황
이다.

제2절 사회복지와 인권의 만남

1. 인권의 사회복지로의 수용 및 사회복지 윤리강령

1990년대 말 정치 · 경제 · 사회 · 문화적 환경이 급격하게 변화하면서 사회복
지 또한 개념 정의 및 역할에 대한 재논의가 활발하게 진행되었다. 특히 이러한
변화의 범위는 한 국가 내에 머무르는 게 아니라 전 지구적이라는 특징을 가지
고 있다. Midgley(1997)는 이러한 지구화를 '다양한 인종, 경제, 문화, 그리고 정
치적인 과정이 세계적으로 영향을 미치고 받는 통합의 과정'으로 설명하고 있다.

사회체계관점에 익숙한 사회복지사들의 경우 이러한 지구적인 영향력들이 교
차하고 있다는 것은 새로운 사실이 아닐지도 모른다. 하지만 실제 사회복지사들
이 경험하고 있는 사회문제들의 국제화는 사회복지사들로 하여금 국제적인 공
동노력이 절실히 필요함을 의미한다. 이러한 사회 환경의 변화 속에서 사회복지
가 무엇인가에 관한 논의를 다시 살펴보는 것은 의미가 있을 것이다.

사회복지 개념의 재설정은 1994년 스리랑카 콜롬보에서 개최된 IFSW 회의
에서 시작되었다. 그 이후 IFSW 회장이었던 Elis Envall은 사회복지 재개념화
를 위한 TF를 구성하였다. 이 TF는 문헌연구를 시작으로 사회복지윤리규정, 학
문적 성과물, 법과 규칙들을 분석하고 요약하였다. 또한 IFSW 회의를 통해서
IFSW 회원기관들과 회원들과의 지속적인 토론을 통해서 사회복지 개념의 재구
성화 작업을 진행하였고, 그 결실로 2000년 캐나다 몬트리올에서 개최된 IFSW
정기회의에서 한 페이지 분량의 새로운 사회복지 개념을 발표하게 된다. 그 발
표문은 〈표 2-12〉에 제시되고 있다. 이 IFSW의 사회복지 개념 정의에서는 인권

과 사회정의에 관한 내용들(〈표 2-12〉에서 밑줄 처리됨)을 강조하고 있다. 사회복지의 가치 부분에서는 다시 인권과 사회정의를 강조하고 있으며 추가적으로 취약계층 및 억압받고 있는 계층에 대한 사회적 포용을 강조하고 있다. 또한 실천 과정에서는 사회적 편견과 차별 이슈들에 대한 보다 적극적인 대응을 요구하고 있다.

〈표 2-12〉 International Federation of Social Workers' definition of social work

Definition

The social work profession promotes social change, problem-solving in human relationships and the empowerment and liberation of people to enhance well-being. Utilizing theories of human behavior and social systems, social work intervenes at the points where people interact with their environments. Principles of human rights and social justice are fundamental to social work.

Values

Social work grew our of humanitarian and democratic ideas, and its values are based on respect for the equality, worth and dignity of all people. Since its beginnings over a century ago, social work practice has focused on meeting human needs and developing human potential. Human rights and social justice serve as the motivation and justification for social work action. In solidarity with those who are disadvantaged, the profession strives to alleviate poverty and to liberate vulnerable and oppressed people in order to promote social inclusion. Social work values are embodied in the profession's national and international codes of ethics.

Practice

Social work address the barriers, inequities and injustice that exist in society. It responds to crises and emergencies as well as to everyday personal and social problems. Social work utilizes a variety of skills, techniques and activities consistent with its holistic focus on persons and their environments. Social work interventions range from primarily person-focused psychosocial processes to involvement in social policy, planning and development.

출처: IFSW General Meeting (2000. 7. 26.).

윤리강령은 전문가 집단의 미션, 가치들, 그리고 책임들을 명시한 문서이다. 사회복지전문직도 이러한 사회복지 윤리강령을 많은 국가에서 채택되어 운영하고 있다(Keeney et al., 2014). 미국의 경우 1960년 사회복지사협회(National Association of Social Workers: NSAW)는 미국 사회복지사 윤리강령을 발표하였다. 1960년 발표된 사회복지사 윤리강령은 14개의 일반적인 항목들로 구성되었다. 그 후 윤리강령은 여러 번 개정되었으며 가장 최근인 1996년의 개정판에서는 총 27페이지 분량의 상당히 길고 자세한 윤리강령을 발표하였다(Morales, Sheafor, & Scott, 2012).

사회복지사 윤리강령을 전 세계적으로 발표하고 각 국가들의 사회복지사들의 윤리적 실천을 강조하는 국제조직이 IFSW이다. 이 조직은 전 세계적으로 사회복지사들의 연대를 강조하고 있으며 추가적으로 윤리원칙 선언(Statement of Ethical Principles)을 발표하고 있다. 이 선언은 서문, 사회사업의 정의, 국제조직의 리스트, 윤리원칙들을 포함하고 있다. 특히 윤리원칙은 인권, 인간존엄성, 그리고 사회정의를 강조하고 있다.

여기에서 하나의 재미있는 연구를 소개하고자 한다. Keeney와 공동연구자들(2014)은 IFSW에서 공개하고 있는 22개 국가의 사회복지사 윤리강령에서 인권이 얼마나 반영되고 있는지를 분석하였다. IFSW에서 강조하고 있는 인권 그리고 사회복지전문직에서 인권의 불가분한 관계를 고려하여 각 국가에서 이러한 인권의 중요성을 사회복지사 윤리강령에 반영하고 있는지를 분석하려는 것이 그 연구의 주요 목적이다. 이를 위해 그들은 IFSW 홈페이지에서 22개 국가들의 사회복지사 윤리강령을 샘플로 조사하였다. 영어로 된 사회복지사 윤리강령과 각 국가별 언어로 제시된 윤리강령의 경우는 Google 번역기를 통해 번역을 실시하여 분석하였다. 이 연구는 각 국가별 사회복지사 윤리강령에서 인권을 반영하고 있는지를 측정하기 위해서는 인권이 명시되고 있는지, IFSW 윤리강령이 명시되어 있는지, 그리고 세계인권선언(UDHR)이 명시되고 있는지, 이 세 가지를 통해 분석하였다. 분석결과는 〈표 2-13〉에 제시되고 있다.

〈표 2-13〉 사회복지사 윤리강령에 반영된 인권의 분석결과

국가	Human rights mentioned	IFSW 윤리강령	UDHR
영어버전			
호주	○	○	○
캐나다	○	○	
핀란드	○		○
아일랜드		○	
이스라엘			
일본	○	○	
러시아	○		
싱가포르			
한국	○	○	
스웨덴	○	○	○
스위스	○		○
미국			
영국	○	○	○
Google 번역			
덴마크	○		○
프랑스	○		
독일	○		
이탈리아			
노르웨이	○	○	○
포르투갈	○	○	○
스페인	○	○	○
합계	15(75%)	10(50%)	9(45%)

출처: Keeney et al. (2014, p. 11).

분석결과를 정리하면 다음과 같다. 첫째, 사회복지사 윤리강령에 인권과 관련된 세 가지 항목 모두를 만족시키는 국가는 호주, 스웨덴, 영국, 노르웨이, 포르

투갈, 그리고 스페인으로 나타났다. 둘째, 세 가지 항목 모두가 없는 국가들도 있는데, 이스라엘, 싱가포르, 미국, 이탈리아가 대표적이다. 셋째, 사회복지사 윤리강령에 인권개념이 들어가 있는 국가 비율은 75%(20개 국가 중 15개 국가)로 나타났으며, IFSW 참고한 윤리강령은 50%, 그리고 세계인권선언을 언급한 국가는 가장 적은 45%로 나타났다. 한국의 경우 인권개념이 명시되어 있고 IFSW 윤리강령을 명시하였다는 점에서 세 가지 항목 중 두 개[6]를 만족시키는 것으로 나타났다. 한국의 윤리강령을 보다 자세하게 이해하기 위해서 다음에서는 한국의 사회복지사 윤리강령에 대한 설명을 추가하고 있다.

한국에서도 사회복지사 윤리강령이 1973년 초안이 제정되었으며 1982년 윤리강령이 제정되었다. 이후 1988년 제1차, 1992년 제2차, 2001년 제3차 사회복지사 윤리강령이 각각 개정되었다. 〈표 2-14〉는 제3차 사회복지사 윤리강령 중 차별하지 않고 권리 및 인권과 관련된 부분만을 발췌한 것이다.

〈표 2-14〉 한국 사회복지사 윤리강령에서 인권관련 부분 발췌한 내용

전문

사회복지사는 인본주의 · 평등주의 사상에 기초하여, 모든 인간의 존엄성과 가치를 존중하고 천부의 자유권과 생존권의 보장활동에 헌신한다. 특히 사회적 · 경제적 약자들의 편에 서서 사회정의와 평등 · 자유와 민주주의 가치를 실현하는 데 앞장선다. 또한 도움을 필요로 하는 사람들의 사회적 지위와 기능을 향상시키기 위해 저들과 함께 일하며, 사회제도 개선과 관련된 제반 활동에 주도적으로 참여한다. 사회복지사는 개인의 주체성과 자기결정권을 보장하는 데 최선을 다하고, 어떠한 여건에서도 개인이 부당하게 희생되는 일이 없도록 한다. 이러한 사명을 실천하기 위하여 전문적 지식과 기술을 개발하고, 사회적 가치를 실현하는 전문가로서의 능력과 품위를 유지하기 위해 노력한다. 이에 우리는 클라이언트 · 동료 · 기관 그리고, 지역사회 및 전체 사회와 관련된 사회복지사의 행위와 활동을 판단 · 평가하며 인도하는 윤리기준을 다음과 같이 선언하고 이를 준수할 것을 다짐한다.

---

6) 이 분석결과가 타당한지를 비교하기 위해서 한국의 사회복지사 윤리강령을 꼼꼼하게 살펴보았다. 이슈가 되는 것은 한국의 경우 IFSW 윤리강령에 대한 구체적인 언급과 참고를 명시하였는지에 관한 것인데, 실제 한국의 사회복지사 윤리강령에는 이러한 국제적인 사회복지사 윤리강령에 대한 표현이 없다. 이는 한국의 사회복지사 윤리강령이 번역되어 IFSW에 제출되는 과정에서 나타난 결과로 추측해 볼 수 있다.

윤리기준

Ⅰ. 사회복지사의 기본적 윤리기준

1. 전문가로서의 자세

2) 사회복지사는 클라이언트의 종교 · 인종 · 성 · 연령 · 국적 · 결혼상태 · 성취향 · 경제적 지
  위 · 정치적 신념 · 정신, 신체적 장애 · 기타 개인적 선호, 특징, 조건, 지위를 이유로 차별 대
  우를 하지 않는다.

4) 사회복지사는 사회정의 실현과 클라이언트의 복지 증진에 헌신하며, 이를 위한 환경 조성을
  국가와 사회에 요구해야 한다.

7) 사회복지사는 한국 사회복지사협회 등 전문가단체 활동에 적극 참여하여, 사회정의 실현과
  사회복지사의 권익옹호를 위해 노력해야 한다.

Ⅱ. 사회복지사의 클라이언트에 대한 윤리기준

1. 클라이언트와의 관계

1) 사회복지사는 클라이언트의 권익옹호를 최우선의 가치로 삼고 행동한다.

2) 사회복지사는 클라이언트에 대하여 인간으로서의 존엄성을 존중해야 하며, 전문적 기술과
  능력을 최대한 발휘한다.

3) 사회복지사는 클라이언트가 자기결정권을 최대한 행사할 수 있도록 도와야 하며, 저들의 이
  익을 최대한 대변해야 한다.

Ⅳ. 사회복지사의 사회에 대한 윤리기준

1) 사회복지사는 인권존중과 인간평등을 위해 헌신해야 하며, 사회적 약자를 옹호하고 대변하
  는 일을 주도해야 한다.

3) 사회복지사는 사회환경을 개선하고 사회정의를 증진시키기 위한 사회정책의 수립 · 발전 ·
  입법 · 집행을 요구하고 옹호해야 한다.

출처: 한국사회복지사협회 홈페이지.

2. 인권과 사회복지정책의 만남

인권과 사회복지정책과의 만남은 필연적이라고 할 수 있다. 조효제(2007)는
민주주의의 발달과정에서 사회복지정책은 인권담론을 보다 폭넓게 받아들이고
있다고 설명하고 있다. 특히 기존의 인권에 대한 태도가 탄압패러다임에서 웰빙
패러다임으로 수정되면서 인권이 단순히 법적인 차원에서 다루어지던 기존 경
향에서 정책의 영역으로 확산되었다고 주장하고 있다. 최근 문재인 정부의 출현
은 민주주의의 발달과 함께 인권의 확산도 이루어지고 있다. 이러한 과정에서

시민들의 인권의 확보 방안으로 정책 및 제도의 개선 및 발전에 대한 요구가 확산되고 있다. 대표적으로 여기에서 언급하고 싶은 것은 발달장애인에 대한 국가책임제를 요구하는 발달장애인 부모들의 요구이다. 장애인부모연대는 2019년 3월 21일 발달장애 국가책임제 도입을 촉구하는 결의대회를 개최하였다. 장애인부모연대가 주장하는 정책 및 제도의 내용은 발달장애 국가책임제 도입, 현행 주간활동서비스 시행중지 및 개선 방안 수립, 발달장애인 고용 정책 개선, 특수교육법 개정, 정부의 발달장애인 대책 수립 등을 포함하고 있다(서울경제, 2019. 3. 21.).

　민주주의의 확대는 인권의 보호 과정에서 자기주장을 펼치기 힘든 서비스 대상자들의 목소리가 표출되는 과정으로 이어지고 있다. 여성, 노인, 장애인 등은 구체적으로 자기 이익 및 권리를 확보하기 위해 직접적으로 자기 목소리를 표현하는 다양한 수단을 강구하게 된다. 이러한 '권리에 기반한 접근'은 그동안 시혜에 기반한 복지모델에서 권리에 기초하는 모델로의 전환을 촉진하게 된다. 민주주의, 권리기반 사회복지, 그리고 인권의 결합은 어떠한 특성을 가지게 되는 걸까? 첫째, 권리 및 인권의 강조는 그동안 사회정책이 정치·경제의 잔여적 특성에서 보편성을 강조하는 사회정책으로의 전환을 추구하게 되며 모든 정치 및 경제제도의 핵심영역으로 격상하게 된다. 둘째, 인권기반 제도의 확대는 모든 사람들로 하여금 인간의 존엄성을 유지 및 확보할 수 있는 방향으로의 개선을 촉진시킨다. 셋째, 인권기반 복지제도의 확대는 그동안 서비스 대상자들을 피동적으로 보기보다는 능동적으로 자기 권리를 요구하는 능동적이고 자신감 있는 존재로 인정한다. 이러한 능동적 참여는 정책 만족도의 향상에도 긍정적으로 영향을 미칠 수 있다. 넷째, 인권의 표출에 따른 인권의 목록은 정책 아이디어로 자연스럽게 연결될 수 있으며, 새로운 정책개발로 연결될 수도 있다. 다섯째, 인권은 정책의 복잡한 실타래를 풀 수 있는 결정적 역할을 할 수 있다. 어떤 영역에서 시급한 권리의 등장 및 표출은 이 문제를 보다 구체적으로 의제화하는 중요한 기능을 할 수 있다. 마지막으로, 보편적인 인권접근은 인권 보호 테두리에서 벗어나는 소수자에 보다 더 많은 관심을 두게 된다. 따라서 단순히 많은 사람이 혜택을 보면 좋은 것 아니냐는 식의 주장에 대해 많은 사람에 속하지 않은 소수의 인권 보호에 좀 더 적극적인 관심 및 그들에 대한 제도로의 포용을 지지하게 된다(조효제, 2007, pp. 316-318).

인권과 사회복지정책의 만남에 대한 구체적인 모델은 권리기반정책(rights based policy)이다(Stainton, 2005). Stainton(2005)에 따르면 권리기반정책은 4가지 요소를 포함해야 한다고 주장하고 있다. 첫째, 사람들이 자신의 주장을 정확하게 표현할 수 있도록 제도적으로 지원해야 한다. 둘째, 사람들이 자신의 권리욕구를 충족시키는 지원체계에 대한 이해가 확보되어야 하고 이러한 지원체계를 직접 관리할 수 있는 기제를 마련해야 한다. 셋째, 사람들이 권리를 충족시키는 자원에 대한 통제권을 행사할 수 있도록 도와주는 제도적 기반이 이루어져야 한다. 넷째, 이러한 지원체계와 기제들이 사회정책 거버넌스의 핵심적 요소로 인정되어야 한다(조효제, 2007, pp. 318-319).

추가적으로 인권기반접근의 기본원칙들이 제시되고 있다. Scottish Human Rights Commission(2019)은 인권기반접근의 기본원칙들로 PANEL을 설명하고 있다. 참여(Participation), 책임성(Accountability), 비차별과 평등(Non-discrimination and equality), 임파워먼트와 권리소유자(Empowerment and rights holders), 그리고 권리의 법적 특성(Legality of rights)이 기본원칙들이다. 또한 이러한 기본원칙들에 더하여 원칙들의 임팩트를 어떻게 측정할 것인가에 관한 논의도 정리하고 있다(〈표 2-15〉 참조).

〈표 2-15〉 인권기반접근의 기본원칙들

PANEL	원칙	임팩트 측정
Participation	−모든 사람은 자신의 인권에 영향을 미치는 결정에 참여할 권리를 가지고 있음 −참여는 적극적이고, 자유롭고, 의미가 있는 과정임 −특히 정보 접근권, 언어적 장애 극복 등을 통한 접근성을 확보해야 함	−그러한 참여에 의해 가장 크게 영향을 받는 개인과 집단은 누구인가? −인권에 영향을 미치는 결정에 참여하는 사람들에 영향을 미치는 방법은 무엇인가?
Accountability	−책임성은 인권 규범과 인권침해에 대한 효과적인 치료를 효과적으로 모니터링할 수 있어야 함	−인권의 보호와 충족에 누가 책임을 지고 있는가? −개인들은 인권정책과 관련되어 어떠한 양적 그리고 질적 근거들을 이해하고 있는가?
Non-discrimination and equality	−연령, 성별, 성적취향 등에 기반한 모든 종류의 차별은 금지되고, 예방되고, 사라져야 함 −인권은 특히 가장 취약한 상황에 처한 사람들에 대한 우선적인 대책을 마련해야 함	−인권침해 정책들은 어떠한 것들인가? −인권침해 정책들은 개인 및 집단에게 어떠한 영향을 미치는가? −인권침해의 부정적 영향을 감소시킬 수 있는 조치들은 무엇인가?
Empowerment	−개인과 지역사회는 그들의 권리를 이해해야 하고 인권발전을 위한 정책 및 실천에 참여하도록 지원해야 함 −개인 및 지역사회는 그들의 권리를 옹호할 수 있도록 지원해야 함	−정책결정 참여과정에 효과적으로 영향을 미칠 수 있도록 도와주는 정보들은 무엇인가?
Legality	−인권기반접근은 인권이 법적으로 강제할 수 있는 특권이라는 인식이 확산되어야 함 −그리고 이러한 법적 특권은 국가적인 그리고 국제적인 인권법과 관련되어야 함	−이러한 법적 특권은 인권에 어떠한 영향을 미치는가? −법적으로 적절한 목적, 그리고 최소한 법적 확보방법은 무엇인가?

출처: Scottish Human Rights Commission (2019).

3. 인권기반 사회복지실천

인권과 사회복지와의 연계를 시도하는 노력이 사회복지학계 내에서도 등장하고 있다. 그 대표적인 것이 인권기반 사회복지(human rights-based approach to social work)이다. 인권기반 사회복지의 출현을 제대로 이해하기 위해서는 사회복지의 발달과정을 살펴볼 필요가 있다.

1) 인권기반 사회복지 접근의 출현 과정

사회복지의 출발은 일반적으로 종교 단체, 상류층, 그리고 여성들의 노력에 의해서 발전되어 왔다. 이들이 산업사회의 과정에서 등장한 여러 사회문제(빈곤, 도시화, 이민자 문제 등)의 감소에 지대한 역할을 해 온 것이다. 이러한 자선 과정은 후에 '자선의 과학화' 과정을 거치면서 사회사업 및 사회복지의 이론화를 통해 발전되어 왔다. 대표적으로 영미에서 출현한 자선조직협회(Charity Organization Society)운동은 자선활동 과정에서 등장한 중복급여, 자격여부 등의 문제를 체계적으로 다루기 위해서 출발하였다. 이러한 자선조직협회의 발전은 통제가 안 되는 자선은 추가적으로 복지의존성이 발생할 것이라는 근거에 기초하고 있다. 자선조직협회는 이후 개별사회사업의 이론화 과정으로 연결되었고, 대학교에서의 사회복지사 교육과정과 연관되어 발전되었다.

사회복지의 발달과정에서 자선조직협회 운동과 다르게 인보관운동(Settlement House Movement)에 주목할 필요가 있다. 인보관운동은 개인적 관점에 치중한 자선조직협회와는 다르게, 사회문제의 원인이 사회적인 환경에 있음을 강조하고 있다. 특히 인보관운동은 빈곤의 원인을 개인적인 무능과 게으름에 두고 있는 이전의 관점에서 벗어나 사회적인 환경이 빈곤의 원인으로 설명하고 있다. 이러한 관점은 사회문제를 해결하기 위한 대책으로 그동안 진행되었던 자선 및 욕구에 대한 즉각적 서비스 제공보다 사회개혁에 초점을 두고 있다. 이러한 사회개혁의 과정으로 참여자들을 대상으로 한 교육사업에 초점을 두었고, 저소득층과 이민자들이 사회에 적응을 할 수 있도록 기술향상과 능력향상에 초점을 둔 지역사회운동에 치중하였다.

　인보관운동의 의미는 중요한 그리고 혁신적인 실천과정으로 인정되지만 실제 이 시기 동안 사회복지실천은 자선기반을 중심으로 이루어졌다. 무분별한 자선의 과정에서 벗어나 대상자의 자격여부를 철저하게 파악하여 자격이 되는 대상자에게 서비스를 제공하는 것이 주요 내용이다. 따라서 자선기반 사회복지는 사회개혁에 치중하기보다는 현상유지에 초점을 두고 있고, 자선기관을 중심으로 그들의 책임성을 강조하는 형식으로 운영되었다.

〈표 2-16〉　사회문제에 대한 자선기반, 욕구기반, 권리기반 접근법들의 비교

항목	자선기반	욕구기반	권리기반
목적 (Goals)	자격있는 취약계층에게 즉각적인 도움을 제공	취약계층 및 지역사회에 충족되지 않은 부분을 지원	공평한 배분과 권력을 실현시키기 위한 인권의 실현
동기 (Motivation)	종교적 또는 도덕적 동기	욕구가 있는 취약계층을 돕는 동기	자격에 관한 법적 의무
책임성 (Accountability)	민간기관에 대한 책임성 강조	지원대상을 발굴하거나 지원기관의 책임성	정부와 국제기구의 책임성 강조
과정 (Process)	자선가중심의 자선활동	욕구와 대응전략에 대한 전문가의 진단	시민의 권한강화를 목표로 한 참여과정을 강조
권력관계 (Power relations)	현상유지를 강조	일반적으로 현 구조를 유지하되 점증적 변화를 추구	변화가 목표
타겟 그룹 (Target population)	도움받을 자격이 되는 개인 및 집단	취약계층	모든 시민들 그리고 취약계층에 초점
강조점 (Emphasis)	자선가의 자선행동	욕구충족	인권의 실현

| 개입대상
(Interventions respond to) | 문제에 대한 즉각적인 대처 | 부족한 상황 및 증상 구조적인 원인에 주의 | 기본적으로 구조적인 원인 및 변화에 초점 |

출처: Berthold (2015, p. 11).

　사회복지의 이론화 과정이 체계적으로 이루어지고 사회복지전문가의 위상이 높아지면서 사회복지실천기술은 보다 욕구기반으로 발전되었다. 욕구의 판정은 전문가의 지식, 연구, 그리고 이론에 기초하여 이루어진다(Ife, 2012). 다양한 욕구에 대해 전문가적 판단은 어떠한 접근 및 치료방법을 통해 이루어질 것인가에 대한 고민으로 이어진다.

　자선기반 사회복지접근과 비교하여 욕구기반 사회복지는 수혜자의 자격여부를 좀 더 객관적인 기준을 통해서 판별하려고 시도한다. 또한 다양한 개입방법들 중에서 어떠한 개입 및 치료가 효율적이고 효능이 있는지에 대한 경험적 근거에 기초하여 판단한다. 하지만 자선기반 사회복지와 욕구기반 사회복지는 여전히 전문가의 지식과 정보 그리고 선택이 대상자에 비해 중요하다는 인식에 기반하고 있다. 예를 들어, 정신장애 판정을 받은 대상자는 전문가의 판단에 의해 가장 적합하다고 생각되는 치료 및 개입방법들이 적용된다. 이러한 결정과정은 정신장애인은 제대로 된 올바른 판단을 할 수 없다는 것을 전제하고 있다. 이러한 치료가 실패하더라도 일반적으로 욕구기반 사회복지는 이론과 전문가의 판단이 틀렸다기보다는 그 대상자의 개별적인 특성이 실패의 원인이라고 생각한다(Berthold, 2015).

　인권기반 사회복지는 복지의 목적을 상대적으로 유연하게 바라본다. 사회복지의 목적이 구체적인 내용으로 확정되었다고 판단하기보다는 그 과정에서 이루어지는 재평가와 새로운 이슈에 대한 새로운 해결책의 마련과정을 통해서 수정될 수 있다고 보고 있다. 예를 들어, 인권중심 사회복지는 초등학교 교육이 보편적으로 이루어지는 과정에서 추가적으로 교육의 질적 향상에 초점을 두고 있는 반면 중등교육 및 고등교육에서는 보편적인 교육권 확보를 위해서 노력해야 한다고 평가하는 것이다. 또한 인권기반 사회복지는 의사결정 과정에서 모든 사람, 특히 그 정책이나 제도에 의해 영향을 받는 사람들의 참여를 강조한다. 인권기반 사회복지는 대상자들이 단순히 복지수혜자로 간주되는 상황을 반대하며 개인들을 적극적인 권리 소유자로 간주한다. 앞에서 논의한 자선기반 또는 욕구기반 사회복지 접근에서는 상대적으로 대상자의 참여를 소극적으로 평가하였으나, 인권기반 사회복지에서는 대상자들의 의견 또는 사회참여 과정을 통해서 민주적으로 의사결정이 이루어지고 이들의 참여를 통해서 제도의 확립 및 수정이 이루어져야 한다고 강조하고 있다. United Nations Convention of the Rights of the Child(CRC) 12장에 의하면 "아동들은 그들의 의견을 표출할 권리가 있고, 아동의 연령과 성숙도에 따라서 아동의 의견을 동등하게 받아들여야 한다."고 제시되었다. 이는 일반적으로 아동의 경우 대상자로만 인정하고 아동이 원하는 그리고 표현하는 내용에 대해서 보다 적극적으로 경청하고 그들의 의견을 반영해야 한다는 것을 의미한다. 또한 장애인을 대상으로 한 UN 협약(United Nations Convention on the Rights of Persons with Disabilities) 서문에는 "장애인이 경험하는 심대한 사회적 차별을 강조해야 하고 장애인들의 시민, 정치, 경제, 사회, 그리고 문화적 영역에서 동등하게 참여할 수 있도록 해야 한다."라고 명시하고 있다.

인권기반 사회복지는 정책결정자와 인권에 영향을 미치는 제도를 담당하는 자로 하여금 책임감을 가질 것을 요구한다. 욕구와는 다르게 권리는 자체적으로 의무와 함께하며 의무는 책임감을 동반한다. 욕구는 만족여부에 의해서 판단되는 반면에 인권은 존중되어야 하고 실현되어야 한다. 욕구는 계층화에 의해서 구분될 수 있지만, 인권은 불가분하고 상호의존적이며 인권 모두가 동등한 가치를 가지고 있다. 인권기반 사회복지의 가장 중요한 작동원리는 사회문제의 기본적인 이유에 대한 분석을 하고 시민들이 그러한 사회문제와 그 이유들에 대한 이해를 확대하고, 더 나아가 정책결정자로 하여금 그 권리의 실현을 촉구할 수 있다는 것이다. 반대로 정책결정자들을 그러한 권리의 실현에 초점을 맞추어 노력할 의무가 뒤따르는 것이다.

2) 인권기반 사회복지의 다양한 수준의 적용

Shirley Gatenio Gable(Berthold, 2015)은 인권기반 사회복지가 다양한 수준의 개입과정에서 어떻게 적용될 수 있는지에 관해서 간략하게 설명하고 있다. Gabel은 다양한 수준을 개인, 집단 및 지역, 그리고 사회전체 차원으로 구분하였다. 우선, 개인수준에서는 개인들을 수혜대상자로서의 자격여부를 삭제하고 권리를 가지고 있는 시민들로 인정하는 것이 중요하다고 설명하고 있다. 따라서 사회복지실천도 개인이 어떠한 권리를 가졌는지, 어떠한 권리가 침해되었는지, 그리고 그 권리를 어떻게 회복할 수 있는지에 대해서 초점을 두어야 한다고 설명하고 있다. 따라서 사회복지실천 방법은 단순히 욕구를 충족하는 수준에서 벗어나 모든 시민의 존엄성과 존중성에 기초한 인권 향상에 기여하는 서비스의 제공이 필요하다고 설명한다.

개인들의 집합체인 집단 및 조직의 경우에 사회복지실천은 지역사회의 자원 파악이 중요하고 이 자원을 이용할 시민들의 권리 향상에 기여할 수 있도록 노력하는 것이 사회복지사의 실천방법이라고 강조하고 있다. 따라서 다양한 집단 및 지역사회에서 이러한 권리 향상을 도모하도록 인권교육의 중요성을 강조하고 있다.

사회 및 국가단위에서는 기존의 소극적인 또는 사후방문 형식의 대처보다는 인권 향상이라는 목표가 가장 우선시되어야 함을 강조하고 있다. 또한 사회 국가적 정책의 결정과정에서 다양한 목소리 그리고 억압받은 자들의 목소리가 반영될 수 있도록 사회복지사의 개입 방안이 수정되어야 한다고 강조하고 있다.

<표 2-17> 다양한 수준의 개입과정에서의 인권기반 사회복지실천 적용

개인 수준

- 지원을 찾는 개인들은 자격이 되느냐에 의해서 판단되기 보다는 권리를 가진 자로 인정되어야 한다.
- 사회복지사는 개인의 권리를 요구할 수 있는 방법들을 지원해 주고, 가해자로 하여금 어떻게 타인의 권리를 침해했는지에 대한 설명을 해 줘야 한다.
- 개입방법은 낙인을 제공하는 방식이 아닌, 모든 시민이 존엄과 존중을 갖는다는 원칙에 기반한 서비스 제공에 치중해야 한다.

집단, 조직, 그리고 지역사회 수준

- 사회복지사는 집단, 조직, 그리고 지역사회에서 인권을 실현할 자원을 발굴하고 이 자원들이 인권 실현에 기여하도록 노력해야 한다.
- 사회복지사들은 인권교육에 치중해야 한다. 인권교육은 원칙, 방법들, 인권 사정 방안들에 관한 내용을 포함한다.

사회 수준

- 사회 전반적으로 인권 실현을 촉진하고 가능케 하는 방향으로의 전환이 필수적이다.
- 사회정책의 결정과정에 다양한 목소리를 반영한 정책결정이 이루어지도록 사회복지사들은 노력해야 한다.

출처: Berthold (2015, p. 15).

3) 인권기반 임상사회복지실천의 주요 원칙들

인권기반 사회복지의 출현 그리고 발전과정에서 임상사회복지사들에게 어떠한 원칙들이 숙지되어야 할 것인가? 물론 인권기반 사회복지의 발전과정에서 인권친화적인 법적 그리고 제도적 장치 마련이 우선시되어야 한다. 하지만 사회복지는 구체적인 사회문제별 그리고 대상별 복지를 제공하는 것이 중요하기 때문에 실천현장에 있는 임상사회복지사들에게 인권기반 사회복지의 원칙들은 중요한 가이드라인을 제공할 수 있다.

기본적으로 사회복지실천가들은 증거기반실천(evidence-based practice)에 익숙해질 필요가 있다. 이러한 증거기반실천의 숙지과정에서 어떠한 실천모델 및 기술들이 이용자 및 대상자들에게 잘 적용되는지에 대한 경험적 판단이 필요하다. 구체적인 인권기반 사회복지실천 원칙은 다음과 같다.

(1) 욕구에서 권리로 재구조화하기(Reframing needs as rights)

사회복지 패러다임은 기본적으로 결핍기반 의료모델(deficit-based medical model)에 기반하고 있다. 결핍기반 의료모델은 문제를 사정하고 서비스를 제공하기 위한 장애를 낮추는 데 초점을 두고 있다. 결핍기반 의료모델에서는 서비스 이용자의 욕구해결에 중점을 두고 있다. 이러한 문제해결형 의료모델은 상대적으로 기존 서비스와 구조 및 시스템의 비판적 시각이 약한 것이 사실이다. 반면에 인권모델은 욕구해결보다는 권리의 현실화에 초점을 두고 있다. 인권기반 사회복지 실천가들은 예를 들어 의료문제에 대한 욕구해결에 치중하기보다는 의료보장과 안전에 대한 개인들의 권리보장에 우선권을 둔다. 인권기반 실천가는 참여적 그리고 민주적 과정을 통해서 개인, 가족, 지역사회의 병리적 문제에 치중하기보다는 문제의 사회정치적 그리고 구조적 문제해결에 방점을 두고 있다. 따라서 인권기반 사회복지 실천가들은 단순히 개인적인 마이크로 관점에서의 접근보다는 마이크로 측면과 매크로 측면 모두를 종합적으로 보는 시각으로 무장할 필요가 있다.

(2) 문화적 겸손(Cultural humility)

사회복지사는 다양한 개인 및 지역사회에의 개입을 추진한다. 사회복지사는 다양한 개인과 지역사회에 개입하는 데 있어서 권리, 존중, 독특성, 문화다양성 등을 고려하여 개입해야 한다. 사회복지사가 배우고 읽힌 지식은 기본적으로 서구화된 문화에 기초로 학습될 가능성이 크다. 우리가 생각하는 보편주의도 이러한 서구화된 문화의 산물로 간주될 수 있다.

사회복지사는 기본적으로 문화적으로 다른 서비스 대상자에 대한 개입을 할 가능성이 높다. 이러한 경우 사회복지사는 문화적 적합성(cultural competence)과 문화적 겸손에 기반한 접근을 시도하는 것이 바람직하다. 문화적 적합성이란 사회복지사가 그 서비스 대상인 개인과 지역사회의 다른 문화에 대해 충분히 이해하고 있고 그러한 이해를 통해서 사회복지사가 더 높은 지위에서 실천개입의 전략을 통해 서비스를 제공할 수 있다는 것을 의미한다. 그동안 사회복지계에서는 문화적 적합성을 중요하게 여겨 왔다. 반면에 문화적 겸손은 사회복지사가 그 대상자의 문화적 차이를 충분히 알지 못한다는 것을 솔직하게 인정하고 서비스 및 실천 과정에 그 대상자의 참여를 적극적으로 보장하고 이를 통해 그 대상자에 맞는 개입을 진행하는 것을 의미한다. Ortega와 Faller(2011)가 강조하였듯이, '서비스 대상인 개인들이 그들의 문화와 경험을 정의 내리는 데 가장 적합한 주체'라는 것이다. 실제 사회복지사가 다양한 개인의 문화를 이해하는 것은 불가능하다. 사회복지사가 문화적으로 다른 대상자들을 이해했다고 자부하는 것은 어찌 보면 스테레오 타이핑할 위험을 포함하고 있다. 이러한 자부심은 또한 문화적 겸손 원칙 자체를 위반하고 있는 상황이 된다. Ortega와 Faller(2011)는 아동복지 현장에서 문화적 겸손을 향상시키기 위해 사회복지사들에게 필요한 6가지 실천 원칙을 제시하고 있다.

〈표 2-18〉 아동복지현장에서 문화적 겸손을 향상시키기 위한 6가지 실천 원칙

1. 다양성의 복잡성을 받아들여라.
2. 너 자신을 알고 타인으로부터 배운다는 열린 마음에 대한 도전정신을 비판적으로 생각해 보자.
3. 문화적 차이를 수용하고 대상자에게 이해가능한 방법들에 대한 고민을 해 봐라.
4. 협력적인 도움에 지속적으로 관여하라.
5. 대상자의 생활환경에 대한 친숙함을 보여 줘라.
6. 사회복지 과정의 중요한 측면으로 문화적 겸손을 보여 주는 조직적 노력에 충실하라.

출처: Ortega & Faller (2011, pp. 43-44).

(3) 교차성(Intersectionality)

인권기반 사회복지의 실천가들에게 요구되는 또 다른 원칙은 교차성이다. 교차성은 개인의 젠더, 연령, 인종, 사회계층, 성적 경향, 종교 및 여러 요인이 교차하면서 개인의 특성에 영향을 미친다는 것을 의미한다. 이러한 교차성은 인권의

중요한 가치인 존엄성, 평등 그리고 반차별과 밀접하게 연관되어 있다. 또한 이러한 교차적인 관계는 개인의 기대, 삶의 질, 역량, 인생기회 등에 영향을 미칠 수도 있다. 사회복지실천가들은 개인이 가지는 여러 특성의 교차성을 인지해야 하며 이러한 인지과정의 출발점으로 종합적인 접근법을 채택해야 한다.

(4) 치료관계 형성과 안전의 재구조화(Fostering a therapeutic relationship and reconstructing safety)

사회복지 실천가들에게 서비스 대상자와 관계 맺는 것은 늘 쉽지 않은 도전이다. 사회복지실천 관련 교과서에서는 이러한 관계를 전문적 관계라고 강조하고 있다. 사적인 친구와 같은 만남이 아니라 사회복지 전문가와 대상자라는 한편으로는 '권위적' 관계가 성립이 되어야 사회복지전문성이 확보된다는 것이다. 하지만 인권기반 사회복지에서는 이러한 전문적 관계를 실행하는 과정에서 커다란 차이점을 강조하고 있다. 하나의 예로, 사회복지전문가는 치료 및 서비스 접수과정에서 대상자에게 동의서를 요구할 수 있다. 일반적으로 사회복지실천가는 동의서의 내용을 간단하게 설명하면서 여기에 사인하면 된다고 말한다. 그러나 이러한 과정은 인권기반 사회복지실천 원칙에 적절하지 않다. 사회복지실천가는 치료관계를 형성하는 첫 단계에서부터 서비스 대상자들이 충분하게 이해하도록 도와주며 꼼꼼한 설명을 통해 동의를 요구해야 한다는 것이다. 이러한 인권기반 치료관계의 성립이 중요하며 치료과정에서의 대상자의 민주적 참여와 치료개입의 동반자적 진행이 치료의 긍정적인 결과에 기여하기 때문이다.

(5) 트라우마 인지(Trauma-informed)

인권기반 사회복지는 사회복지실천가들로 하여금 트라우마에 대한 이해를 강조하고 있다. 간단한 이유는 사회복지실천 현장에서 만나는 많은 대상자가 적어도 한두 개의 트라우마를 가지고 있을 가능성이 높기 때문이다. 아니 더 나아가 권리가 침해되는 경험 자체가 트라우마라고 정의 내릴 수도 있을 것이다. 트라우마 실천 모델들은 다양하게 발전되어 왔다. 대표적으로 Briere와 Lanktree(2011)의 Self-Trauma Model(STM), Sanctuary Model(Bloom, 2013), 그리고 Trauma-Focused Cognitive-Behavioral Therapy(TF-CBT)(Cohen, Mannarino, & Deblinger, 2006) 등이 있다.

4) 한국에서의 인권기반 사회복지의 발전

외국에서 발전된 인권기반 사회복지는 국내에서 심도 있게 이론화되거나 정책적으로 어떻게 활용할 것인가에 관한 논의가 상대적으로 드물다. 이는 인권 관련 논의가 상대적으로 '선언적'인 특성을 가지고 있다는 점에 기반한다. 세계인권선언에서도 나타나듯이 세계인권선언 협약 국가들의 경우에도 인권선언은 중요하고 의미 있는 가이드라인이 되지만 실제 각 국가별 인권선언의 구체적 실행은 편차가 심한 것이 사실이다.

이러한 상황에서 '경기도 인권기반 사회복지 전략 수립 연구'는 주목할 필요가 있다. 첫째, 이상적으로는 중앙정부 차원에서 인권기반 사회복지 전략에 대한 총괄적인 고민 그리고 실천전략들을 제시하는 것이 바람직하나, 지자체 단위에서 인권기반 사회복지 전략에 대한 논의를 체계적으로 제시하였다는 점은 주목할 만하다. 또한 이 연구는 인권기반 사회복지의 실현을 위해 인권기반 사회복지가 무엇을 지향하는지에 관한 비전부터, 인권기반 복지 5대 원칙, 그리고 중점 추진방향을 비교적 상세하게 제시하고 있다는 점에서 주목할 만하다(〈표 2-19〉 참조).

〈표 2-19〉 경기도 인권기반 사회복지 비전과 원칙

비전	인권기반 사회복지체계 구축을 통한 '더불어 사는 행복 공동체'

인권기반 복지 5대 원칙	1. 보편성 원칙 2. 인권기본가치 존중 원칙: 인간 존엄성 존중 3. 이용자 참여 원칙: 당사자 참여와 자기 결정권 보장 4. 다차원적 접근 원칙: 다양한 사회서비스 5. 차별민감성 원칙: 다양성 존중과 인권민감성
중점 추진 방향	1. 탈시설화: 그룹홈, 지역복지체계 　 (읍면동복지지원체계강화 → 복지허브화) 2. 권리기반 복지: 욕구(needs)기반 복지에서 권리기반으로 3. 인권친화적 복지시설: 선택권, 자기결정권, 인권존중 4. 학대제로(zero) 경기도: 아동학대 및 노인학대 예방과 모니터링 5. 이용자 참여 보장: 이용자 및 당사자 참여와 자기결정권 6. 차별민감성 복지: 다양성 존중(다문화가정 및 외국인 노동자) 7. 다차원적 접근: 사회서비스, 친환경, 여가문화생활 8. 인권교육: 시설종사자, 이용자 인권교육

출처: 신재은 외(2016, p. 65).

경기도가 이러한 인권기반 사회복지체계를 제일 먼저 제시하게 된 사회 인구학적 배경 및 복지제공현황에 주목할 필요가 있다. 경기도는 인구규모, 등록 장애인 규모, 65세 이상 노인인구, 외국인 거주자 규모, 자살자 수에 있어서 전국 1위로 가장 많다. 또한 사회복지 관련 기관 및 수에 있어서도 어린이집 수, 여성폭력피해 보호시설, 다문화가족 지원센터, 청소년 수련시설 등이 전국에서 가장 많은 것으로 나타났다. 한편, 경기도의 경우에도 복지재정은 지속적으로 확대되고 있으나 복지수요의 팽창으로 인해 복지서비스 만족도는 상대적으로 그리 높지 않은 것이 사실이다(신재은 외, 2016).

이러한 상황에서 경기도의 복지체계를 개선하기 위한 일환으로 그리고 차별화된 복지서비스 제공의 기준으로 인권기반 사회복지체계는 사회권의 확대와 더불어 인간의 권리에 대한 종합적인 고찰을 통한 사회복지서비스의 제공이라는 의미를 추가하고 있다. 여기에서의 인권은 단순히 서비스 대상자만의 인권이 아닌 서비스 제공자의 인권까지도 포함하고 있으며, 서비스 이용자의 자발적 결정 및 인권감수성을 포함하고 있으므로, 사회복지 투입 대비 효과성이 높아질 것으로 기대하고 있다(신재은 외, 2016).

인권기반 사회복지 5대 원칙

● 보편주의 원칙

인권의 보편주의 원칙은 인간의 권리가 보편적이며 양도 불가능한 속성을 가진다는 점을 강조하고 있다. 인간이기 때문에 가지는 권리가 보편적이라는 것은 인권이 모든 권리를 포괄하고 있으며 동시에 모든 인간이 향유해야 함을 의미한다. 세계인권선언의 영어 표현이 Universal Declaration of Human Rights인 것도 인권이 보편적으로 적용되기를 희망하고 있다는 것을 의미한다.

인권의 보편주의 원칙을 적용하는 과정에서 주목해야 할 세 가지 이슈가 있다. 첫째, 모든 인간에게 적용되어야 한다는 보편주의 원칙은 사각지대 문제와 연관되어 있다. 사각지대는 일반적으로 사회복지제도나 서비스의 적용 대상이나 제도 및 서비스를 받지 못하는 경우를 의미한다. 이러한 사각지대가 발생하는 것은 인권기반 사회복지의 보편주의 원칙에 가장 커다란 위협요인이라고 할 수 있다.

둘째, 인간이 가지는 권리 즉 인권이 다양하다는 점을 인정한다면 보편주의 원칙은 종합적이고 체계적인 접근을 강조하고 있다. 인간이 가지고 있는 다양한 욕구를 고려하면 그리고 이러한 욕구의 충족이 인권에 필수적인 과정이라고 한다면 시민 개개인의 욕구 및 상황을 종합적으로 사정하고 이에 따른 종합적인 서비스를 제공하는 것이 중요하다는 것이다. 이러한 점은 인권기반 사회복지의 5대 원칙 중 다차원적 접근 원칙과도 연관되어 있다.

마지막으로, 인권의 보편주의 원칙은 한국 사회의 대표적인 복지논쟁인 보편주의 vs. 선별주의 논쟁에 있어서 보편주의에 대한 기본적 철학을 제공하고 있다. 아동의 인권을 보편주의 입장에서 생각한다면 기본적인 생활권을 보장하기 위하여 아동수당을 전체 아동에게 지급하는 것이 바람직하고, 아동교육권을 실현하기 위하여 아동보육 및 아동교육의 경우에도 전체 아동들이 제도 혜택을 받아야 하는 것이다. 한국 사회에서는 무상급식, 노인의 기초연금 등의 확대과정에서 이러한 보편주의 vs. 선별주의 논쟁이 반복되어 왔고, 정치적으로 악용되어 왔다. 정치권에서는 특히 보수야당의 경우 보편주의가 결국 복지의존성을 높이고 복지예산의 폭증으로 인해 국가재정이 파탄될 것이라고 주장하면서 보편주의를 반대해 왔다. 하지만 인간이 가지는 권리, 그리고 그 권리를 확보하기 위해 국가에서 실시하는 제도의 경우는 인권의 보편주의를 고려하면 전체 대상자들에게 실시하는 것이 바람직하다.

● 인권기본가치 존중

인권의 기본가치 중 우선시되는 것은 존중(respect)이다. 존중은 인권의 기본가치인 인간 존엄의 가치를 의미한다. 권리를 보장하는 과정에서 다른 인권적 요소가 침해되어서는 안 될 뿐만 아니라 각각의 상황에서 인간의 존엄성을 확보하기 위한 노력이 필수적이라는 것을 의미한다. 따라서 존중의 가치는 제도의 실천과정 그리고 사회복지서비스 실천현장에서 어떻게 구현되는가와 밀접하게 연관되어 있다. 또한 인권가치인 존중은 인도주의와 평화주의, 공동체 배려, 자율성과 자기결정 등 여러 가치와 관련되어 있으며 실제 이러한 원칙들이 협력해야 인권의 실현이 가능하다는 것을 의미한다.

● 이용자 참여 원칙: 당사자 참여와 자기결정권 보장

인권이 작동하는 원리로 이용자 참여, 당사자 참여, 그리고 자기결정권은 중요하다. 자율성, 자기결정, 그리고 참여와 책임성은 인권이 작동되는 매우 중요한 원칙이다. 이전의 사회복지 모델들이 일종의 제도 및 전문가의 기준 및 선택에 의해 서비스를 제공하는 것에 치중한 반면에 인권기반 사회복지는 상대적으로 당사자들의 민주적인 참여과정을 중요시하고 있다. 앞에서도 자선기반 사회복지 및 욕구기반 사회복지와의 차이점으로 인권기반 사회복지 접근은 당사자의 참여를 중요시한다고 설명하였다. 사회복지실천 원칙으로 역량강화 또는 임파워먼트가 강조되는 상황은 이러한 참여자들의 자기결정이 중요하다는 것을 반영하고 있다. 인권기반 사회복지 접근은 이러한 역량강화 및 강점논의가 보다 구체적으로 적용되는 모델이라고 평가할 수 있다.

● 다차원적 접근 원칙

인간이 가지는 권리가 다양하다는 점은 인권 문제를 분석하고 인권 향상을 위한 제도적 장치의 마련 등의 과정에서 다차원적인 접근방식을 채택해야 한다는 것을 의미한다. 이전에는 권리가 자유권 및 시민권의 보장에 치중하였다면 최근에는 인간의 사회권이 강조되고 있다. 또한 현대 사회에서 인간의 권리를 위협하는 다양한 정치·경제·사회·문화적인 위험들이 등장하면서 인권문제는 점점 복잡해지고 있는 것이 사실이다. 또한 외국인의 유입으로 인한 다문화, 성소수자, 양심적 병역거부자, 난민 등 이전에는 한국 사회에서 무감각했던 주제 및 대상들이 출현하고 있다. 이러한 인권의 복잡성(complexity)은 인권문제의 해결에 있어서도 다차원적 접근방법을 채택할 필요성이 높아지고 있다. 다차원적 접근 원칙은 사회문제 해결에 있어서 좀 더 꼼꼼하고 치밀한 분석방법 그리고 실천모델들의 결합 및 적용을 요구하고 있다. 이전에 간단하면서도 몇 개의 욕구들만을 지원해 주는 방법들은 인권의 향상에 제한적일 수 밖에 없다는 것이다. 이러한 다차원적 접근 원칙의 적용은 통합적인(holistic) 이해와 해결방안의 모색으로 연결된다. 단순한 욕구 충족 수준을 넘어서서 개인이 가지고 있는 시민권, 정치권, 사회권, 그리고 경제권과 같은 권리들의 종합적이고 통합적인 이해가 중요하다는 것이다.

● **차별민감성 원칙**

전반적으로 사회경제적인 환경이 개선되고 있다. 이러한 상황은 절대적인 의미에서의 인권의 결핍(deficiency)이 발생하기보다는 상대적으로 차별(discrimination)이 인권침해의 주요 원인이 되고 있다는 것을 의미한다. 어느 사회에서나 다른 사회구성원보다 인권을 보장받지 못하는 집단이 있다. 대표적으로 장애인, 빈곤층, 비정규직 등의 집단들은 이러한 차별의 고통을 받고 있는 상황이다. 조효제(2007)는 인권의 작동원리로 평등과 차별금지를 강조하고 있다. 따라서 양성평등의 원칙, 장애인차별 금지, 외국인 노동자에 대한 차별 금지 등은 이러한 평등과 차별금지를 달성하기 위한 제도적 조치이다. 따라서 차별민감성 원칙은 인권침해가 상대적 차별에 의해 발생할 수 있으며, 이러한 차별로 인한 인권침해를 감소시키기 위해 제도적으로 민감하게 대응해야 한다는 것을 강조하고 있다.

앞에서 설명한 인권기반 사회복지 5대 원칙에 더 나아가 신재은 외(2016)는 경기도 사회복지 현장에서의 중점 추진과제와 추진방향 총 8가지(탈시설화, 권리기반 복지, 인권친화적 복지시설, 학대제로 경기도, 이용자 참여 보장, 차별민감성 복지, 다차원적 접근, 인권교육)를 설정하였다. 이러한 인권기반 사회복지의 기본원칙과 중점 추진방향을 제시하는 것은 일관성 차원에서 그리고 실현가능성 차원에서 보다 분명한 가이드라인을 제시하는 것으로 의미가 높다고 평가할 수 있다. 이 8가지 중점 추진방향과 추가 개선사항을 살펴보면 다음과 같다. 특히 중점 추진방향의 경우 각각의 추진성과 및 평가와도 밀접하게 연관되어 있다는 점을 고려하면 보다 측정 가능한 지표들의 제시 및 구성이 필요할 것이다.

① 탈시설화

일반적으로 탈시설화는 지역사회복지의 실천 원칙에서 중요하게 간주되어 왔다. 취약계층의 시설화는 사생활 침해 문제, 선택권의 문제, 공동생활에 뒤따르는 통제의 문제 등을 초래한다. 이러한 문제들은 바로 인권침해의 대표적인 예들이라고 볼 수 있다. 따라서 시설에 격리되어 생활하기보다는 가정과 같은 소규모 생활시설이나 재가 복지시설 등과 같이 지역사회에 거주하면서 시설을 이용하도록 지원해 주는 탈시설화가 강조되고 있다. 탈시설화는 개인별 욕구해결은 물론 그들이 독립해서 살아갈 수 있도록 도와주는 인권차원에서의 필요성이 증가하고 있다. 하지만 탈시설화는 개별화 지원과정 및 전달체계가 확립이 되어야 충실하게 실시될 수 있다는 점에서 사회복지 기관 및 전달체계의 내실화가 선행 과제이기도 하다. 기본적으로 탈시설화는 바람직한 개념이기도 하고 실천원칙이기도 하지만 실제 이러한 탈시설화가 어느 정도 확대되고 개선되는지에 대한 평가지표가 드문 것이 사실이다. 인권기반 사회복지를 실시하는 과정에서 이러한 탈시설화의 개선 정도에 관한 지표 구성 및 평가가 요구된다.

② 권리기반 복지

권리기반 복지는 앞에서 설명한 욕구기반 사회복지에서 인권기반 사회복지로 변화하는 과정에서 설명한 대로, 욕구보다는 권리의 중요성을 강조하고 있다. 욕구파악, 자격여부, 전문가의 판단, 그리고 전문가의 개입이라는 권위적인 절차에서 벗어나, 정책이 결정되는 과정에서부터 대상자 및 시민들의 적극적인 참여에 의해 권리 실현을 달성하도록 하는 것이 권리기반 복지의 핵심이다. 따라서 권리기반 복지에서는 제도 및 정책 결정과정에서 시민 및 대상자들의 의사결정 참여 여부 및 수준을 체계화하여 평가하는 방법이 요구된다.

③ 인권친화적 복지시설

탈시설화를 추구하되, 시설 입소자들에 대한 인권침해 요소 및 과정을 줄이는 노력이 필요하다. 앞에서 설명한 대로 시설에 거주하는 과정에서 다양한 인권침해 경험을 최소화하는 것이 이 중점추진방향의 내용이라고 볼 수 있다. 인권친화적 복지시설의 확산을 위해서는 일차적으로 시설 종사자들로 하여금 인권교육을 이수하도록 하여 인권복지에 익숙해질 필요가 있다. 추가적으로 시설 생활인의 경우에는 선택권이 보장된다는 내용 및 서비스 내용에 대한 이해가 보장된다는 내용에 대한 설명이 입소과정에서 필요할 것이다. 이러한 내용에 기초하여 기관 및 시설평가에 대한 평가지표로 반영하여 엄격하게 평가하는 것도 하나의 방법이 될 수 있다.

④ 학대제로(zero) 경기도

인권침해의 대표적인 예가 학대이다. 아동학대, 장애인학대, 노인학대 등 우리 사회에서는 최근 이러한 학대 및 방임의 증가를 경험하고 있다. 학대문제를 경기도 인권복지의 중점 추진방향의 하나로 제시하고 있는 것은 학대문제의 심각성을 인식하고 그 문제를 인권차원에서 해결하겠다는 경기도의 의지를 표명한 것으로 볼 수 있다. 학대문제를 단순히 범죄의 문제, 피해자 보호의 문제로 보는 것은 문제해결에 소극적 대처이다. 학대는 인간이 가지는 인권의 침해이고 이 문제를 보다 사회화시키는 과정에서 학대문제는 감소될 수 있다. 학대와 같은 구체적인 사회문제에 대해서는 이러한 학대를 줄이기 위한 제도적 노력, 학대 신고과정, 그리고 법적 해결과정에서의 평가지표들을 구성하여 개선여부를 측정할 필요가 있다.

⑤ 이용자 참여 보장

인권기반 사회복지의 주요 특징은 대상자가 의사결정에 적극적으로 참여하는 것이라고 설명해 왔다. 서비스의 제공 대상자로서 피동적으로 보는 것이 아니라 서비스 및 제도의 결정과정부터 적극적으로 시민의 참여가 이루어지는 것이 중요하다는 것이다. 이러한 복지제도의 민주화는 조금씩 개선되는 과정에 있다. 민관협력, 지역사회복지협의체 등의 출현은 이러한 변화과정을 설명하고 있다. 하지만 여전히 민관협력에서 민은 서비스 제공기관 및 조직들에서 대표로 나오는 경우가 더 흔하다. 실제 서비스 대상자로서 서비스 결정과정에 참여하여 의견을 표출하는 것은 상대적으로 드문 것이 사실이다. 따라서 이용자 참여 보장을 확보하기 위해서는 정부 및 사회복지 시설 및 기관에서 서비스를 개발하거나 제공하는 과정에서 얼마나 이용자들의 목소리를 듣는지 그리고 그 목소리에 얼마나 반응하는지 등의 평가지표의 구성을 통해 이루어져야 할 것이다.

⑥ 차별민감성 복지

인권기반 사회복지는 차별로 인한 인권침해에 저항하는 의도로 발전되었다. 인권침해의 대표적인 차별을 낮추기 위해서는 이러한 차별방지 및 금지를 명문화하는 제도화 과정이 필수적이다. 대표적으로 「장애인차별금지 및 권리규제 등에 관한 법률」이 있다. 이러한 특수한 계층 및 취약계층을 대상으로 한 법제화도 필요하겠지만, 포괄적 차별금지법의 필요성이 강조되고 있다. 한국 정부는 2019년 3월 차별금지법 제정 등에 대한 UN 사회권익위원회의 권고 이행 보고를 앞두고 있다. 하지만 정치적인 이유에서 차별금지법 제정이 미뤄지고 있는 게 현실이다. 지방정부 차원에서는 이러한 차별금지에 관한 조례 제정을 통해서 포괄적 차별금지를 선행적으로 실시할 필요가 있다. 장애인, 노인, 아동, 외국인 등 차별을 받을 수 있는 시민들의 상황을 통합적으로 고려하여 포괄적 차별금지 관련 법제도화가 일차적인 평가지표로 구성되어야 할 것이다.

⑦ 다차원적 접근

인간은 기본적으로 다차원이라는 특성을 가지고 있다. 우리가 기본적인 생활의 과정에서 경험하는 거의 모든 것들이(예를 들어, 수면권, 깨끗한 공기를 마실 권리, 안심하면서 살 권리, 행복추구권 등) 권리로 인정될 수 있다. 이는 인권을 이해하기 위해서는 다차원적 접근이 필요하다는 것을 의미한다. 따라서 가장 중요하게 인권의 다차원적 접근의 평가는 얼마나 다양한 핵심적인 권리를 보장하려고 노력하는지가 될 것이다. 인권 향상에 다차원적 접근이 필요하다는 것은 앞의 이용자 참여권 및 자기결정원칙에서 논의한 대로 이용자들의 목소리를 반영하여 구성될 필요가 있다.

⑧ 인권교육

인권복지가 확대되기 위해서는 인권의 중요성, 필요성, 그리고 위반사례에 대한 정보가 전 사회적으로 확산될 필요가 있다. 특히 사회복지현장에서의 인권교육은 사회복지종사자 및 시설이용자들에게도 적극적으로 개발 및 확대실시가 요구된다. 또한 시민교육의 일환으로 인권교육의 확대가 요구된다. 이러한 인권교육의 과정에서 일차적으로 대상별 이해수준 및 상황을 고려한 맞춤형 교육 자료의 구성이 가장 중요하다. 따라서 인권교육의 양적 확대와 함께 질적 확대도 동시에 추구하는 전략이 필요하다. 이러한 인권교육을 통한 인권의식의 개선정도를 모니터링 하는 것이 중요한 과업이 될 것이다.

계속해서 설명하고 있지만 인권 그리고 인권 보장의 노력은 상대적으로 흔들리기 쉽다. 상황별 인권을 보장하려는 노력이 쉽게 휘둘릴 가능성도 높다. 이러한 이유로 인권이 선언적 특성이 있다고 설명되는 것이다. 따라서 이러한 인권의 선언성 수준을 넘어서 실제 작동하는 그리고 인권이 신장되는 방향에 대한 진지한 고민이 필요하다. 경기도의 경우도 마찬가지다. 비록 뜻깊은 연구노력의 결과물로 경기도 인권기반 사회복지의 방향과 전략들을 제시하고 있지만 그 후 실제 이러한 노력들이 구체적으로 진척되지 않으면 이 노력들은 선언에 불과한 처지가 된다. 따라서 가능하다면 후속 연구로서 인권기반 사회복지 전략들에 대한 평가틀 구축이 절실히 필요하다. 또한 현재 상황 및 위치에서 어느 정도의 목표를 달성할 것인가에 관한 고민도 필요할 것이다.

4. 사회복지와 인권교육

1) 사회복지 커리큘럼 안에서의 인권교육

2018년 「사회복지사업법 시행규칙」의 일부개정을 통해서 빠르게 변화하고 있는 사회복지 제도 및 배경 변화에 대처하는 작업이 이루어졌다. 지난 20여 년간 사회복지교과목의 개편이 이루어지지 않았다는 것은 어찌 보면 현실과 사회복지교과목 간의 격차가 많이 벌어졌다는 것을 의미한다. 시행규칙 일부개정안의 주요 내용은 다음과 같다. 첫째, 사회복지 현장에서 필요로 하는 수요에 따라 전공 선택 교과목을 확대하였다. 특히 이수과목을 이전의 14과목(42학점)에서 17과목(51학점)으로 상향 조정하였다. 이는 사회복지사의 이론교육을 강화하는 데 목적을 두고 있다. 둘째, 사회복지사의 이론과 실천교육 연계 및 전문성 강화를 위해 현장실습시간을 이전 120시간에서 160시간으로 확대하였다. 또한 실습과정에서 실습세미나 30시간을 의무 도입하여 실습 이전 및 과정에서의 슈퍼비전을 체계화하는 시도가 이루어졌다. 이러한 규칙개정안은 2020년 1월 1일부터 시행하나, 실습시간 관련 규정은 공포 후 3개월 후 시행하는 것으로 발표되었다.

〈표 2-20〉 사회복지학 전공교과목과 사회복지 관련 교과목

구분	교과목	이수과목(학점)	
		대학	대학원
필수과목	사회복지학개론, 인간행동과 사회환경, 사회복지정책론, 사회복지법제와 실천, 사회복지실천론, 사회복지실천기술론, 사회복지조사론, 사회복지행정론, 지역사회복지론, 사회복지현장실습	10과목 30학점 (과목당 3학점) 이상	6과목 18학점 (과목당 3학점) 이상

| 선택과목 | 아동복지론, 청소년복지론, 노인복지론, 장애인복지론, 여성복지론, 가족복지론, 산업복지론, 의료사회복지론, 학교사회복지론, 정신건강론, 교정복지론, 사회보장론, 사회문제론, 자원봉사론, 정신건강사회복지론, 사회복지지도감독론, 사회복지자료분석론, 프로그램 개발과 평가, 사회복지역사, 사회복지윤리와 철학, 복지국가론, 가족상담및 가족치료, 사회복지와 문화다양성, 사례관리론, 국제사회복지론, 빈곤론, 사회복지와 인권 | 7과목 21학점
(과목당 3학점)
이상 | 2과목 6학점
(과목당 3학점)
이상 |

이러한 「사회복지사업법 시행규칙」의 일부개정 내용 중에서 중요한 내용은 시대의 변화에 따라 새로운 교과목의 추가이다. 여러 교과목의 이름이 조금씩 수정된 것을 제외하고 새롭게 추가된 교과목은 사회복지와 문화다양성, 국제사회복지론, 사회복지와 인권 등이다. 특히 사회복지와 인권 수업의 추가는 사회복지사들에게 인권의 중요성을 강조하고 사회복지의 실천 과정에서의 인권의 의미를 부각시키고 있다는 점이 중요하다.

이렇듯 사회복지 복지교과목 지침서 안에 사회복지와 인권 수업의 추가는 매우 전향적이다. 인권교육을 강조하고 있는 미국의 사회복지전문대학원 수업 커리큘럼 내에서도 인권 내용이 포함되고 있음은 주지의 사실이다. 하지만 Steen과 Mathiesen(2005)이 분석한 내용에 따르면 법학전문대학원(총 57개 학교)에서 제시하고 있는 인권 관련 수업은 평균 3.35개인데, 반면에 사회복지전문대학원(총135개 학교)에서 가르치는 인권 관련 수업은 평균 0.14개인 것으로 조사되었다. 연구 논문의 발표가 2005년에 이루어졌다는 점에서 최근 변화 및 동향을 반영하지는 못하고 있지만, 이러한 결과는 사회복지의 정책입안과 실천과정에서 인권이 아주 중요함에도 불구하고 또한 미국 사회복지교육 현장에서 인권이 상대적으로 강조되고 있음에도 불구하고 인권 교과목이 아주 부실하게 운영 및 제공되고 있다는 것을 보여 주고 있다.

2) 한국의 사회복지현장에서의 인권교육

한국의 사회복지현장에서도 사회복지기관 및 시설의 종사자와 이용자들을 대상으로 한 인권교육이 의무화되고 있다. 특히 장애인과 노인 복지기관 및 시설에서는 이러한 인권교육이 구체적으로 실시되고 있는 상황이다. 아동복지현장에서도 종사자들을 대상으로 아동학대예방 및 아동학대신고의무자 등의 의무교육과 함께 인권교육이 제공되고 있다. 하지만 이러한 인권교육은 상대적으로 현장 적용의 문제점이 있고, 아동인권을 표준화해서 제공하는 교육기관, 강사, 교재 등이 부족한 실정이다. 이러한 상황에서 보건복지부와 한국보건복지인력개발원에서는 여러 아동복지현장 전문가와 함께 「사회복지실천현장에서의 아동인권증진을 위한 교육 교재 개발」이라는 보고서를 작성하였다(강현주 외, 2018). 여기에서는 이 보고서에 기초하여 아동인권교육 프로그램에 관한 설명을 보다 구체적으로 설명하고 있다.

이 보고서에서 진행한 아동인권 향상을 위한 교재 개발은 아동복지현장 종사자의 아동권리 인식 제고와 아동권리이행 역량 강화를 강조하면서 동시에 아동복지기관 및 시설의 현장 종사자의 교육접근권 확보 그리고 현장 적용 가능성을 고려하여 추진되었다. 따라서 이 교재는 일차적으로 아동복지현장 공무원 및 시설 종사자들을 대상으로 하고 있으며 집합교육과 사이버교육 이 두 개의 방식으로 구성되어 있다. 집합교육의 경우 아동복지현장 전문가들의 교육과정에서 교과목의 하나로 도입될 수 있도록 마련되었다. 집합교육을 통한 교육 콘텐츠는 상대적으로 아동인권 일반론의 내용을 기초로 구성되어 있고, 사이버교육 콘텐츠는 취약계층아동 및 지역아동센터 아동들을 대상으로 한 종사자들 인권교육에 초점을 맞추고 있다. 〈표 2-21〉에서는 이 보고서에서 제시하고 있는 집합교육과 사이버교육의 세부교육내용을 간단하게 제시하고 있다.

〈표 2-21〉   아동복지현장에서의 사회복지와 인권(집합교육)

교육주제		아동복지현장에서의 사회복지와 인권	아동권리의 이해	취약계층아동의 아동권리	지역아동센터에서의 아동권리교육
교육형태		집합교육	사이버교육	사이버교육	사이버교육
회차별 내용	1차시	사회복지와 인권	기본적 인권의 이해	복지시설아동의 권리	아동권리의 기본 이해
	2차시	아동참여	아동권의 기본원칙	장애아동의 인권	아동의 참여권
	3차시	아동권리 옹호활동	아동권리의 이해	이주아동의 권리1	비차별, 반편견
	4차시		특별한 관심이 필요한 아동	이주아동의 권리2	아동안전보호정책
	5차시		아동권 존중을 위한 책임과 의무	취약계층아동의 권리	긍정적 훈육

출처: 강현주 외(2018) 내용을 정리.

　　노인인권교육에 관한 논의도 체계적으로 이루어지고 있다. 중앙노인보호전문 기관을 중심으로 노인의 인권증진을 위한 연구보고서들이 시리즈 형식으로 발 표되고 있다. 여기에서는 최근에 출판된 노인 여가복지시설의 인권증진을 위한 제언으로 노인인권교육 체계화를 위한 내용을 소개하고 있다(홍송이 외, 2018). 이 보고서에서는 노인인권교육을 체계화시키기 위한 주요 과업으로 노인인권 교육 내용 표준화, 인권지식 전달이 아닌 인권기반서비스 실천을 위한 연령통합 교육 강화, 단계별 인권교육 커리큘럼 개발, 노인보호전문기관의 인권교육 기능 강화, 그리고 노인인권교육의 패러다임 전환(종사자 중심에서 노인이용자 중심의 인권교육)을 제시하고 있다. 또한 각 과업별 주요 실천전략들을 구체적으로 제시 하고 있다(〈표 2-22〉 참조).

〈표 2-22〉 노인인권교육 체계화

주제	구체적 실행 방안
노인인권교육 내용 표준화	−현장 인권감수성에 부합하는 필수 교육 내용을 점검할 필요가 있음 −시설유형에 따른 실천행동의 변화를 이끌어 낼 수 있는 실전 교육으로의 전환
인권지식 전달이 아닌 인권기반 서비스 실천을 위한 연령통합교육 강화	−노화 및 노인의 이해를 바탕으로 한 연령통합교육 필요
단계별 인권교육 커리큘럼 개발	−교육 대상자의 업무특성, 시설유형, 경력, 직급 등을 고려한 현장 중심으로 교육 −장기적인 교육 계획안을 수립하는지 여부 조사 −시설 내 자체 인권교육 질 관리
노인보호전문기관의 인권교육 기능 강화	−지역사회 노인인권교육의 허브 역할을 수행 −교육 콘텐츠 개발, 가사 양성 및 교육 파견, 집합교육 실시, 학습자 발굴, 인권교육 실태 파악 및 평가 −인권교육기관으로서 지역사회연계 강화
노인인권교육의 패러다임 전환: 종사자 중심에서 노인이용자 중심의 인권교육	−낮은 인권의식 향상방안 제시 −노인의 방어력이 낮은 점 그리고 시설의 인권침해 은폐가능성 제기 −이용자를 권리옹호의 변화대상자로 인식

출처: 홍송이 외(2018, p. 254).

제3절 인권 향상을 위한 법과 사회복지의 융합

1. 인권과 사회복지 논의에서 법 이해 필요성

인권에서의 권리는 기본적으로 법적 차원의 용어이다. 개인이 가지고 있는 권리를 침해받았거나 권리를 실현시키기 위한 제도적 장치가 미비할 때 개인은 법적인 소송을 통해서 자신의 권리를 실현하는 것이라는 점에서 권리의 법적 성격은 부각된다. 이러한 상황은 왜 종종 인권 의제들이 법률가들에 의해 결정되는가를 이해하는 데 도움이 된다.

만약 인권 이슈가 정치적이고 법적인 시민의 권리를 다루는 개념으로만 간주 된다면, 이 영역은 법 전문가, 즉 법률가들의 영역이고 그들의 역할이 가장 중요 하게 등장할 것이다. 일차적으로는 법적으로 인권을 보장하는 입법과정에서 법 률가들의 역할이 중요하다. 또한 표현의 자유, 종교의 자유, 등 인권과 관련된 법 적 절차와 위반 여부를 다루기 위해서는 당연히 법적 해석과 판단이 중요하다.

물론 많은 경우 법률가와 사회복지사가 구체적인 인권 유린 현장에서 같이 논 의하기도 한다. 법률가들은 아동학대와 가정폭력과 관련된 이슈들의 해결을 위 해 관련 사회복지사의 의견을 청취하기도 한다. 이런 경우에 법적 판단의 과정 에서 사회복지사들의 전문지식과 정보가 중요한 판단의 기초가 되기도 한다. 사 회복지사들의 경우 실천 현장에서 학대아동, 성폭력 피해자 등 위험계층들에게 서비스를 지급하는 과정에서 그들의 문제발생과정과 문제해결의 대처에 치중하 게 된다. 하지만 법적 판결의 과정에서는 상대적으로 법률가들에게 정보를 제공 하는 지원체계로서의 역할이 대부분이다. 어찌 보면 인권문제에 있어서 법률가 와 사회복지사의 협력과정은 아마 법정에서의 인권문제를 해결하는 과정에서 이루어진다고 볼 수 있다.

하지만 더 넓은 의미에서는 인권의 법적 정의는 그 폭이 상대적으로 좁다. 인 권 보장을 위해서 법적 제도화가 필요하다고는 하지만 우리가 가지는 많은 인권 은 법적 보장 밖에서 논의되고 발전되는 특성을 가지고 있다. 인권의 출발이 정 치적 자유 그리고 시민의 자유 부분에서 발전되었다. 따라서 이러한 영역에서의 인권을 보장하는 법적 보장은 상대적으로 잘 발달된 것이 사실이다. 그러나 인 권에는 경제·사회·문화적 측면이 추가되고 있다. 이러한 영역들은 사회복지 정책과 제도 그리고 윤리적 실천 부분과 밀접하게 연관이 되어 있다. 사회복지 의 목적이 개인들의 복지와 웰빙을 향상시키고 취약계층의 삶의 수준을 향상시 키는 것이라고 정의한다면 다양한 측면에서의 인권문제를 다루는 것은 사회복 지의 숙명이라고 간주할 수 있다.

사회복지사들에게 법적 근거 및 판결 내용 그리고 판례에 대한 완벽한 숙지를

요구하는 것은 무리다. 소송과정에서 법적 대변인은 변호사를 포함한 법률전문
가이지 사회복지사는 참고인 및 인권피해자를 지지하는 역할에 머물게 된다. 물
론 법률가와 사회복지사는 인권문제에 있어서 다른 접근방식을 취할 수밖에 없
다는 것을 인정하더라도, 두 전문가 집단은 함께 협동해야 한다.

2. 서울복지재단 서울사회복지공익법센터

서울시는 2003년 서울복지의 공공성 확보를 통한 복지시민권 강화라는 비전
을 가지고 서울복지재단을 출범하였다. 서울복지재단의 전략목표는 선도적 복
지정책 개발, 서울형 복지공공성 실현, 그리고 사회적 책임경영 체계 구축으로
제시되고 있다(서울복지재단, 2019). 사회복지의 발전과정에서 지역자치단체의
역할이 강화되면서 지역사회 자체에 복지관련 전달체계의 확립을 위해 복지재
단을 설치하여 운영하는 것은 중요하기도 하고 실질적으로 지역주민의 복지 향
상을 위해서 필요하다. 서울복지재단은 그 첫 출발이었고 뒤를 이어 여러 지자
체에서 복지재단이 추진되었고 설립되고 있다.

서울시의 서울복지재단은 서울시민의 복지권리 향상을 위한 법적 서비스를 제
공하기 위해 소속기관으로 서울사회복지공익법센터를 설치하였다. 이전 명칭은
서울복지법률지원단으로 출발하였으나 그 역할과 지위를 상향시켜 서울사회복
지공익법센터를 설치한 것으로 이해된다. 지자체의 사회복지정책 개발 및 복지
전달체계 관련 전담 기관인 서울복지재단에서 법을 다루는 서울사회복지공익법
센터를 설치한 이유는 무엇일까? 복지권의 향상을 위해서는 기본적으로 정책 및
제도의 이해뿐만 아니라 법적 또는 소송을 통한 해결을 필요로 한다. 법적 복지
권을 단순히 상징적으로만 이해한다면 권리침해를 받은 피해자는 법적 소송을
통해서 권리를 찾기 위한 노력을 하는 것이 일반적이다. 복지재단에 법률지원센
터를 설치하는 이유는 이러한 복지권의 침해 및 박탈이 현실적으로 많이 이루어
지고 있고, 이를 적극적으로 해결하고 지원해 주는 전달체계로서 법센터를 복지

재단 안에 설치할 필요가 있다는 것을 강조하기 위해서이다.

서울사회복지공익법센터의 목적, 역할 및 기능은 무엇일까? 우선, 그 센터가 무엇을 할 것인가에 대한 내용을 센터장의 인사말을 통해서 이해할 필요가 있다. 〈표 2-23〉에 서울사회복지공익법센터의 홈페이지에 게시되어 있는 센터장의 인사말의 일부를 발췌하였다(서울사회복지공익법센터, 2019).

〈표 2-23〉   서울사회복지공익법센터의 센터장 인사말

저소득 시민의 경우 사회복지 관련 법령, 제도, 권리에 관한 정보가 부족하고 복지권리를 행사하기 위해 상당한 비용을 부담해야 하는 것이 현실입니다. 또 복지 관련 법, 제도가 미비한 경우에는 복지 사각지대가 생겨 필요한 복지 수요를 채우지 못하기도 합니다.
이러한 어려움 속에서 서울사회복지공익법센터는 변호사, 사회복지사, 현장활동가 등의 구체적인 시안에 따라 복지법률이 관련된 서비스 및 정보를 통합하여 원스톱으로 제공하는 창구가 될 것입니다. 또 학계, 복지현장, 시민단체 등과 함께 집단지성을 발휘하여 복지 관련 법, 제도 및 행정관행의 미비점을 검증하고 개선하는 역할을 할 것입니다. 지속적인 정보를 축적하고 공유하여 복지분야에 대한 법률교육의 구심점도 되고자 합니다.

출처: 서울사회복지공익법센터 홈페이지(2019).

몇 가지 중요한 내용은 다음과 같다. 첫째, 복지권리 또는 복지권을 강조하고 있다. 한국 복지제도가 발전되는 것은 주지하는 바이지만 여전히 복지의 권리성을 인정하고 복지권의 확대에 있어서는 앞으로 나아가야 할 대상 및 부분이 많이 있는 것도 사실이다. 사회복지 발달에 있어서 시민이 복지를 받을 수 있는 권리를 인식하느냐는 중요하다. 단순히 국가 및 지방자치단체가 주는 복지급여를 받는 피동적인 상황에서 탈피하여 내가 받을 수 있는 복지를 정당하게 제도적으로 보장하도록 요구하는 복지권의식이 확대되는 것이 복지국가 발달에 중요하기 때문이다. 둘째, 이러한 복지권의 불평등을 강조하고 있다. 복지권리가 있다고 하더라도 이러한 복지권을 행사하기 위해서는 복지권 및 복지자격에 관한 정보를 저소득층을 비롯한 취약계층이 가지고 있어야 한다. 그러나 많은 경우 정

보사회에서 정보격차는 팽배하며 따라서 내가 받을 수 있는 복지권에 관한 정보가 불평등하게 배분되어 있다는 것도 사실이다. 따라서 이러한 복지를 받는 것이 권리라는 인식 그리고 정보의 획득은 복지국가 실현에 있어서 중요한 내용이다. 셋째, 서울사회복지공익법센터는 변호사, 사회복지사, 현장활동가 등의 집단지성, 통합적인 노력, 그리고 원스톱 서비스의 제공을 목표로 하고 있다. 이 책에서 강조하고 있는 사회복지전문가와 법률전문가의 협력을 강조하고 있는 내용이다. 이전에 법률전문가들은 인권변호사, 인권단체 등의 활동을 통해 시민들의 인권 향상을 위해 노력하여 왔다. 이러한 활동들도 충분히 의미가 있고 중요한 활동이지만, 복지관련 권리운동에 있어서 관련 전문가들의 연합, 그리고 함께 고민하여 인권과 복지 향상을 위한 협력에의 노력은 더 중요하게 부각되고 있다. 따라서 서울시 복지전달체계에서 중요한 역할을 하고 있는 서울복지재단에 법률전문가들의 조직인 서울사회복지공익법센터의 결합은 인권과 사회복지의 교묘한 결합이라고 평가할 수 있으며 다른 지역사회단체에서 실시되고 있는 복지재단의 실천모델로서의 역할도 할 수 있을 것으로 기대해 본다.

서울사회복지공익법센터의 운영목적은 복지 관련 법률 상담 및 자문, 복지관련 법·제도 개선, 복지법률 교육, 그리고 법률구제 지원과 같이 네 가지로 제시되고 있다. 이 책에서는 이러한 서울사회복지공익법센터의 기능 및 역할들이 제대로 실시되고 있는지를 평가하는 내용을 담지는 못하고 있다. 다만, 중요한 것은 이러한 복지와 법의 상호작용 그리고 복지권리를 확대하기 위한 노력들이 진행되고 있다는 것을 홍보하고 더 나아가 복지권의 침해를 받거나 복지권의 가능성을 알아볼 수 있는 정보제공의 장으로서의 역할은 매우 중요하다고 평가할 수 있다.

〈표 2-24〉 서울사회복지공익법센터 운영방향

시민 복지법률서비스 향상	복지전달체계 역량강화
• 복지법률지원콜 운영 • 복지법률 정보제공 및 상담 • 복지욕구별 맞춤형 연계 및 지원 • 시민옴부즈맨 운영 • 홈페이지 운영	• 복지담당공무원, 시설종사자 등 법률상담 및 교육 • 자치구생활보장심의위원회 심의준칙 마련 및 권고 • 사각지대사례관리 TF 회의 • 복지관련법 제보, 정책개선사항 발굴 및 제시 • 현장실태를 바탕으로 한 리포트 발간
민관거버넌스 구축	법률구제 지원
• 민관운영협의체 운영 • 복지법률자문인력풀 운영 • 유관기관 연계 및 협력 • 자원발굴 및 배분	• 배부심의를 통한 기획소송 추진 • 저소득빈곤층 사회보장분야 특화 지원 • 실질적이고 다양한 법적 구제절차 마련

출처: 서울사회복지공익법센터 홈페이지.

서울사회복지공익법센터의 다양한 활동 및 역할에 더하여 결과물로서 주목할 내용이 있다. 복지권에는 다양한 내용들을 포함하고 있으나 가장 기본적인 복지권은 빈곤에 대한 사회적인 대처인 공공부조라고 볼 수 있다. 한국의 경우 공공부조제도로 1999년 「국민기초생활 보장법」이 제정되었고 2000년 10월 1일 시행되었다. 「헌법」상 인간다운 생활을 보장하기 위해서 가난 및 빈곤에 대한 국가의 '시혜'에서 벗어나 '권리'로서의 국민기초생활보장을 명문화한 것이 「국민기초생활 보장법」의 중요한 의미이다. 하지만 「국민기초생활 보장법」을 통한 공공부조의 수급권이 권리화되었지만, 상대적으로 그 제도의 운영과정에서 다양한 이의신청의 제기, 법령의 해석문제, 구체적인 자격판단 등의 이슈들이 제기되고 있다.

이러한 상황에서 서울복지재단은 2013년 「국민기초생활 보장법(사례와 판례해설)」이라는 보고서를 발간하게 되었다(서울복지재단 · 서울복지법률지원단, 2013). 앞에서 설명한 대로 「국민기초생활 보장법」을 시행하면서 가장 많은 이의신청 및 해석문제에 초점을 두어, 지자체의 기초생활보장 사례를 수집하여 관련 법령과 판결례를 종합하여 보고서 형식으로 출판하게 된 것이다. 이를 위해 서울시 내 21개 자치구로부터 총 60건의 사례를 제공받았고, 11개 구청을 직접 방문하여 쟁점이 된 사례들을 수집하였다. 또한 담당공무원과의 인터뷰도 진행하였으며, 수급권자들의 사례를 취합하여 분석하였다. 그 보고서는 물론 모든 사례와 판결문들을 정리하지는 못하였고, 5가지 이슈들에 초점을 맞추어 집필되었다(부양의무자 부양거부 · 기피-보장비용 징수 면제, 부양의무자의 부양 거부 · 기피-보장비용 징수, 보장가구원 제외 및 별도가구 특례, 자동차에 대한 재산산정, 그리고 재산의 소득환산).

추가적으로 서울사회복지공익법센터 홈페이지를 통해 제공되고 있는 자료집 목차를 보면 이 센터에서 제공하고 있는 대부분의 정보가 인권과 관련되어 있다는 것을 쉽게 이해할 수 있다. 자료집의 이름도 '권리집'이라는 명칭으로 제시되고 있으며 그 최근 예들을 보면, 복지법률 시리즈로 아동의 권리, 장애와 권리, 기초생활수급권, 주거권, 빚의 대물림 방지권, 건강권 등 많은 내용들이 인권과 관련되어 법적 논쟁이 되는 이슈들을 제시하고 있다(서울사회복지공익법센터, 2019).

이러한 보고서는 법률가와 사회복지전문가들의 체계적인 협력을 통한 작품이라는 점에 주목할 필요가 있다. 사회복지를 실천하고 전달하는 과정은 단순히 온정적인 감성에 의해서만 이루어지지는 않는다. 사회복지 전문성을 통해서 사회복지 제도 및 서비스가 전달되는 과정에서 크고 작은 법적 논쟁들이 출현하게 된다. 이러한 과정에서 논쟁점들에 대한 정보수집 그리고 이러한 내용들에 대한 정리를 통해 보고서를 작성하는 과정은 다시 사회복지 전문성의 강화에 도움을 줄 것으로 기대할 수 있다.

참고문헌

강현주 · 허은영 · 박수진 · 신인순 · 김은정 · 정병수 · 노운영(2018). 사회복지실천현장에서의 아동인
　　권증진을 위한 교육 교재 개발. 경기: 보건복지부 · 한국보건복지인력개발원.
국가인권위원회(2016). 장애인 자립생활 지원을 위한 장애인활동지원제도 개선 권고. 서울: 국가인권위
　　원회.
국가인권위원회(2017). 제5기 국가인권위원회 인권증진행동계획(안)(2018-2020). 서울: 국가인권위
　　원회.
국가인권위원회(2018a). 2017 국가인권위원회 통계. 서울: 국가인권위원회.
국가인권위원회(2018b). 세계 최초 노인인권 전담 국제인권기구 출범. 서울: 국가인권위원회 보도
　　자료.
국가인권위원회(2018c). 제주 예멘 난민 심사 결과에 대한 국가인권위원장 성명: 난민법과 난민협
　　약 및 국제인권기준에 부합하는 난민정책 마련 촉구. 서울: 국가인권위원회 보도자료.
국가인권위원회(2019a). 2019년 1월말 현재 사건 처리 현황인권. 서울: 국가인권위원회 통계자료.
국가인권위원회(2019b). 건학 이념을 이유로 대학 내 성소수자 강연회 대관 불허는 집회자유 및 평
　　등권 침해. 서울: 국가인권위원회 보도자료.
국가인권위원회 · 한국난민인권연구회(2018). 한국에서 난민으로 살아가기: 난민인정자 처우 현황
　　보고대회. 서울: 국가인권위원회 이주 인권가이드라인 모니터일 결과보고회.
국회입법조사처(2018). 남성 육아휴직제도의 국가 간 비교 및 시사점: 지표로 보는 이슈. 서울: 국회입법
　　조사처.
머니투데이(2019. 3. 27.). "장애등급제 폐지 됐지만… 다시 거리로 나선 그들, 왜?".
배화옥 · 심창학 · 김미옥 · 양영자(2015). 인권과 사회복지. 경기: 나남.
보건복지부(2017). 보호대상아동 현황보고서. 세종: 보건복지부.
보건복지부 · 중앙아동보호전문기관(2015). 2015 전국아동학대 현황보고서. 서울: 중앙아동보호전문
　　기관.
보건복지부 · 중앙노인보호전문기관(2016). 2016 노인학대 현황보고서. 서울: 중앙노인보호전문기관.
서동명 · 최혜지 · 이은정(2015). 사회복지가사 지각한 민권보장 수준에 영향을 미치는 요인. 비판사
　　회정책, 46, 311-347.
서울경제(2019. 3. 21.). "장애인부모연대, 발달장애 국가책임제 도입 촉구 결의대회 개최".
서울복지재단 · 서울복지법률지원단(2013). 국민기초생활보장법: 사례와 판례해설. 서울: 서울복지재단.
서울신문(2019. 3. 5.). 한국인 남편 둔 영국男 "역겨운 게이가 아니라 사랑하는 부부입니다".
손예진 · 한창근(2017). 방임이 공동체의식에 미치는 영향: 또래애착의 조절효과를 중심으로. 한국
　　아동복지학, 60, 1-24.
신재은 · 정원오 · 박미경 · 김정희 · 배화옥 · 김미옥 · 양영자(2016). 경기도 인권기반 사회복지전략
　　수립 연구. 경기복지재단. 정책연구보고 2016-18. 경기: 경기복지재단.
여성가족부(2016). 2016년도 전국 가정폭력 실태조사. 서울: 여성가족부.

연합뉴스(2019. 3. 20.). 국제결혼 13년 만에 최대 폭 증가. "중국인 남편 · 베트남인 부인 많아".

연합뉴스(2019. 3. 25.). 경찰, "이희진 부모살해 피의자 김다운 실명 · 얼굴 공개".

유동철(2017). 인권 관점에서 보는 장애인복지. 서울: 학지사.

일요서울(2019. 3. 19.) "전주시, 감정노동자 권리보호 위한 가이드라인 수립".

조효제(2007). 인권의 문법. 서울: 후마니타스.

중앙일보(2019. 2. 18.). '동성애 반대' 여론 첫 절반 밑⋯⋯. "한국, 소수자 포용성 늘어".

중앙일보(2019. 3. 8.). "한국, 유리천장 지수 OECD 국가 중 꼴찌".

중앙일보(2019. 3. 25.). 경찰, "성폭행 당할 때 느낌 어땠나⋯ 중요 부위 그려보라".

최병근(2019). 사회복지종사자 인권보호를 위한 개선과제. 이슈와 논점. 서울: 국회입법조사처.

한겨레신문(2019. 3. 5.). "흑인은 도움이 필요한 사람들? 편견 여전한 교과서".

허민숙(2018). 보호종료 청소년 자립지원 방안. 국회입법사무처. 입법 · 정책보고서, Vol. 8.

홍송이 · 심혜인 · 최효진 · 이보영(2018). 노인복지시설 노인인권 실태조사 보고서. 세종: 보건복지부 · 중앙노인보호전문기관.

YTN(2018. 12. 10.). 함께 그리는 희망, "어쩌면 가장 강도 높은 노동, 감정노동".

Berthold, S. M. (2015). *Human rights-based approaches to clinical social work.* New York: Springer.

Bloom, S. L. (2013). *Creating sanctuary: Toward the evolution of same societies.* New York, NY: Taylor & Francis.

Briere, J., & Lanktree, C. B. (2011). *Treating complex trauma in adolescents and young adults.* Thousand Oaks, CA: Sage.

Centre for Human Rights. (1994). *Human rights and social work: A manual for schools of social work and the social work profession.* New York: United Nations.

Chang-Muy, F. & Congress, E. P. (2015). 이민자와 난민을 위한 사회복지: 법적 이슈, 실천 기술, 그리고 권익옹호 (*Social work with immigrants and refugees: Legal issues, clinical skills, and advocacy. Springer: N. Y.*). (김욱 · 최명민 · 강선경 · 신혜종 · 김기덕 · 강상경 공역). 서울: 학지사. (원저는 2009년에 출판).

Cohen, J. A., Mannarion, A. P., & Deblinger, E. (2006). *Treating trauma and traumatic grief in children and adolescents.* New York, NY: Guilford Press.

Hare, I. (2004). Defining social work for the 21st century: The International Federation of Social Workers' revised definition of social work. *International Social Work, 47*(3), 407-424.

Hochschild, A. R. (2009). 감정노동 (*The managed Heart: Commercialization of juman feeling.*) (이가람 역). 서울: 이매진. (원저는 1983년에 출판).

Human Rights Watch. (2019). World Report 2019.

Ife, J. (2012). *Human rights and social work: Towards rights-based practice.* Cambridge, UK: Cambridge University Press.

Ignatieff, M. (2001). The attack on human rights. *Foreign Affairs*, November/December, 102–116.

Keeney, A. J., Smart, A. M., Richards, R., Harrison, S., Carrillo, M., & Valentine, D. (2014). Human rights and social work codes of ethics: An international analysis. *Journal of Social Welfare and Human Rights*, 2(2), 1–16.

Midgely, J. (1997). *Social welfare in global context*. Thousand Oaks, CA: Sage Publications.

Morales, A. T., Sheafor, B. W., & Scott, M. E. (2012). *Social work: A profession of many faces*. New Jersey: Allyn & Bacon.

Orgega, L., & Faller, K. C. (2011). Training child welfare workers from an intersectional cultural humility perspective: A paradigm shift. *Child Welfare*, 90(5), 27–49.

Scottish Human Rights Commission. (2019). Equality & Human Rights Impact Assessment. http://eqhria.scottishhumanrights.com/eqhriaaddvalpolicy.html

Stainton, T. (2005). Empowerment and the architecture of rights based social policy. *Journal of Intellectual Disabilities*, 9(4), 289–298.

Steen, J. A., & Mathiesen, S. (2005). Human rights education: Is social work behind the curve? *Journal of Teaching in Social Work*, 25(3/4), 143–156.

United Nations of Educational, Scientific and Cultural Organization. (1980). The international congress on the teaching of human rights and the plan for the development of the teaching of human rights. *Human Rights Teaching*, 1(1), 2–6.

Wolock, I., & Horowitz, B. (1984). Child maltreatment as a social problem: the neglect of neglect. *American Journal of Orthopsychiatry*, 54(4), 530–544.

국제사회복지사연맹 홈페이지 https://www.ifsw.org
서울사회복지공익법센터 홈페이지 http://swlc.welfare.seoul.kr/swlc/index.action
세이브더칠드런 홈페이지 www.sc.or.kr
한국사회복지사협회 홈페이지 www.welfare.net

제2부

인권취약계층의 자유침해에 대한 보호와 관련한 구체적 판례·사례의 쟁점

아동의 자유침해에 대한 보호: 생명·신체를 훼손당하지 아니할 권리

제3장 아동의 자유침해에 대한 보호:
생명·신체를 훼손당하지 아니할 권리

1. 아동학대가 아동인권에 미치는 영향에 대해 알아본다.
2. 체벌과 훈육의 차이에 대해 살펴본다.
3. 아동성폭력에 의한 아동인권침해에 대해 알아보고 아동의 성적 자기결정권에 대해 살펴본다.
4. 아동의 보호권과 자기결정권에 대해 논의해 본다.

제1절 서론

아동의 인권과 관련해 자유의 침해에 대한 보호란 「헌법」 제10조의 "모든 국민은 인간으로서의 존엄과 가치를 가지며, 행복을 추구할 권리를 가진다. 국가는 개인이 가지는 불가침의 기본적 인권을 확인하고 이를 보장할 의무를 진다."라는 규정에 따라 아동이 신체의 자유에 침해를 받게 될 경우 국가에 의해 보호받을 권리가 있음을 의미한다. 특히 신체·생명의 보호와 관련해 아동은 '신체를 훼손당하지 않을 권리'를 갖고 있는데 이러한 자유권은 인간이라면 마땅히 누려야 할 권리로 만약 국가가 제약한다면 이를 중지할 것을 요구할 수 있으며, 다른 타인이 이를 제약한다면 국가는 적극적인 보호조치를 취해야 함을 말한다(인권정책연구소, 2012; 김수정·박연주, 2018 재인용). 국제적으로는 UN아동권리협약(UN Convention on the Rights of the Child: UNCRC, 이하 UNCRC)에 의해 아동인권의 보편적 추구를 위한 노력이 이루어지고 있는데 UNCRC의 기본원칙은 크게 일반원칙과 차별원칙으로 분류되며, 일반원칙은 기본원칙으로 일반조항의 성격을 갖는다(박연주, 2015: 12).

일반원칙은 아동의 최우선 이익의 원칙(UNCRC 제3조),[1] 아동의 생명ㆍ생존 및 발달의 원칙(UNCRC 제6조),[2] 참여권인 아동의견 존중의 원칙(UNCRC 제12조)[3] 이 있으며, 차별원칙과 관련한 일반조항으로는 UNCRC 제2조[4]가 있다. 이 장의 내용은 아동의 인권과 관련해 특히 보호의 측면에서 아동의 인권을 논하고자 한다. 이와 관련해서는 아동학대, 학교에서의 체벌, 아동성폭력과 관련한 판례를 통해 아동인권 보호에 대해 살펴보고자 한다.

---

1) UNCRC 제3조 ①: 공공 또는 민간 사회복지기관, 법원, 행정당국, 또는 입법기관 등에 의하여 실시되는 아동에 관한 모든 활동에 있어서 아동의 최상의 이익이 최우선적으로 고려되어야 한다(In all actions concerning children, whether undertaken by public or private social welfare institutions, courts of law, administrative authorities or legislative bodies, the best interests of the child shall be primary consideration).
    UNCRC 제3조 ②: 당사국은 아동의 부모, 법정 후견인 또는 여타 아동에 대하여 법적 책임 있는 자의 권리와 의무를 고려하여, 아동복지에 필요한 보호와 배려를 아동에게 보장하고 이를 위하여 모든 적절한 입법적, 행정적 조치를 취하여야 한다(States Parties undertake to ensure the child such protection and care as is necessary for his or her well-being, taking into account the rights and duties of his or her parents, legal guardians, or other individuals legally responsible for him or her, and, to this end, shall take all appropriate legislative and administrative measures).
    UNCRC 제3조 ③: 당사국은 아동을 보살피고 보호하기 위한 책임을 지고 있는 기관과 시설에서 관계당국이 설정한 기준-특히 안전, 건강, 직원의 숫자, 직원의 적격성 및 충분한 감독-을 지켜 나가도록 조치를 취해야 한다(States Parties shall ensure that the institutions, services and facilities responsible for the care or protection of children shall conform with the standards established by competent authorities, particularly in the areas of safety, health, in the number and suitability of their staff, as well as competent supervision).
2) UNCRC 제6조 ①: 당사국은 모든 아동이 고유의 생명권을 가지고 있음을 인정한다(States Parties recognize that every child has the inherent right to life).
    UNCRC 제6조 ②: 당사국은 가능한 최대한도로 아동의 생존과 발달을 보장하여야 한다(States Parties shall ensure to the maximum extent possible the survival and development of the child).
3) 본 규정의 내용과 관련해서는 후술하는 아동의 의견진술관련 부분에서 정리하고자 한다.
4) 본 규정의 내용과 관련해서도 후술하는 아동의 의견진술관련 부분에서 정리하고자 한다.

제2절 아동학대

1. 아동학대의 현황과 문제점

한국 사회의 아동학대 대응체계는 지난 20년간 부단한 노력을 통해 발전과 개선을 경주해 왔다. 한국 사회는 2000년 「아동복지법」 전면개정을 통해 아동학대 예방사업을 본격적으로 실시한 후 18년이라는 시간이 흘렀다. 그러나 2001년부터 2016년까지 전국 아동보호전문기관에 접수된 아동학대 상담신고 건수는 지속적으로 증가하여, 2001년 4,133건이던 신고 건수가 2014년에는 17,782건(전년대비 36% 증가), 2015년에는 19,203건(전년대비 8.0% 증가), 2016년에는 무려 29,671건(전년대비 54.5% 증가)에 달하였다.

이뿐만 아니라 아동학대 신고 중 아동학대 의심사례가 차지하는 비율 역시 지속적으로 증가하여 2016년의 경우 전체 신고 건수 중 87.2%가 아동학대 의심사례로 나타났다(보건복지부·중앙아동보호전문기관, 2017; 박연주·김봉선, 2018: 140 재인용).

물론 이러한 신고건수의 증가는 「아동학대범죄의 처벌 등에 관한 특례법」(이하 「아동학대 특례법」) 제정 등으로 인해 신고의무자 제도의 강화에 따른 신고건수의 증가라는 견해도 있다. 문제는 우리 사회에서 여전히 아동학대가 자행되고 있을 뿐만 아니라 이제는 가정과 사회를 위협하는 수준으로까지 확대되고 있는 실정이라는 점이다. 이러한 아동학대 현황을 통해 여러 연구는 아동학대 예방조치와 학대피해 의심아동의 발굴을 위한 지원체계의 하나로 아동학대 관련분야 현장 종사자들의 가정개입이 가능하도록 친권제한의 명확한 규정 확립을 언급하고 있다(김민지, 2014; 이무선, 2015; 이미정·장미혜·박복순·마경희·박연주, 2016; 정현수, 2013).

현시점에서 아동학대와 관련해서는 다음과 같은 문제점들을 개선하고 이에 대한 계속적 연구가 진행되어야 함에 대해 언급하고자 한다. 첫째, 피학대 아동에 대한 접근과 관련해 친권제한의 명확한 규정의 미흡과 재학대의 사건개입에 대한 명확한 매뉴얼의 부재에 대한 문제점이 있다.

둘째, 아동학대는 대부분이 친권자인 부모에 의해 이루어지고 있는 실정이다. 그러나 재판에서는 친권자라는 관계가 오히려 양형을 결정함에 처벌완화의 요소가 되고 있다. 이러한 이유는 아동학대가 범죄임에도 불구하고 아동학대의 특수성을 반영한 양형기준[5]이 명확히 존재하고 있지 않기 때문이다.

셋째, 신고의무자 보호 및 신고의무에 대한 명확한 데이터 구축의 부재이다. 마지막으로, 아동학대 조사자와 관련해서는 조사권의 강화에 대한 구체적 규정의 부재와 관련한 문제점을 안고 있다.

2. 아동학대 예방과 조치

1) 아동학대예방을 위한 교육

아동학대와 관련해서는 무엇보다도 아동학대예방의 중요성에 대해서는 따로 언급할 필요가 없다 할 것이다. 아동학대예방을 위해서는 조기발견을 위한 예방교육이 중요하다 할 것이며, 이를 위해서는 우선적으로 각 시도별 종사자들을 통한 캠페인 및 홍보교육이 원활히 이루어져야 할 것이다. 아동학대 조기발견과 관련한 종사자들과 관련해서는 신고의무자의 처벌강화 및 신고의무의 중요성과 관련한 캠페인의 활성화를 통해 아동학대에 대한 인식개선과 신고의무자의 중요성에 대한 교육이 원활히 이루어져야 할 것이다. 또한 홍보교육과 관련해서는 주민 센터를 통한 아동학대예방 교육, 찾아가는 홍보서비스 등의 구축을 통해

---

5) 양형이란 광의적으로는 형벌의 선고와 집행여부를 결정하는 것을 모두 말하며, 일반적으로는 재판에서 개별 범죄행위에 대하여 실제로 부여하기 위한 형벌의 종류와 범위를 결정하는 것을 의미하며, 형벌을 부과하는 과정에서 책임을 전제로 하는 총괄적 형사제재를 의미한다(방희선, 2012; 박연주, 2015 재인용).

교육대상을 다양화하고 점진적으로 범국민적 아동학대 표준화 교육의 방향으로 진행되도록 노력하여야 할 것이다.

2) 아동학대에 대한 신속한 대응 및 전문 인력강화의 필요성

아동학대는 대부분이 성인에 의해 이루어지고 있으며, 그중 친권자인 부모가 전체 행위자의 81.8%를 차지하고 있다(중앙아동보호전문기관, 2017). 이러한 아동학대의 특성으로 말미암아 아동학대는 숨은 범죄가 많은 영역이므로 아동학대를 발견한 경우나 학대가 의심되는 경우를 발견하면 신속한 대응이 중요하다.

「아동학대 특례법」 조치 이후에 아동학대 신고의 증가로 2017년 신고건수는 34,221건으로 전년대비 15.3% 증가하였고, 판단건수는 21,524건으로 전년대비 15.1%로 계속적으로 증가하고 있다(국정현안점검조정회의, 2018).

[그림 3-1] 아동학대 신고 변화(단위: 건)

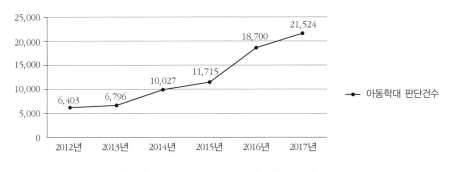

[그림 3-2] 아동학대 판단 변화(단위: 건)

그러나 전문 인력의 보충이 원활히 이루어지지 않아 이들 전문 인력의 업무량 부담에 따른 고충이 늘어나고 이에 따른 종사자의 소진 및 전문성 저하를 가져오고 있는 실정이다(이미정 외, 2016).

3. 아동학대 관련법제와 관련판례

우리나라는 아동학대와 관련해서는 성폭력, 가정폭력, 정신보건 등을 모두 포함하여 다양한 관련 해당 법률에서 보호함은 물론「아동복지법」과 그 하위법령, 「아동학대범죄의 처벌 등에 관한 특례법」(이하「아동학대특례법」)과 그 하위법령, 「형법」, 「청소년 보호법」과 그 하위법령 등이 규율하고 있다. 성폭력, 가정폭력은 이후 각 부분에서 다루고 여기서는「아동복지법」과「아동학대 특례법」을 중심으로 기술하면서 관련판례는 아동학대로 인한 사망과 관련한 판례를 살펴 아동인권과 관련해 판결에서의 문제점을 짚어 보고자 한다.

1) 아동학대 관련법제

(1) 아동학대 관련법제 연구

아동학대와 관련한 전반적 법제연구는 크게 아동학대행위자 처벌규정 연구(강동욱, 2014; 이세원, 2015a, b; 정익중 외, 2016)와 법체계의 선진화 방향을 위한 연구(이상희 외, 2008; 강동욱, 2010; 김수정 · 이재연, 2011; 박세경, 2015), 아동학대와 관련한 친권제한과 관련한 법률정책 연구(박주영, 2008, 2010)로 나누어 도식화 정리해 보았으며 다음 〈표 3-1〉과 같다.

〈표 3-1〉 아동학대 법제관련 연구

연구유형	연구주제	구체적 내용
아동학대행위자의 처벌규정에 관한 연구	아동학대행위자 처벌강화의 필요성(강동욱, 2014)	아동학대를 중요 범죄로 보고 처벌을 강화해야 함에 대해 언급하고 있다.
	양형분석을 통해 본 아동학대행위자 처벌강화의 필요성 (정익중·최선영·정수정·박나래·김유리, 2016)	2000년에서 2015년 아동학대 사망사건의 양형을 분석하여 경미한 처벌규정에 대한 문제점을 제시하며 처벌강화에 대해 언급하고 있다.
	아동학대 사망사건의 분석을 통한 가해자 처벌강화 규정의 필요성(이세원, 2015a)	2000년에서 2014년까지의 아동학대 사망사건을 분석하여 처벌강화의 필요성에 대해 언급하고 있다.
	아동학대 사망사건의 처벌 경향 분석을 통한 처벌강화의 필요성(이세원, 2015b)	2000년에서 2015년까지의 아동학대사건의 처벌경향을 분석하여 학대행위자의 처벌강화가 이루어져야 함을 언급하고 있다.
아동학대 관련 친권제한제도에 대한 국제연구	프랑스의 친권제한(박주영, 2010)	프랑스에서는 부모가 아동에 대한 부양의무이행을 고의로 2년 이상 행하지 아니한 경우에는 친권에 부속된 권리의 일부 혹은 전부의 상실이 가능함을 언급하면서 우리나라의 친권에 대한 엄중한 평가의 필요성을 언급하고 있다.
	미국의 친권제한(박주영, 2008)	미국에서는 아동학대를 한 친권자에 대해서는 아동에 대한 모든 법적 권리, 특권이 소멸함을 언급하면서 다른 일방의 친권자 권한강화에 대해 언급하고 있다.
	독일의 친권제한(박주영, 2010)	독일의 경우 아동학대를 한 친권자에 대해서는 일정 간격을 두고 친권제한, 친권상실의 조치가 이루어지고 있음을 언급하면서 우리나라에서도 친권자 감시 규정의 필요성을 언급하고 있다.
	일본에서의 아동학대에 대한 대응방향과 법률제도(강동욱, 2010)	일본의 아동학대 발전과정을 살펴 우리나라의 향후 아동학대 관련법제의 변화방향을 모색함을 언급하고 있다.

다른 국가 법제 연구를 통한 선진화 법률개정연구	프랑스에서의 아동학대 방지 관련법제와 한국의 법제 비교 (여하윤, 2012)	프랑스의 친권행사와 관련한 교육원조, 친권위임, 친권상실제도에 대해 살펴보면서 한국의 친권관련 규정의 상황에 따른 다양한 친권 규정 도입에 대해 언급하고 있다.
	영국에서의 학대아동보호 법률과 관리체계(박세경, 2015)	영국의 아동안전보장체계에 대해 언급하면서 위기아동에 대한 보호강화에 대해 언급하고 있다.
	한국과 일본의 아동학대 관련 법률에 대한 고찰(이상희·하승수·이혜원, 2008)	한·일 아동학대 관련 법률의 내용을 비교 분석하여 아동학대 관련 규율의 종합적인 실효성 대응 입법방향성에 대해 언급하고 있다.
	아동학대 신고제도와 관련한 외국법제와 비교 (김수정·이재연, 2011)	아동학대 신고제도에 대한 외국의 입법례를 살펴 우리나라의 신고제도의 국제적 기준에 맞는 제도 마련 방향성을 살펴보고 있다.

(2) 아동학대 관련법제

아동학대와 관련해서 「아동복지법」은 2000년 전면개정을 통해 아동의 보호 및 아동안전에 대한 제도적 지원을 공고히 하고자 ① 아동학대에 대한 정의와 금지유형을 명확히 규정하며, ② 아동학대에 대한 신고를 의무화하는 등의 조치를 개선하였다(이미정 외, 2016: 21). 또한 ③ 아동매매 및 알선 금지 조항, ④ 친권상실 선고의 청구대상 및 후견인 선임 청구대상의 범위 확대를 통해 아동보호 강화 시 위험요소를 제거하였다(이미정 외, 2016, p. 21). 그러나 「아동복지법」만으로는 아동학대에 대한 대응체계의 한계가 있어 2014년 「아동학대 특례법」을 제정하였으며, 「아동학대 특례법」의 주요 내용은 ① 아동학대 신고의무의 강화, ② 신속한 현장조사를 위한 제도개선, ③ 응급조치와 긴급임시조치 및 임시조치 제도의 도입, ④ 피해자 변호사제도의 도입 및 조사·심리의 특칙 마련, ⑤ 아동보호사건으로의 처리, ⑥ 피해아동보호명령제도의 도입 등으로 정리된다(강동욱, 2014; 박연주·김봉선, 2018 재인용).

2) 아동학대 관련판례

(1) 판례의 내용분석

다음으로는 아동학대와 관련한 판례분석으로 2014년 「아동학대범죄의 처벌 등에 관한 특례법」의 제정 전·후를 비교하여 아동학대 사망사건과 관련한 판례 의 추이를 살펴보았다.

한국 사회는 아동학대와 관련해 지난 20년 동안 아동복지 측면에서 뚜렷한 발전과 개선을 경주해 왔다.

그러나 우리 사회에서 여전히 아동학대가 자행되고 있는 이유 중 하나로 아동학대를 심각한 사회적 범죄로 인식하게 하는 사법부의 엄격한 처벌과 명확한 친권제한의 규정이 이루어지고 있는지에 대해서는 의문이다.

다음 아동학대와 관련한 판례들은 아동학대 사망과 관련한 판례들을 중심으로 판례가 갖는 아동복지적 차원에서의 의미에 대해 생각해 보기로 한다. 여기서의 아동학대 사망과 관련한 아동의 기본적 생존권영역으로 성학대, 훈육과 관련한 체벌 등은 따로 살펴보기로 하여 이 부분에서는 제외한다.

아동학대 사망과 관련해서는 「아동학대범죄의 처벌 등에 관한 특례법」이 제정된 전과 후의 판결에 있어 처벌강화의 명확한 구별이 보여 2000~2013년과 2014~2017년의 판례를 비교하여 살펴보기로 한다.

먼저 2000~2013년의 판례들은 대부분 처벌의 기준인 양형[6]을 결정하는 데 있어 살인의 고의성을 언급하지 않고 있으나 2014년 이후의 판례들은 '미필적 고의[7]'에 의한 살인을 인정하여 형량을 강화하고 있음에 주목해 볼 수 있다.

---

6) 양형은 개별범죄에 대한 실질적 형벌의 부과를 말하며, 광의적으로는 그 형벌의 선고의 집행여부를 결정하는 모든 것을 포함한다(박연주, 2015).

7) 살인의 범의는 반드시 살해의 목적이나 계획적인 살해의 의도가 있어야 인정되는 것은 아니고, 자기의 행위로 인하여 타인의 사망의 결과를 발생시킬 만한 가능성 또는 위험이 있음을 인식하거나 예견하면 족한 것이고, 그 인식이나 예견은 확정적인 것은 물론 불확정적인 것이라도 이른바 미필적 고의로 인정되는 것인바, 피고인이 범행 당시 살인의 범의는 없었고, 단지 상해의 범의만 있었을 뿐이라고 다투는 경우에 피고인에게 범행 당시 살인의 범의가 있었는지 여부는 피고인이 범행에 이르게 된 경위, 범행의 동기, 사용된 흉기의 유무·

〈표 3-2〉 죄명에 따른 판례의 추이변화

구분	판례별 죄명 및 사건번호				
	1. 학대치사	2. 상해치사 (과실치사죄*포함)	3. 유기치사	4. 폭행치사	5. 살인 (살인방조포함)
2013년 이전	2009고합10	2001고합828	2002고합121	2004고합103	2009고합178
	2012고합799	2003고합396	2007고합59	2006고합117	2012고합97
	2012노3302	2004노2696	2013고합50	2012고합131	2012고합19
	2012노3302	2004노1390	2013고합112	2012고합568	
		2004노649	2013노531	2004고합1263	
		2007고합28		2010고합523	
		2007노527		2012고합456	
		2012고합188		2012노236	
		2008노69		2013고합53	
		2011고합46			
		2013고합15			
		2003고합27			
		2004고합56			
		2004고합188			
		2004고합368			
		2003고합396			
		2008고합7			
		2012노376			
		2008노1369			
		2012도9474			
		2010고단658*			
		2009노2429*			
		2011고단552*			

종류·용법·공격의 부위와 반복성, 사망의 결과 발생 가능성 정도 등 범행 전후의 객관적인 사정을 종합하여 판단하여야 한다(대법원 2009. 2. 26. 선고 2008도9897 판결 등 참조).

제3장 | 아동의 자유침해에 대한 보호: 생명·신체를 훼손당하지 아니할 권리

		2009고단22*			
		2011노1014*			
합계	4건(8.7%)	25건(54.3%)	5건(10.9%)	9건(19.6%)	3건(6.5%)
2014년 이후	2014고합199	2015노308	2014고합30	2014고합117	2014고합356
	2013고합917	2015도15218	2015노212		2014고합202
	2013노3788	2012도1569	2013고합112		2015고합52
	2016고합664	2014고합35			2015노743
		2014노286			2014노264
		2014노188			
		2013고합309			
합계	4건(20.0%)	7건(35.0%)	3건(15.0%)	1건(5.0%)	5건(25.0%)

출처: 박연주·김봉선(2018, pp. 146-147).

이러한 판례의 판결문에 제시된 양형완화의 필요성과 양형강화의 필요성 내용을 전사해 보면 다음과 같다.

판례를 통한 처벌완화의 필요성 관련

"임신, 출산의 고려"

"다른 아이의 양육 고려"

"삶의 의욕상실"

"재혼가정의 스트레스 및 심리적 문제"

"피고인이 외로움으로 우울증에 걸리게 되었고, 이에 대하여 적절한 치료를 받지 않고 있다가 출산으로 인하여 그 증상이 더욱 심해진 상태에서 현실 판단력에 장애가 생겨 피해자를 살해하고 자살하려고 하는 과정에서 이 사건에 이르게 된 점"

> ### 판례를 통한 처벌강화의 필요성 관련
>
> "이 사건 변론에 나타난 양형의 조건이 되는 여러 사정, 즉 이 사건 범행으로 침해된 법익의 중대성, 그 동기의 비합리성, 범행 과정 및 범행 후의 정황 등에다가, 아동학대범죄에 대한 처벌을 강화하기 위해 2014. 9. 29.부터 새로이 시행된 「아동학대범죄의 처벌 등에 관한 특례법」의 취지 및 아동학대범죄는 보호자의 지위에 있는 사람이 그 책임을 저버리고 (중략) 아동의 현재뿐만 아니라 미래에 상당한 부정적 영향을 미치는 중대한 범죄에 해당하여 이에 대한 엄한 처벌이 불가피하다는 국민적 공감대도 충분히 형성되어 있는 점"
>
> "이 사건과 같이 아동의 사망으로까지 이어지지는 않는다 하더라도 그 횟수와 강도가 점점 잦아지고 높아지는 것이 일반적이라는 점에서 엄하게 처벌할 필요성이 크며, 이에 대한 국민적 공감대도 형성되었다고 보이는 점"
>
> "이 사건 1, 2차 폭행 당시 피고인은 자신의 행위로 인하여 피해자가 사망이라는 결과에 이를 만한 가능성 또는 위험이 있음을 인식하거나 예견하면서도 (중략) 피고인에게는 살인의 확정적 고의까지는 아니더라도 적어도 미필적 고의는 있었다고 보아야 한다."

(2) 아동인권관점에서 판례의 시사점

아동인권관점에서 아동학대와 관련해서는 아동보호를 위한 친권자 처벌의 강화가 아동인권강화를 위해 어떠한 영향을 미치는지 살펴볼 필요가 있다. 친권자 처벌의 강화는 친권남용을 막고 아동학대 범죄에 대한 인식의 변화를 실현시킬 수 있으며, 아동의 보호권을 강화하는 사회적 프로그램의 확대를 가져올 수 있다. 아동학대와 관련한 친권자 처벌과 관련해서는 일반적 양형기준에 따를 것이 아니라 아동학대의 특수성을 반영한 새로운 양형기준 지표가 마련되어야 할 것이다.

친권제한과 관련해 현 법률에서는 다양한 방식의 친권제한 규정을 두고 있지 않다. 따라서 아동학대가 발생해도 무조건 친권상실을 시키는 것이 새로운 사회문제를 야기하게 되기 때문에 친권제한이 확실히 이루어지지 않고 이는 재학대를 야기하게 한다. 이러한 재학대 예방을 위해서는 아동학대를 개별적 가족의 문제로 볼 것이 아니라 사회적 문제로 확대하여 보고 이를 통해 아동학대에 대한 사회적 인식의 변화를 위한 아동의 기본적 생존권보호에 대한 연구가 확대되어야 할 것이다.

한편, 아동학대를 예방하고 조기발견하기 위해서는 다양한 아동복지제도의 보완이 이루어져야 할 것이다. 이를 위해 다음과 같은 실천적 제언을 하고자 한다.

첫째, 다각적 교육프로그램을 통해 아동학대 신고의무자의 신고의무를 강화해야 할 것이다. 교육을 통해 신고의무의 중요성을 인지하고 신고의무자보호에 대한 교육도 함께 진행되어야 할 것이다.

둘째, 아동학대와 관련해서는 원스톱 지원시스템이 경찰과 더불어 지역사회복지연계기관과 함께 유기적이고 지속적으로 연계되어야 할 것이다. 현재 원스톱 지원이 경찰을 중심으로 이루어지고 있어 지속적 사례관리에 어려움을 호소하는 경우가 많고 유기적인 친권자교육이 진행되지 못하는 실정이다.

마지막으로, 아동학대와 연관된 문제가정, 혹은 시설과 관련해서는 지역사회 자체의 다양한 감시프로그램을 만들어 수시로 모니터링이 가능하도록 인프라 구축이 필수적으로 이루어져야 할 것이다.

4. 판례를 통해 생각해 볼 문제

【1】아동학대 사망과 관련해서 사법부가 형량을 결정할 때 형량의 처벌강화가 아동복지와 관련이 있는가?

【2】아동보호권의 강화를 위한 친권제한과 관련한 조치들에 대해 생각해 보시오.

【3】중복학대 및 재학대 예방을 위한 법적 제도장치의 마련에 대해 생각해 보시오.

【4】아동학대신고의무자제도의 강화가 아동의 보호권강화와 관련이 있는지 생각해 보시오.

제3절 학교에서의 아동체벌

1. 학교에서의 아동체벌 현황과 문제점

아동과 관련해서는 보호권 강화만이 아동인권강화를 위한 조치로 인식되기 쉽다. 그러나 아동인권강화는 아동의 연령 및 성숙도를 고려하여 아동의 자기결정권이 주어지고 스스로를 인권과 자유의 주체로 인식하게 하여야 비로소 아동의 다양한 측면에서 인권강화가 실현된다고 볼 것이다. 교육과 관련해 아동은 「헌법」 제31조[8])에 의하여 교육의 권리를 가지며, 교육현장인 학교에서의 교육권에는 교육의 질적 향상 및 아동의 인권과 관련한 체벌과 징계의 문제를 포함하고 있다(박연주·김정우, 2014).

체벌은 일반적인 개념적 정의를 갖고 있지는 않으며, 여러 학자에 의하여 ① 교사가 훈육목적으로 신체적 고통을 가하는 행위, ② 피교육자의 행동변화를 위한 목표달성을 위해 교육자가 육체적 고통을 가하는 행위, ③ 교사의 일정한 권한에 따라 징계수단으로 일체의 제재를 가하는 행위, ④ 교육상 교육현장에서

---

8) 헌법 제31조: ① 모든 국민은 능력에 따라 균등하게 교육을 받을 권리를 가진다. ② 모든 국민은 그 보호하는 자녀에게 적어도 초등교육과 법률이 정하는 교육을 받게 할 의무를 진다. ③ 의무교육은 무상으로 한다. ④ 교육의 자주성·전문성·정치적 중립성 및 대학의 자율성은 법률이 정하는 바에 의하여 보장된다. ⑤ 국가는 평생교육을 진흥하여야 한다. ⑥ 학교교육 및 평생교육을 포함한 교육제도와 그 운영, 교육재정 및 교원의 지위에 관한 기본적인 사항은 법률로 정한다.

불가피하게 행사할 수 있는 신체적 제재 행위 등으로 개념이 나뉘고 있다(박찬걸, 2011; 박연주·김정우, 2014: 36 각주 재인용).

체벌의 허용범위에 대해서는 시대상황, 문화적 배경에 따라 국가마다 달리 나타나고 있어 일관되게 언급하는 것은 무리가 있다(박연주·김정우, 2014). 우리나라의 경우에는 체벌의 허용범위를 놓고 법학계에서는 교육과 관련한 해석에 따라 제한적 허용설(교육을 위해서는 제한적으로 허용될 수 있다는 것)과 완전부정설(어떠한 목적에 의해서도 체벌은 허용될 수 없다는 것)이 대립되어 있다(박연주·김정우, 2014).

따라서 아동교육과 관련하여 체벌이 훈육이라는 모호한 해석으로 인한 징계권 범위와 관련한 판례에 대해 다음에서 살펴보고자 한다.

2. 아동체벌에 대한 예방과 조치

1) 아동체벌예방을 위한 교육

학교에서의 체벌에 대한 인식에 대해 비교 조사한 연구(조석훈 외, 2012)를 통해 보듯이 학생, 학부모와 교사집단 간에 체벌에 대한 인식에 차이가 있다. 학생인권조례에 따라 학교에서의 체벌이 금지되면서 교사들은 학생 지도에 대한 어려움을 호소하면서 간접체벌의 허용에 대해 공감한 반면, 학생과 학부모는 학교의 이러한 체벌금지정책에 대해 아동의 인권에 대한 인식이 강화되었다고 보았다(조석훈 외, 2012). 조석훈 외(2012)의 연구에서 보듯이 학교에서의 체벌에 대한 인식변화를 위해서는 정기적 교육의 실시와 더불어 구체적인 체벌과 훈육의 차이에 대한 교육과 긍정적 훈육에 대한 지표가 마련되어 학교의 훈육방침에 대한 평가가 이루어져야 할 것이다. 이를 위해 지역아동센터에서는 아동권리교육을 위해 체벌과 긍정적 훈육에 대해 인권교육을 실시하고 있다(류정희, 2017). 이는 아동교육에 있어 장기적 목표를 설정하고 아동의 문제해결을 위한 긍정적 훈육은 어떠한 방식으로 이루어져야 할 것이며, 체벌이 훈육과 다른 점에 대해 교육하면서 체벌은 아동에 대한 인권침해임을 명시하고 있다. 학교에서는 2010년 2월 학생인권조례를 통한 체벌금지 방침에 따라 직·간접체벌을 모두 부정하고 있다(박연주·김정우, 2014).

2) 아동체벌에 대한 국가별 대응을 통해 본 전문 인력의 강화의 필요성

체벌허용범위와 관련한 외국정책의 비교법적 연구(이종근, 2011)에서는 체벌의 주체에 따라 체벌허용여부를 구별한 경우에 대한 분석과 체벌을 평가적 관점에 따라 구별한 경우로 분석하여 체벌의 허용한계여부에 대해 논하고 있다. 이종근(2011)의 보고서에 따르면, 첫째, 체벌의 주체에 따라 부모에 따른 체벌과 교사에 따른 체벌의 입장을 논하고 있다. 우선 부모와 교사에 의한 체벌을 모두 금지하는 유형의 국가(이스라엘)에서는 대법원판결에서 이스라엘 사회와 UNCRC의 기본적 가치인 인간의 존엄과 신체적 고결성을 손상하기 때문에 체벌은 가혹한 것이라고 판시하고 있다. 독일과 오스트리아에서는 「민법」에 가정의 체벌금지조항을 규정하여 체벌이 아동학대임을 명확히 하면서 체벌관련 캠페인교육을 실시하였다. 부모에 의한 체벌은 허용하되 교사에 의한 체벌은 금지하는 유형인 영국과 미국에서는 부모에 의한 체벌은 합리적 허용범위 내에서 위법성을 조각[9] 하고 있다.

둘째, 체벌의 허용여부와 관련해 평가적 관점에서 분석한 경우는 UNCRC의 관점에서 체벌을 완전 금지하는 경우와 체벌은 훈육과 교정의 과정에서 이루어질 수 있으므로 합리적인 체벌은 허용한다는 관점으로 분석되어 있다. 이렇듯 체벌과 관련해서는 각 국가별로 인식의 차이를 갖고 있으며, 일관된 기준으로 제시되는 것이 아님을 알 수 있다.

---

9) 부모에 의한 체벌의 허용범위인 합리적인 징계와 관련해 ① 체벌행위와 관련한 환경의 평가, ② 아동의 체력과 연령의 고려, ③ 체벌의 연속성, ④ 체벌의 가혹성을 평가하여 위법성 조각사유에 해당하는지를 종합적으로 평가하고 있다.

　따라서 우리 실정에 맞게 체벌과 관련해서는 전문 인력을 양성하고 학교에서의 체벌과 관련해서는 교사, 학생, 학부모에 대한 전문상담 및 교육이 실시되어야 할 것이다. 이를 위해 사회복지에서는 국가자격증으로 학교사회복지사시험을 신설하여 학생문제에 대한 사례관리, 지역사회자원 개발 및 연결, 개발상담 및 집단상담, 장애학생의 학교적응 지원 및 학부모상담, 학교폭력 대처 및 예방교육과 체벌관련 상담 및 지원을 위한 전문 인력 강화를 실시하고자 한다. 이러한 사회복지계의 노력은 학교사회복지사의 전문 인력을 양성하면서 체벌과 관련한 교육 매뉴얼을 마련하여 교사, 학생, 학부모의 체벌에 대한 인식변화를 유도하는 데 일조할 수 있을 것으로 사료된다.

3. 아동체벌 관련법제와 관련판례

1) 아동체벌 관련법제

(1) 아동체벌 관련법제 연구

　아동체벌과 관련한 전반적 법제연구는 크게 UNCRC를 통해 본 국내 법률의 전반적인 정비연구(박병도, 2007; 박진완, 2008; 정진경, 2010; 우병창, 2011; 황옥경 · 이승기, 2011)와 아동 · 청소년의 전반적인 인권 보호 연구(홍승애, 2010; 조석훈 외, 2012; 표시열 · 유철희, 2012), 체벌의 전반적인 허용범위에 대한 연구(조국, 2007; 박찬걸, 2011; 윤용규, 2012) 및 외국의 입법례를 살펴 체벌의 허용범위를 비교한 연구(홍신기 · 김현욱 · 권동택, 2010; 이종근, 2011; 조국, 2013)로 나누어 도식화 정리해 보았으며, 다음 〈표 3-3〉과 같다.

〈표 3-3〉   아동체벌 관련법제 연구

연구유형	연구주제	구체적 내용
UNCRC를 통해 본 국내 법률의 정비 및 이행과정에 대한 분석연구	UNCRC 수용을 위한 국내법 정비(박병도, 2007)	아동인권에 대한 전반적 국제선언과 조약을 살펴보면서 아동권리위원회의 권고 내용 중 입법조치가 필요한 부분에 대해 언급하고 있다.
	UNCRC의 국내 이행과정에 대한 분석연구(박진완, 2008)	UNCRC의 법해석연구를 통해 국내 적용에 대한 특수상황을 검토할 것을 언급하고 있다.
	UNCRC의 국내 실천적 수용 가능성(정진경, 2010)	「아동복지법」에 따른 아동복지시설을 분석하여 실천현장의 다양한 지표를 추가하기 위해 UNCRC의 국내수용가능성에 대해 언급하고 있다.
	UNCRC와 우리법제연구 (우병창, 2011)	UNCRC에 대한 구체적 고찰을 통해 국내 이행을 위한 일반조치에 대해 언급하고 있다.
	UNCRC와 「아동복지법」의 고찰(황옥경 · 이승기, 2011)	아동기본법의 마련을 위해 UBCRC의 적극적 수용방안과 국내법인 「아동복지법」에 대한 전반적 변화에 대해 언급하고 있다.
아동 · 청소년의 전반적 인권보호연구	아동의 참여권에 대한 연구 (홍승애, 2010)	아동의 자율적 · 독립적 의사결정의 중요성을 언급하면서 적극적 아동 참여권리가 체벌에 대한 사회적 인식의 변화를 가져올 수 있음에 대해 언급하고 있다.
	학생 체벌에 대한 교사와 학생, 학부모 간의 인식에 대한 비교연구(조석훈 외, 2012)	학생의 체벌의 수용에 대한 인식에 있어 교사집단과 학생, 학부모 간의 인식에 뚜렷한 차이가 있음을 알고 이에 대한 법적 과제에 대해 언급하고 있다.
	아동 · 청소년의 인권에 관한 국가인권위원회연구(표시열 · 유철희, 2012)	국가인권위원회의 10년 동안의 활동을 평가하면서 학생의 기본적 인권과 차별에 대한 다양한 침해를 살펴 국가인권위원회의 감독과 사후점검에 대한 과제에 대해 언급하고 있다.
체벌과 관련해 전반적인 체벌 금지를 위한 체벌의 허용범위에 관한 연구	체벌관련판례 연구 (조국, 2007)	체벌관련판례 평석을 통해 교사의 체벌행위에 대해 살펴 판결의 위법성에 대해 언급하고 있다.
	체벌금지의 중요성과 체벌허용 기준점연구(박찬걸, 2011)	체벌은 전반적으로 사라져야 할 부분이지만 체벌의 허용기준점에 대한 뚜렷한 기준 마련과 교사의 간접 체벌 허용에 대한 기준관련 절차의 중요성에 대해 언급하고 있다.

	체벌에 대한 판결에 대해 법령의 변화에 따른 판결변화 연구(윤용규, 2012)	교육법령의 개정 전·후를 비교하면서 체벌에 대한 사법부의 판결이 엄격해지고 있음을 언급하고 있다.
외국의 입법례와 비교법적으로 체벌의 허용범위를 연구	UNCRC와 스웨덴, 코스타리카, 뉴질랜드의 아동체벌 금지 입법현황비교(홍신기 외, 2010)	우리나라의 체벌 허용 경향과 외국의 입법례를 살펴 체벌금지를 위한 인식변화에 대해 언급하고 있다.
	캐나다, 이스라엘, 영국, 미국, 오스트리아, 독일 등의 체벌 허용범위에 대한 비교법 연구(이종근, 2011)	여러 국가의 입법례를 소개하면서 특히 미국과 이스라엘의 판결태도와 우리나라의 헌재태도를 비교하여 간접체벌의 허용에 대해 언급하고 있다.
	경제협력기구 국가들의 체벌 관련 입법례 소개 및 UNCRC 수용(조국, 2013)	UNCRC의 수용에 따른 학생인권조례에 따른 간접체벌 허용정책방안

출처: 박연주·김정우(2014, pp. 38-40) 내용을 도식화 정리.

(2) 아동체벌 관련법제

아동체벌과 관련해서는 「초·중등교육법」 제18조[10]에 따른 징계규정을 두었으며, 「초·중등교육법 시행령」 제31조 제8항[11]에서 체벌의 범위를 규정하고 있다. 또한 「학생인권조례」 제6조[12]에 의해 체벌을 전면 금지하고 있다. 국제적으로는 UNCRC 제28조 2[13]에 의한 학교규율을 언급하고 있다. 이러한 UNCRC는

---

10) 제18조(학생의 징계) ① 학교의 장은 교육상 필요한 경우에는 법령과 학칙으로 정하는 바에 따라 학생을 징계하거나 그 밖의 방법으로 지도할 수 있다. 다만, 의무교육을 받고 있는 학생은 퇴학시킬 수 없다.
   ② 학교의 장은 학생을 징계하려면 그 학생이나 보호자에게 의견을 진술할 기회를 주는 등 적정한 절차를 거쳐야 한다.

11) 제31조 제8항: 학교의 장은 법 제18조 제1항 본문에 따라 지도를 할 때에는 학칙으로 정하는 바에 따라 훈육·훈계 등의 방법으로 하되, 도구, 신체 등을 이용하여 학생의 신체에 고통을 가하는 방법을 사용해서는 아니 된다.

12) 제6조(폭력으로부터 자유로울 권리) ① 학생은 따돌림, 집단 괴롭힘, 성폭력 등 모든 물리적 및 언어적 폭력으로부터 자유로울 권리를 가진다.
   ② 학교에서 체벌은 금지된다.
   ③ 학교와 교육감은 따돌림, 집단 괴롭힘, 성폭력 등 학교폭력 및 체벌을 방지하기 위하여 최선의 노력을 다하여야 한다.

13) UNCRC 제28조 ②: 당사국은 학교 규율이 아동의 인간적 존엄성과 합치하고 이 협약에 부합하도록 운

아동의 이익을 최우선으로 해야 한다는 원칙에 따라 체벌은 전면 금지되어야 함을 암시하고 있다. 즉, 인권관점에서의 최고의 이익은 폭력으로부터의 탈피가 학생인권조례규정과 같은 물리적 폭력뿐만이 아니라 어어적·정서적 폭력도 허용이 되지 않음을 암시한다고 볼 것이다.

그러나 우리나라의 「초·중등교육법 시행령」의 규정은 직접적 체벌은 금지하고 있으나, 훈육목적인 간접체벌은 허용하고 있어 이와 관련한 허용범위를 놓고 법률해석의 문제가 되고 있다. 따라서 이 책에서는 이와 관련해 재판에서 체벌과 관련한 어떠한 법률해석을 하고 있는지를 살펴 아동인권관점에서 체벌규정에 대한 시사점을 언급하고자 한다.

2) 학교에서의 아동체벌 관련판례

(1) 판례의 내용분석

다음으로는 학교에서의 아동·청소년체벌과 관련한 판례분석으로 판결의 주요 쟁점을 도식화하면 다음 〈표 3-4〉와 같다.

〈표 3-4〉 판례의 주요 쟁점사항

사건번호	주요 쟁점사항
99헌마481	체벌에 대한 징계권범위의 수사여부가 교사들인 청구인의 평등권을 침해하는가 여부
2005헌마1189	체벌의 사회 통념에 의한 불가피성의 요건에 따른 체벌에 대한 범위인정 여부
2001도5380	교사의 체벌행위가 지도행위로 사회 통념에 의한 징계행위의 범위를 어디까지로 볼 수 있는지 여부

출처: 박연주·김정우(2014, p. 44).

영되는 것을 보장하기 위한 모든 적절한 조치를 취하여야 한다(States Parties shall take all appropriate measures to ensure that school discipline is administered in a manner consistent with the child's human dignity and in conformity with the present Convention).

앞의 판례들에서는 체벌범위에 대해 종합적 상황을 고려하여 체벌허용범위를 판단하고 있다. 99헌마481결정과 2005헌마1189결정은 교사들의 체벌과 관련해 전면적 허용은 금지하면서도 '교육상 불가피한 경우' '체벌의 절차 준수' '방법의 적절성' '정도의 지나침 여부' 등을 기준으로 사안에 따라 간접적 체벌은 인정될 수 있음을 결정하고 있다. 이러한 헌재의 결정은 UNCRC의 간접체벌도 금지하는 국제기준과는 차이가 있다 할 것이다. 또한 2001도5380대법원판결에서는 구체적으로 직접체벌과 간접체벌의 차이를 놓고 형법상 정당행위[14]여부를 판단하고 있다.

이상의 사법부의 체벌범위와 관련한 판단들을 통해 학교에서의 체벌과 관련해서 우리 사법부는 간접체벌을 허용하고 있으며, 이러한 간접체벌과 관련한 기준도 상황에 따라 종합적으로 판단한다는 취지를 따르고 있어 체벌과 관련해 명확한 지표 없이 재판관계자의 판단에 따르고 있음을 살펴 볼 수 있다.

한편, 학생인권조례와 「초·중등교육법 시행령」 및 헌재결정·대법원의 판결을 중심으로 체벌적용여부를 살펴보면 다음 〈표 3-5〉와 같다.

〈표 3-5〉 「초·중등교육법」 및 시행령과 판례의 입장비교

구분	체벌을 제외한 훈육·훈계 우선적용	체벌이 교육목적 및 교육상 불가피성 여부	직접체벌과 간접체벌의 적용여부
학생인권조례	○	×	직·간접체벌 모두부정
「초·중등교육법 시행령」 제31조 제8항	○	×	간접체벌은 허용
99헌마481결정	○	○	간접체벌은 허용
2005헌마1189결정	○	○	간접체벌은 허용

---

14) 형법상 정당행위는 형법의 위법성이 조각되는 사유중의 하나로 정당행위 인정기준은 ① 그 행위의 동기나 목적의 정당성, ② 그 행위의 수단이나 방법의 상당성, ③ 보호이익과 침해이익과의 법익의 균형성, ④ 긴급성, ⑤ 정당행위 외에 다른 수단이나 방법이 없다는 보충성 등의 요건을 갖춰야 한다(이재상, 2003; 박연주·김정우, 2014, p. 45 재인용).

2001도5380판결	○	○	간접체벌은 허용

출처: 박연주·김정우(2014, p. 46).

　앞의 표를 근거로 살펴보면 「학생인권조례」는 「초·중등교육법」 제18조의4 규정인 "헌법과 국제인권조약에 명시된 학생의 인권을 보장해야 한다."에 따라 체벌에 대해서도 전면금지하고 있다. 그러나 「초·중등교육법 시행령」 제31조 제8항에서는 오히려 학생에 대한 지도를 할 때 "학칙으로 정하는 바에 따라 훈육·훈계 등의 방법으로 하되, 도구, 신체 등을 이용하여 학생의 신체에 고통을 가하는 방법을 사용해서는 아니 된다."라고 규정하여 간접체벌은 허용하고 있음을 살펴볼 수 있으며, 이에 따라 각 헌재결정과 대법원판결 역시 체벌에 대해 제한적 허용을 인정해 주고 있다.

　이는 상위법인 「초·중등교육법」에 아동인권과 관련해 체벌금지에 대한 명확한 기준이 없고 시행령에서는 체벌이 훈육·훈육의 방법이라면 간접적으로는 허용될 수 있는 듯 규정되어 있어, 명확한 훈육의 지침이 명문화되어 제시되지 않으면 훈육이라는 미명하에 아동의 정서학대가 될 수 있는 간접체벌이 나타날 수 있을 것이다.

　한편, 이러한 헌법재판소의 결정과 대법원의 판결은 UN아동권리위원회의 권고사항에 따른 전면적 체벌의 금지에 대한 권고사항과 비교해 보더라도 아동의 이익을 최상의 이익으로 한다는 UNCRC 제3조 제1항을 지키고 있는지 의문이다. 즉, 사법부는 아동의 권리는 성인과는 다르다는 점에 참작하여 판결을 내리고 있는 것은 아닌지 판례의 내용에 대해 살펴볼 필요가 있다. 다시 말해, 아동은 미성숙한 존재로 교육과 관련해서는 불가피하게 체벌이 허용되어야 한다는 기준을 놓고 판단하고 있어 보인다.

　99헌마481, 2005헌마1189결정 및 2001도5380판결에 공통적 기준을 보더라도 '교육상 불가피한 경우, 체벌절차 및 방법의 타당성, 체벌의 절차 준수, 방법의 적절성, 정도의 지나침 여부' 등의 기준을 놓고 체벌의 허용범위를 정하고 있는 것은 체벌과 관련해서 위의 기준에 따라 허용될 수 있다 보았으며, 다음 〈표 3-6〉으로 나타날 수 있다.

〈표 3-6〉 헌법재판소결정과 대법원판결, UNCRC와 선택의정서에 대한 권고조치 비교

사건번호	헌법재판소결정과 대법원판결의 체벌에 대한 범위설정	UNCRC와 선택의정서에 대한 UN아동권리위원회의 권고조치 관련 비교
99헌마481	교육상 불가피성, 징계권의 허용범위, 체벌의 방법, 학칙준수	UN아동권리협약 제28조 2: 당사국은 학교 규율이 아동의 인간적 존엄성과 합치하고 협약에 부합하도록 보장하고 적절한 조치를 하여야 한다.
2005헌마1189	교육상 불가피성, 체벌의 절차 준수, 체벌방법의 적정성	
2001도5380	교육상 불가피성, 교육목적, 다른 교육수단의 불가능성, 체벌 방법 및 절차의 사회적 타당성	UN아동권리위원회 권고사항: 체벌의 전면적 금지를 위해 적절한 입법을 마련하고 체벌 대신의 징계수단을 마련할 것을 권고함

출처: 박연주·김정우(2014, p. 47).

이렇듯 체벌의 불가피성을 놓고 헌법재판소 및 법원의 판단은 일관되게 체벌에 대해 제한적으로 허용하는 입장을 고수하고 있다 할 것이다. 또한 「초·중등교육법 시행령」 제31조 제8항은 체벌과 관련해 체벌 외에 훈계·훈육을 우선 적용할 것을 명문화하고 있으나 이는 직접체벌은 금지하되 간접체벌은 훈육이 목적인 경우 가능하다고 해석할 수도 있어 여전히 완전한 체벌의 금지로 이 규정을 해석할지는 의문이다.

(2) 아동인권관점에서 판례의 시사점

아동인권관점에서 아동에 대한 신체적·정신적 보호를 위해 학교에서의 아동·청소년의 체벌규정이 재판에서는 어떠한 기준에 따라 해석되고 있는지를 살펴봄은 매우 중요하다.

재판의 해석이 비교적 명확한 판단기준을 근거로 해석되고 있었으나 재판해석의 근거인 「초·중등교육법 시행령」에서는 간접체벌을 인정하고 있어 여전히

제한적으로 체벌에 대해 인정하고 있는 실정이다. 따라서 기준 법령인 「초 · 중등교육법 시행령」 제31조 제8항 규정에 전면적 체벌의 금지 문구를 구체적으로 명시하여야 할 것이며, 또한 체벌과 관련해서는 재판부 역시 전면적 체벌금지로 조문을 해석하여 재판에 의한 전면적 체벌금지의 구체적 근거가 되는 판단기준이 마련되어야 할 것이다(박연주 · 김정우, 2014).

물론 학교 현장이라는 특성에 따라 간접체벌의 경우는 잘 드러나지 않는 특징이 있으므로 이에 대한 대비로 교육부는 간접체벌과 관련해서는 체벌 표준안에 간접체벌에 대한 구체적 기준마련을 위해 앞으로 이 분야의 지속적 연구가 이루어져야 할 것이다(박연주 · 김정우, 2014).

또한 UN아동권리위원회에서는 체벌의 전면적 금지를 위해 가정 · 학교, 모든 기타 아동보호시설 및 기관에서 체벌을 명백히 금지할 것에 대해 권고하고 있다(이노홍, 2013). 학교 및 아동보호시설, 기관들에는 지역사회의 적극적 홍보를 통한 교육 매뉴얼을 도입하기 위하여 교육부의 지원이 이루어져야 할 것이다(박연주 · 김정우, 2014).

한편, 학교 및 아동보호시설, 기관을 제외하고도 실제 가정 내에서는 훈육이라는 목적을 위해 체벌이 허용되고 있으며, 재판과정에서도 이에 대한 간접적 체벌이 인정되고 있다. 따라서 가정 내 훈육목적의 체벌에 대한 적극적 금지에 대한 교육프로그램이 지역사회를 통해 적극적으로 진행되어야 할 것이다. 훈육목적의 체벌은 아동에 대한 다른 형태의 아동학대임을 명확히 하여야 체벌을 통한 아동학대를 미연에 방지할 수 있을 것이다.

4. 판례를 통해 생각해 볼 문제

【1】훈육의 목적이 된다면 어느 정도의 체벌은 아동의 교육권 확보를 위해 필요하다고 볼 수 있는가?

【2】교사의 체벌과 관련해 형사상 정당행위로 볼 수 있는 근거에 대해 논의
해 보시오.
【3】체벌과 관련해 판례의 경향과 UNCRC의 국제적 기준에 대해 논의해 보
시오.
【4】체벌을 방지하기 위한 체벌대체 프로그램에 대해 논의해 보시오.

제4절 아동에 대한 성폭력범죄

1. 아동대상 성폭력범죄의 현황과 문제점

1) 아동대상 성폭력범죄 현황

아동대상 성폭력범죄와 관련해서는 「아동복지법」 및 「아동 · 청소년 성보호에
관한 법률」에 따른 연령인 18세를 기준으로 살펴보고 있어 아동 · 청소년이라 볼
수 있으나 「아동복지법」에 따라 아동이라 칭하도록 하겠다.

한국에서 아동대상 성폭력과 관련한 지속성에 대해 살펴보면 가해자가 아동의
보호자인 친족인 경우 74.8%가 범행이 2회 이상 지속적으로 이루어지는 반면,
안면이 전혀 없는 경우 88.1%가 1회에 그치고 있다. 이는 가해자가 아동의 보호
자라는 법적지위에 있어, 아동은 좀 더 순응적이고 가해자는 이러한 아동의 심
리를 이용하여 이루어지고 있음을 알 수 있다(김지영, 2009). 이로 인하여 가해자
와 피해자의 대부분이 성범죄를 부정할 뿐만 아니라 명확한 증거 확충이 어려워
재판에서 입증이 어렵다는 이중의 문제를 갖고 있다(김용화, 2013). 따라서 아동
성폭력범죄와 관련해서는 가중처벌규정을 「아동 · 청소년 성보호에 관한 법률」
에서 두고 있다.

그러나 실제 재판에서는 법정 형량보다 매우 낮게 선고 하고 있다(김용화, 2013). 경찰청의 범죄통계자료에 따르면, 2017년 전체 여성 피해자 중 20대가 34.2%로 가장 높은 비율을 보였고, 그다음으로 아동을 대상으로 한 성범죄로 22.8%로 나타났다. 발생건수는 아동대상 강간죄의 경우 2013년 1,026건에서 1,153건으로 11% 증가하였고, 유사강간죄는 2013년 75건에서 128건으로 41% 증가하였으며, 강제추행죄는 2,337건에서 2,591건으로 10%씩 각각 증가한 것으로 나타났다(경찰청, 2017, 2013).

2) 아동대상 성폭력범죄와 관련한 재판에서의 문제점

지난 20년 동안 한국은 아동대상 성폭력범죄와 관련하여 입법적으로 엄중한 처벌기준의 강화를 통해 아동에 대한 성범죄의 근절을 위한 노력을 기울였다. 특히 아동은 자기방어력이 매우 취약하기 때문에 성범죄로부터 보호받을 권리가 우선적으로 고려된다. 반면, 청소년은 자신의 의견을 적극적으로 표현할 수 있는 시기이기 때문에 청소년의 권리와 보호의 필요성에 대해서는 세밀한 접근이 필요하다.

이에 우리나라는 아동·청소년의 성범죄 보호 연령기준은 19세 미만이나, 13세 미만의 자는 의사표시능력을 부정하여 절대적 보호의 대상으로 본다. 그럼에도 법규범적으로는 19세 미만의 미성년자를 보호의 대상으로 규정하여 아동·청소년 성범죄를 불법으로 보는 입장을 보이면서도 실제 재판에서는 청소년의 성적 특성이 고려되지 않아 처벌의 부적절성이 문제가 되고 있다(이혜숙, 2005). 특히 처벌과정에 있어 형량의 적정성에 대한 문제점이 제기되고 있다.

최근의 연구들(김병수, 2015; 성빈, 2011; 오영근, 2009)에서는 양형편차에 의한 신뢰성문제에 대해 언급하면서 양형심리에 대한 합리적 타당성문제를 제시하고 있다. 특히 아동대상 성폭력범죄에서 아동은 의사결정 및 상황판단에 있어 성인과 동일한 지위에서 판단할 수 없어 특별보호가 필요하다 할 것이다(조원희·한창근·박연주, 2017).

2. 아동대상 성폭력범죄 예방과 조치

아동대상 성폭력범죄와 관련해서 UNCRC 제34조[15]에서 아동대상 성폭력범죄에 대한 규정을 두고 있다.

우리나라는 아동에 대한 성범죄의 방지를 위해 언론의 관심을 통한 아동성범죄 금지운동 및 아동성범죄의 심각성에 대해 입법적·정책적 노력을 기울이고 있다(이현정, 2010; 조원희 외, 2017 재인용).

아동대상 성폭력범죄의 경우 정확한 실태파악이 어려워 일관된 법률의 적용이 이루어지지 않고 검사의 기소에 따라 진행되고 있는 실정이다. 따라서 이들에 대한 통일된 데이터베이스를 구축하여 신속한 대응 및 정확한 모니터링이 가능한 각 계층의 다양한 전문 인력이 구축되어야 할 것이다. 이들 전문 인력에 의해 해당 범죄의 특성에 대한 명확한 파악이 구축되면 재판에 있어서도 아동대상 성범죄의 특성에 따라 검사가 적용할 법률 및 양형에 대한 명확한 기준이 마련될 수 있을 것이다.

---

15) 당사국은 모든 형태의 성적 착취와 성적 학대로부터 아동을 보호할 의무를 진다. 이 목적을 달성하기 위하여 당사국은 다음의 상황을 방지하기 위한 모든 적절한 조치를 국내적으로 양국 간, 다국 간으로 취하여야 한다(States Parties undertake to protect the child from all forms of sexual exploitation and sexual abuse. For these purposes, States Parties shall in particular take all appropriate national, bilateral and multilateral measures to prevent).

　가. 아동을 불법적·성적 활동에 종사하도록 유인하거나 강제하는 행위(The inducement or coercion of a child to engage in any unlawful sexual activity)

　나. 아동을 매음이나 기타 불법적·성적 활동에 착취적으로 이용하는 행위(The exploitative use of children in prostitution or other unlawful sexual practices)

　다. 아동을 외설적인 공연 및 자료에 착취적으로 이용하는 행위(The exploitative use of children in pornographic performances and materials)

3. 아동대상 성폭력범죄 관련법제와 관련판례

1) 아동대상 성폭력범죄 관련법제

(1) 아동대상 성폭력범죄와 관련한 법제연구

아동대상 성폭력범죄와 관련한 법제연구들은 아동대상 성폭력범죄의 피해자인권과 가해자 처벌에 대한 연구들(문영희, 2008; 홍승애, 2010; 황옥경·이승기, 2011; 손병덕, 2012; 김용화, 2013)과 아동대상 성폭력범죄와 관련한 판례연구들(이혜숙, 2005, 2013; 권순민, 2012; 김광병 외, 2013) 및 국외연구로는 아동대상 성폭력범죄에 있어 아동의 증언에 대해 증거능력으로서의 인정여부와 관련 연구들(Lyon & LaMagna, 2007; Lyon & Stolzenberg, 2014; Andrews, Lamb, & Lyon, 2015)과 아동대상 성폭력범죄의 가해자 및 피해자의 특성에 대한 연구들(Webb et al., 2007; Mont et al., 2008; Hassan et al., 2015)이 있으며, 이들 연구들을 도식화 정리해 보면, 다음 〈표 3-7〉과 같다.

〈표 3-7〉 아동대상 성폭력범죄 관련법제 연구들

연구유형	연구주제	구체적 내용
국외 아동대상 성폭력범죄의 가해자 및 피해자의 특성에 대한 연구	인터넷을 이용한 성범죄자와 일반 성범죄자의 특징을 비교한 연구(Webb et al., 2007)	인터넷을 이용한 성범죄자 90명과 일반 성범죄자 120명을 비교하여 그들의 특징을 살펴본 결과 인터넷을 이용한 성범죄는 성범죄 전과가 적은 반면, 일반 성범죄자는 성범죄와 관련해 재범비율이 높았음에 대해 언급하고 있다.
	여성아동을 대상으로 한 성범죄자의 유죄 판결에 대한 분석 연구(Mont et al., 2008)	캐나다 Ontario 지역의 여성아동을 대상으로 한 성범죄 221건의 유죄 판결을 살펴 본 결과 201건에서 징역형을 선고 받았음에 대해 언급하고 있다.
	성범죄 피해로 인해 응급실 내원자에 대한 분석연구(Hassan et al., 2015)	응급실 내원자 중 2006년에서 2010년 사이 6~14세 95명의 기록을 통해 가해자 97%가 남성, 이들 중 80%는 피해아동의 엄마를 통해 안면이 있으며, 주로 주말에 발생되고 범죄의 지속성적 특징을 보이고 있음을 언급하고 있다.

국내 아동대상 성폭력범죄 관련 피해자 인권과 가해자 처벌에 관한 연구	아동성폭력과 관련한 범죄자의 처벌에 관한 규정제언 (김용화, 2013)	아동성폭력과 관련하여 성폭력범죄를 예방하면서 아동 성폭력 근절을 위한 대안을 모색하기 위한 법률규정개정과 처벌규정에 대해 정책적 제안을 모색하고 있다.
	성폭력에 의한 피해아동의 보호를 위한 형사적 절차의 개선(문영희, 2008)	아동성폭력과 관련해서는 아동 성폭력범죄 전문법정을 신설하고 아동성폭력의 사회적 인식의 제고 및 사회적 책임성을 강조하면서 피해아동에 대한 형사적 절차의 문제점에 대해 언급하고 있다.
	성폭력가해자 및 아동학대가해자의 처벌에 대한 연구 (손병덕, 2012)	「아동복지법」 및 아동성폭력범죄의 처벌관련 법률들의 처벌규정에 대해 살펴본 법률들의 처벌규정의 개정에 대해 언급하고 있다.
	아동성폭력범죄의 엄벌주의가 범죄예방에 미치는 영향연구(최정학, 2014)	아동성폭력범죄에서 엄벌주의에 따른 처벌의 엄격성이 범죄예방에 영향을 어느 정도 주는지에 대해 언급하면서 범죄예방을 위한 사회적 돌봄서비스의 확대와 아동의 대처능력을 위한 예방교육의 강화에 대해 언급하고 있다.
	아동의 기본법을 제정하여 아동의 법률에 대한 인권차원의 법률의 발전방향연구 (황옥경·이승기, 2011)	국제 아동인권법인 「UN아동권리협약」과 우리나라의 「아동복지법」을 고찰하면서 현시점에서의 아동기본법에 대한 마련에 대해 제시하고 있다.
	가정, 학교, 사회에서의 아동의 참여권 논의 (홍승애, 2010)	아동의 인권 보호를 위해서는 아동의 주체성 확보에 기초한 평등한 동반자로서의 아동의 참여권 인정의 필요성에 대해 고찰하고 있다.
	아동의 증언능력에 대해 국내외의 판례를 검토연구 (권순민, 2012)	아동의 성폭력사건에 있어 아동의 인지적·심리적 발달사항을 반영하여 구체적 사안별로 아동의 특성을 살펴 아동의 증언에 대한 신빙성을 판단하고자 하였다.

국내 아동 · 청소년 대상 성폭력범죄 관련 판례 연구	하급심에서 최종심까지의 성범죄 판례를 조사하여 각 판례의 쟁점에 대해 고찰 (김광병 외, 2013)	아동성폭력범죄에 대한 판례들을 하급심에서 대법원까지의 판례를 소개하면서 아동성폭력 보호의 필요성에 대해 언급하였다.
	아동성폭력 판결에 있어 아동의 증언에 있어 절차적 문제점에 대해 고찰 (이혜숙, 2005)	아동성폭력범죄의 경우 재판절차에서 아동인권을 고찰하면서 아동의 증거능력에 대한 사법부의 인식과 입장에 대해 고찰하였다.
	아동성폭력 판례를 통해 아동성범죄자의 양형기준연구(이혜숙, 2013)	아동성폭력 판례를 통해서 가해자의 양형에 대한 기준의 세분화 필요성과 판사의 재량권에 대한 축소 및 아동인권회복을 위한 재판에서의 사회적 인식변화에 대한 필요성을 언급하였다.
국외 아동 대상 성폭력사건에 있어 아동의 증언에 대한 증거능력으로서의 인정연구	아동성폭력사건에 있어 아동이 가해자와 함께 있는 시간의 유무가 재판에 미치는 영향(Andrews, Lamb, & Lyon, 2015)	가해자가 친분이 있는 경우 아동의 진술에 있어 시간의 흐름에 따라 성폭력에 대한 인식이 흐려지므로 재판에서는 이에 대한 경과에 관심을 기울이는 것의 중요성에 대해 언급하고 있다.
	아동성폭력사건에 있어 법률전문가들의 재판관여가 아동의 증언에 미치는 영향연구(Lyon & Stolzenberg, 2014)	피의자 변호인의 유도 심문과 아동의 입장에서 이해하기 모호한 질문 등이 아동의 성숙도에 따라 재판에 영향이 크므로 아동의 연령 및 성숙도에 따른 적절한 고려가 재판에서 이루어져야 함을 언급하고 있다.
	아동성폭력사건에 있어 전문 진술에 대한 증거능력으로서의 효력 (Lyon & LaMagna, 2007)	전문 진술인 영상매체에 의한 진술인 경우 아동의 기억이 왜곡되거나 전문 인터뷰어의 유도 질문에 따라 훼손될 수 있다고 피의자가 주장을 하고 이를 법정이 받아들여 아동의 증거능력이 없다고 간과해 버리면 아동의 미성숙, 부재로 인하여 피의자가 이익을 볼 수 있으므로 이 경우에 대한 피의자 권리박탈규칙(forfeiture doctrine)을 적용할 것에 대해 언급하고 있다.

출처: 박연주 · 김정우(2016) 도표인용; 박연주 외(2017).

(2) 아동성폭력범죄와 관련법제

아동성폭력범죄와 관련해서는 우리법제는 「아동·청소년 성보호에 관한 법률」(이하 「아청법」), 「성폭력범죄의 처벌 등에 관한 특례법」(이하 「성폭력 특례법」), 「형법」 등에 의해 다양한 죄명으로 처벌규정 등에 따라 아동을 보호하고 있다. 우선 「아청법」 제1조에서는 미성년자인 아동·청소년들을 성범죄로부터 보호하고 건강한 사회구성원으로 성장할 수 있도록 하는 것을 그 목적으로 하고 있다. 따라서 이러한 목적에 부합하기 위해 아동·청소년에 대한 강간 및 강제추행, 간음, 아동·청소년이용 음란물 제작 등에 관한 규제 조항을 두어 「형법」보다 이들을 성범죄로부터 두텁게 보호하고 있다. 그 밖에 「성폭력 특례법」 제7조[16]에 따라 미성년자인 아동·청소년의 성범죄에 대해 보호하고 있으며, 국제법적으로는 UNCRC 제34조에 의하여 보호하고 있다.

특히 재판에서 미성년자를 대상으로 한 성범죄는 성인피해자와 다른 심각한 2차 피해를 야기할 수 있어 주의를 요한다. 이에 따라 이 절에서는 아동대상 성폭력범죄와 관련한 판례를 살펴보았다.

2) 아동대상 성폭력범죄 관련판례

(1) 판례의 내용분석

아동성폭력범죄와 관련한 판례는 1심에서 3심까지의 판결이 진행된 공개된 사건을 토대로 2000~2015년의 「아청법」을 기본적인 법률로 하여 1심에서 최종

---

16) 제7조(13세 미만의 미성년자에 대한 강간, 강제추행 등) ① 13세 미만의 사람에 대하여 「형법」 제297조(강간)의 죄를 범한 사람은 무기징역 또는 10년 이상의 징역에 처한다. ② 13세 미만의 사람에 대하여 폭행이나 협박으로 다음 각 호의 어느 하나에 해당하는 행위를 한 사람은 7년 이상의 유기징역에 처한다. 1. 구강·항문 등 신체(성기는 제외한다)의 내부에 성기를 넣는 행위, 2. 성기·항문에 손가락 등 신체(성기는 제외한다)의 일부나 도구를 넣는 행위. ③ 13세 미만의 사람에 대하여 「형법」 제298조(강제추행)의 죄를 범한 사람은 5년 이상의 유기징역 또는 3천만 원 이상 5천만 원 이하의 벌금에 처한다. ④ 13세 미만의 사람에 대하여 「형법」 제299조(준강간, 준강제추행)의 죄를 범한 사람은 제1항부터 제3항까지의 예에 따라 처벌한다. ⑤ 위계 또는 위력으로써 13세 미만의 사람을 간음하거나 추행한 사람은 제1항부터 제3항까지의 예에 따라 처벌한다.

법률심인 3심까지 진행된 사건 총 8건(1~3심까지 진행되었으므로 판례24건으로 분류)의 사례를 묶어 살펴보았으며, 다음 〈표 3-8〉과 같다.

〈표 3-8〉 판례의 내용정리

사례	1		
개요	인터넷 채팅사이트를 통해 여자 청소년 2명을 만나 술을 마신 후 강제추행하고 간음		
경과	1심 인천지법2010고합668	2심 서울고법2011노838	3심 대법원2011도5813
연도	2011.02.25	2011.04.28	2011.07.28
양형기준	피고인들은 인터넷 채팅으로 만난 피해자를 위력으로 간음, 추행한 것으로 죄질이 매우 좋지 않은 점, 피해자들과 합의나 용서받은 바 없는 점, 집행유예기간 중 범행을 다시 저지른 점 등을 감안 실형 선고하되, 피고인들의 성폭력 전과가 없음 참작		
판결	피고인1 징역 3년 6월 및 정보 10년간 공개 피고인2 벌금 2,500,000원	원심판단긍정	원심판단긍정
사례	2		
개요	청소년 피해자를 강간 및 강제 추행		
경과	1심 서울중앙지법2010고합1076	2심 고등군사법원2011노17	3심 대법원2011도8124
연도	2010.11.19	2011.05.24	2012.02.23
양형기준	사건의 동기, 경위, 피고인의 연령, 범행 후의 정황, 피해자들이 처벌을 원하지 않는 점 참작		
판결	징역 3년 집행유예 4년, 정보공개 5년, 전자장치부착명령 기각	징역 3년 집행유예 5년, 정보공개 5년, 전자장치 부착	전자장치부착명령 기각
사례	3		
개요	위력으로 청소년 피해자를 1회 간음		

경과	1심 인천지법2010고합834	2심 서울고등법원2011노1551	3심 대법원2011도12296
연도	2011. 05. 27	2011. 08. 19	2011. 11. 24
양형 기준	위력의 정도가 크지 않은 점 성범죄의 전과가 없는 점		
판결	징역 3년, 정보 5년간 공개 및 고지	고지명령 파기, 징역 3년, 정보 공개 5년	고지명령에 대한 검사상고 기각

사례	4		
개요	채팅에서 만난 청소년을 1회 간음하여 강간		
경과	1심 청주지법2011고합68	2심 대전고법2011노117	3심 대법원2011도15608
연도	2011. 06. 24	2011. 11. 04	2012. 02. 23
양형 기준	피해자가 처벌을 원하지 않는 점, 가해자의 진지한 반성	깊이 반성, 별다른 범죄전력이 없는 점, 피고인의 연령, 범행 후의 정황	
판결	징역 5년, 피고인에 대한 정보 공개 7년, 고지명령	징역 2년 6월, 정보 공개 5년, 고지명령	국민 참여 재판부분에 대한 피고인의 상고기각

사례	5		
개요	의붓아버지가 피해자를 강간하고 강제 추행		
경과	1심 대전지법2010고합20	2심 대전고법2010노622	3심 대법원2011전도82
연도	2010. 12. 22	2011. 04. 01	2011. 09. 29
양형 기준	보호자의 지위에서 저지른 중대한 범죄, 벌금형 이외의 전과 없음, 범행 이전까지 피해자를 보살펴 온 점	피해자 및 피해자의 어머니가 선처를 바람, 피고인이 반성	원심의 양형기준은 재범 위험성에 대한 법리의 오해가 있음
판결	징역 7년, 5년간 정보공개 및 전자장치의 부착	징역 5년, 5년간 정보공개	원심판결 중 부착명령 청구사건 부분을 파기하고 대전 고법에 환송

사례	6		
개요	인터넷으로 알게 된 청소년을 강제추행하고 음란물 제작		
경과	1심 서울북부지법2011고합116	2심 서울고법2011노3355	3심 대법원2012도2763
연도	2011.11.11	2012.02.02	2012.05.24
양형 기준	형사전과가 없는 점, 피해자와의 합의가 이루어지지 않은 점, 피해자의 정신적 충격이 큰 점	피해자의 정신적 충격이 큰 점, 형사전과가 없는 점, 잘못을 뉘우치는 점	
판결	징역 2년, 단기 1년 6월 휴대폰 압수	징역 2년, 단기 1년 6월, 휴대폰 압수, 정보공개 및 고지 3년	원심판단긍정
사례	7		
개요	청소년을 교장실로 불러 강간하려 했으나 미수		
경과	1심 광주지법2011고합73	2심 광주고법2012노3	3심 대법원2012도6503
연도	2011.12.22	2012.05.17	2012.08.30
양형 기준	보호자로서 죄질이 불량, 반성의 기미를 보이지 않음, 피해자의 충격이 큰 점, 형사전과가 없는 점, 미수, 피해자가 처벌을 원하지 않음 등		반의사불벌죄에 대한 법리의 오해
판결	징역 3년, 정보공개 5년	원심판결을 파기하고 이 사건을 광주지법 목포지원 합의부에 환송	
사례	8		
개요	모델을 선발한다고 피해자를 유인해 위계로써 추행하고 강간		
경과	1심 수원지법2012고합1050	2심 서울고법2013노442	3심 대법원2013도4862
연도	2013.01.10	2013.04.11	2013.07.11

양형기준	죄질이 나쁘고 비난 가능성이 높은 점, 피해자의 엄중한 처벌을 원하는 점, 피고인이 반성하는 점, 형사 전과가 없는 점	잘못을 뉘우치고 반성하는 점, 형사전과가 없는 점, 피해자가 청소년인 점, 죄질이 좋지 않은 점, 피해자가 처벌을 원하는 점	
판결	징역 8년, 10년간 정보공개 및 고지, 10년간 전자장치부착	징역 8년, 정보공개 및 고지 10년, 전자장치부착 10년	원심판결을 파기하고 사건을 서울고등법원에 환송

출처: 박연주 외(2017, pp. 9-11).

양형기준의 판결문 내용을 질적 내용 분석하여 살펴보았더니 질적 감경요소로 '가해자 및 피해자와의 관계' '피해자의 합의' '가해자의 전과여부' 등에 의해 형량이 조절되어 나타났으며 이는 아동대상 성범죄사건에 대한 판사의 인식여부에 따라 편향적인 양형편차를 유발할 수 있는 원인이라 생각된다(박연주 외, 2017).

이에 대해 구체적으로 다음의 판결내용을 통해 살펴보고자 한다.

사례 5의 의붓아버지 강간사건 원심인 대전고법판결

"피해자 및 피해자의 어머니가 피고인에 대한 선처를 바라고 있는 점"

"피고인에게 벌금형 이외의 전과가 없는 점, 피고인이 반성하고 있는 점 등"

사례 5의 대법원판결

"원심은, 피고인(가해자)의 이 사건 범행 외에는 성폭력범죄로 처벌받은 전력이 없는 점, 이 사건 범행이 불특정 일반 여성에 대한 성폭력 습벽의 발로였다기보다는 피고인이 피해자와의 특별한 관계를 이용하여 저지른 것으로 보이는 점, 피해자와의 특별한 관계가 해소되어 피해자에 대하여 성폭력범죄를 다시 범할 가능성은 낮아 보이고, 피고인이 향후 제3자와 사이에 이 사건과 같은 특별한 관계를 맺게 될 것으로 볼 만한 자료도 없는 점, 피고인이 깊이 반성하고 있는 점 등에 비추어 볼 때, 피고인에게 성폭력범죄의 습벽이나 성폭력범죄를 다시 범할 위험성이 있다고 단정하기 어렵다고 보아 피고인에 대한 부착명령 청구를 기각하였다."

"그러나 원심판결 이유와 기록에 의하면, 피고인은 자신의 성욕을 해소하고자 자신의 보호감독 아래 있어 쉽게 반항하지 못하는 나이 어린 피해자를 강제추행하고 수개월에 걸쳐 수회 강간하였는바, 피고인의 그와 같은 범행과정, 범행기간, 범행횟수, 범행대상 등을 위 법리에 비추어 살펴보면, 원심이 판시한 사정만으로 피고인에게 성폭력범죄의 습벽이 없다거나 피고인이 장차 피해자와 똑같은 상황은 아니더라도 자신의 보호감독 아래에 있어 쉽게 반항하기 못하는 나이 어린 청소년 등에 대하여 다시 성폭력범죄를 저지를 위험성이 없다고 단정할 수 없다. …… (중략) …… 따라서 원심이 그 판시와 같은 사정만을 이유로 피고인에 대하여 성폭력범죄의 습벽과 재범의 위험성을 인정할 수 없다고 본 판단은 재범의 위험성에 대한 법리를 오해하여 심리를 다하지 아니한 위법이 있다."

〈사례 5〉에 대한 대법원의 판단은 2심의 양형감경사유에 대해 명확히 비판하여 아동에 대한 성보호의 입법목적 및 취지를 잘 반영하고 있다(박연주 외, 2017: 23). 또한 앞의 판례들을 심급별로 1심과 2심으로 나누어 선고형량에 대해 기초 분석해 보았더니 〈표 3-9〉와 같다.

〈표 3-9〉 심급별 선고형량 비교

심급	평균 징역기간(년)	표준편차	중위수	최댓값	최솟값
1심	4.31	2.15	3.25	8	2

| 2심 | 3.68 | 1.98 | 3 | 8 | 1.5 |

출처: 조원희 외(2017, p. 81).

동일한 사실관계하에서의 판결이라 하더라도 1심에서는 평균 4.31년, 2심에서는 평균 3.68년으로 징역기간이 줄었음을 알 수 있다. 이는 형량편차를 줄이고자하는 양형기준에 따라 나타난 결과라 할 것이다(조원희 외, 2017). 이러한 결과는 아동 · 청소년대상 성범죄에 대해 법률에 가중처벌규정이 있더라도 양형요소에 따라 감경되고 있음은 법률의 취지에 부합하지 않다고 볼 것이다.

(2) 아동인권관점에서 판례의 시사점

우리나라는 아동을 독립된 인격체로 인정하여 보호받을 권리에 대해 지켜지기보다는 성인 특히 보호자 및 아동의 연령, 상황에 따라 관습적으로 보호받는 실정이다(국가인권위원회, 2004). 이러한 기준은 재판에서도 어느 정도 반영이 되고있음을 앞의 판례의 분석을 통해 확인해 볼 수 있다. 이에 재판에서 UNCRC에따른 아동의 이익이 최우선이 되고 있지 않음을 살펴본 계기가 됐다 할 것이다. 따라서 재판에서 가해자, 피해자와의 관계에 따른 판결의 문제점이 있음에 다음과 같은 정책적 제언을 언급하고자 한다.

첫째, 아동의 경우 양형기준인 가해자, 피해자의 관계에 따라 가해자가 보호자인 경우 형량이 감형되는 경우를 볼 수 있다. 따라서 재판에서 일관된 양형기준을 따르기보다는 아동의 양육환경 및 사건의 정황, 피해자와 가해자 간의 위력관계를 면밀히 살펴보아야 할 것이다.

둘째, 아동을 대상으로 한 성범죄의 경우 일반적인 양형감경사유인 초범 · 우발적 범행과 관련한 전과여부를 고려함은 바람직하지 않아 보인다. 아동의 경우는 대부분이 가해자가 보호자인 경우가 많으며, 이러한 관계는 오히려 위력관계를 형성하게 되기 때문에 가해자의 초범여부보다는 그 아동과의 관계가 더욱 중요하다. 따라서 아동성폭력가해자가 보호자인 경우는 아동과의 격리조치 및 아동보호에 적극적인 판결이 이루어져야 할 것이다.

셋째, 아동대상 성범죄가 발생한 경우 재판 이전과 이후의 아동의 생활환경의 변화 및 아동의 심리변화에 대한 지속적인 사례관리가 이루어져야 할 것이다. 이는 재판 후 아동의 2차 피해를 막고 아동의 건전한 발달을 도모하기 위해서라도 꼭 필요한 조치라 할 것이다. 우리나라는 아동대상 성범죄와 관련해 재판이후 어떠한 서비스가 아동에 따라 시기적절하게 이루어지고 있는지에 대한 명확한 모니터링이 부족한 상태라 할 것이다(이혜숙, 2013). 따라서 아동의 건전한 발달을 최우선으로 하기 위해서라도 재판 이후의 적절한 아동보호 시스템이 필요하다 할 것이다.

4. 판례를 통해 생각해 볼 문제

【1】 우리나라는 아동·청소년대상 성범죄와 관련해 다양한 정책과 시스템을 위한 법적 보호조치가 잘 이루어지고 있는지에 대해 알아보시오.

【2】 우리나라는 아동·청소년성폭력피해 후 강력한 아동보호를 위한 치료적 법률시스템을 갖추고 있는지에 대해 알아보시오.

【3】 우리나라는 아동·청소년성범죄와 관련해 아동의 성적 자기결정권 보호를 위한 사법부의 명확한 판결기준을 갖추고 있는지에 대해 살펴보시오.

【4】 아동·청소년대상 성범죄의 형량과 관련해 법정형과 선고형의 편차는 존재하는지에 대해 생각해 보시오.

참고문헌

강동욱(2010). 일본에서의 아동학대에 대한 대응체계와 법제도. 법과 정책연구, 22(2), 97-115.
강동욱(2014). 한국에 있어서 아동학대범죄의 처리절차에 관한 고찰: 아동학대범죄의 처벌 등에 관한 특례법을 중심으로. 소년보호연구, 26, 231-240.
강동욱(2017). 아동학대 범죄 피해아동의 보호를 위한 법·제도적 보완 방안. 홍익법학, 17(1), 55-

79.

국가인권위원회(2004). 인권백서. 서울: 국가인권위원회.

국정현안점검조정회의(2018). 아동학대 방지 보완대책: 아동학대 대책 실효성 제고 방안. 관계부처 합동, 1-18.

김민지(2014). 친권정지·제한제도에 관한 민법일부개정안의 소개 및 검토. 법학논총, 27(2), 11-47.

김수정·이재연(2011). 아동보호를 위한 외국의 아동학대 신고제도 연구. 아동과 권리, 15(1), 21-43.

권순민(2012). 형사절차에서 아동의 증언능력과 신빙성 판단에 대한 연구: 대법원 판례 분석을 중심으로. 형사정책연구, 23(4), 123-151.

김병수(2015). 성폭력범죄의 구속기준. 비교형사법연구, 17(4), 57-86.

김용화(2013). 아동 대상 성폭력범죄 처벌 수준에 관한 연구. 서울법학, 20(3), 145-177.

김지영(2009). 가족 내 미성년 성폭력범죄의 실태와 피해자 중심의 법제도적 대응 방안에 관한 연구. 형사정책연구, 20(1), 1081-1101.

류정희(2017). 아동학대 현황과 아동권리보장을 위한 아동보호체계 개선방향. 보건복지포럼, 5-23.

박병도(2007). 아동권리협약의 이행을 위한 국내법 정비. 입법정책, 1(1), 35-65.

박세경(2015). 영국 아동보호체계 운영 현황과 함의. 보건복지포럼, 80-89.

박연주(2014). 아동권리보호를 위한 아동학대 관련 판례분석. 한국사회복지학, 66(2), 31-49.

박연주(2015). 아동인권 관점에서 살펴 본 아동학대 관련 판례분석연구. 성균관대학교 대학원 박사학위논문.

박연주·김봉선(2018). 아동학대범죄의 처벌 등에 관한 특례법 전·후 판결 비교: 아동학대 사망 사건의 양형분석을 중심으로. 한국사회복지학, 70(3), 139-157.

박연주·김정우(2014). 판례분석을 통해 본 아동·청소년 인권과 체벌연구. 한국아동복지학, 48, 33-54.

박연주·한창근·조원희(2017). 한국의 아동·청소년대상 성범죄 양형분석연구. 한국아동복지학, 58, 47-76.

박주영(2008). 미국의 친권상실제도에 관한 검토: 아동학대사례에 대한 대응을 중심으로. 비교사법, 16(1), 1-38.

박주영(2010). 독일과 프랑스의 친권상실제도에 관한 고찰: 부모에 의한 아동학대 사례를 중심으로. 안암법학, 33, 141-177.

박진완(2008). 아동권리협약의 국내적 이행과정에 대한 분석. 세계헌법연구, 16(1), 181-208.

박찬걸(2011). 교원에 의한 체벌행위의 정당성과 그 허용범위. 형사정책연구, 22(1), 40-62.

방희선(2012). 양형의 본질과 양형기준에 관한 소고. 형사법의 신동향, 34, 1-34.

성빈(2011). 성폭력범죄 양형기준에 관한 연구. 동국대학교 대학원 석사학위논문.

손병덕(2012). 아동의 권리침해 현황: 성폭력과 학대로부터 아동보호. 한국범죄학, 6(2), 157-184.

여하윤(2012). 프랑스에서의 아동학대 방지 관련 법제. 법학논문집, 56(3), 163-183.

오영근(2009). 바람직한 양형기준의 방식. 형사정책연구, 20(1), 347-370.

우병창(2011). 아동권리협약의 이행과 우리법의 정비. 안암법학, 34, 477-522.

윤용규(2012). 체벌 논의에 관한 반성적 고찰. 형사정책연구, 23(3), 161-198.

이노홍(2013). UN아동권리협약 및 선택의정서에 따른 아동권리보호의 국제적 동향: 아동의 청원권에 관한 제 3선택의정서를 중심으로. 세종: 한국법제연구원.

이미정·장미혜·박복순·마경희·박연주(2016). 학대피해가 의심되는 아동 발굴 및 지원 개선방안 연구. 경기: 수원시의회연구보고서. 한국여성정책연구원.

이상희·하승수·이혜원(2008). 한·일 아동학대 관련 법률에 대한 비교 연구. 아동과 권리, 12(3), 225-248.

이세원(2015a). 아동학대 사망사건 판결에 관한 연구: 울산 계모사건을 중심으로. 보건사회연구, 35(2), 254-286.

이세원(2015b). 아동학대범죄에 대한 형사 판결 분석 연구: 아동복지법 위반사례를 중심으로. 한국 사회복지학, 67(2), 113-136.

이재상(2003). 형법총론. 서울: 박영사.

이종근(2011). 체벌의 허용범위에 대한 비교법적 연구. 동아법학, 52, 189-218.

인권정책연구소(2012). 인권10강. 서울: 인권정책연구소.

이혜숙(2005). 성폭력 피해아동의 법정증언 능력에 대한 연구. 한국교육논단, 4(2), 141-161.

이혜숙(2013). 아동인권 보호를 위한 아동성폭력의 양형기준의 연구. 법과 인권교육연구, 6(1), 123-145.

정익중·최선영·정수정·박나래·김유리(2016). 아동학대 사망사건 판결의 양형 분석. 한국사회 복지학, 68(2), 131-160.

정진경(2010). UN아동권리협약의 국내법적 및 실천적 수용성-아동복지법과 아동복지시설을 중심으로. 아동과 권리, 14(2), 219-244.

정현수(2013). 친권의 제한제도에 관한 일고. 법학연구, 40, 251-279.

조국(2007). 교사의 체벌과 정당행위. 서울대학교 법학, 48(4), 314-330.

조국(2013). 학생인권조례 이후 학교체벌의 허용 여부와 범위. 서울대학교 법학, 54(1), 111-134.

조석훈·김효정·표시열(2012). 학생 훈육 수단으로서 체벌에 관한 교사·학생·학부모의 인식 비교와 법적 과제. 교육 법학연구, 24(2), 67-91.

조원희·한창근·박연주(2017). 아동대상 성범죄에 대한 형벌제도: QCA 방법론을 이용한 양형분석. 한국 사회복지연구, 48(2), 71-95.

표시열·유철희(2012). 국가인권위원회 활동 10년의 평가: 아동·학생의 인권분야. 헌법학연구, 18(2), 265-300.

홍승애(2010). 아동의 참여권 행사에 관한 연구. 인권복지연구, 8, 59-82.

홍신기·김현욱·권동택(2010). 주요국의 아동체벌 금지입법 사례와 시사점. 비교 교육연구, 20(1), 29-50.

황옥경·이승기(2011). 아동을 위한 법적 발전 방향 연구. 아동과 권리, 15(1), 45-66.

Andrew, R. (2006). Child sexual abuse and the state: Applying critical outsider methodologies to legislative policy making. *UC Davis Law Review, 39*(5), 1851–1890.

Andrews, S. J. Lamb, M. E, & Lyon, T. D. (2015). Question types, responsiveness, and self-contradictions when prosecutors and defense attorneys question alleged victims of sexual abuse. *Applied Cognitive Psychology, 29*, 253–261.

Briere, J. & Elliott, D. M. (2003). Prevalence and psychological sequelae of self-reported childhood physical and sexual abuse in a general population sample of men and women. *Child Abuse and Neglect, 27*(10), 1205–1222.

Finkelhor, D. & Jones, L. (2006). Why have child maltreatment and child victimization declined?. *Journal of Social Issues, 62*(4), 685–716.

Sullivan, P. A. & Knutson, J. F. (2000). Maltreatment and disabilities–A population-based epidemiological study. *Child Abuse and Neglect, 24*(10), 1257–1273.

서울지방경찰청 홈페이지 www.smpa.go.kr

법제처 홈페이지 www.moleg.go.kr

중앙아동보호전문기관 홈페이지 http://www.korea1391.org/

장애인의 자유침해에 대한 보호: 생명·신체를 훼손당하지 아니할 권리

제4장 장애인의 자유침해에 대한 보호:
생명·신체를 훼손당하지 아니할 권리

학습목표

1. 장애인학대가 장애인인권에 미치는 영향에 대해 알아본다.
2. 장애인성폭력에 의한 장애인인권의 침해에 대해 알아보고 장애인의 성적 자기결정권에 대해
   살펴본다.
3. 장애인학대 및 장애인성폭력범죄와 관련한 법제에 대해 살펴본다.
4. 장애인학대 및 장애인성폭력범죄와 관련한 판례에 대해 살펴본다.

제1절 서론

　장애인의 인권과 관련해서도 자유의 침해에 대한 보호란 「헌법」 제10조의 "모든 국민은 인간으로서의 존엄과 가치를 가지며, 행복을 추구할 권리를 가진다. 국가는 개인이 가지는 불가침의 기본적 인권을 확인하고 이를 보장할 의무를 진다."라는 규정에 따라 장애인이 신체의 자유에 침해를 받게 될 경우 국가에 의해 보호받을 권리가 있음을 의미한다. 장애인은 대표적인 인권 보장의 사각지대에 있는 계층으로 이들은 연령·성별·사회적 신분 등 거의 모든 영역에서 차별을 받는 계층이라 할 것이다. 따라서 장애인의 경우 신체·생명을 훼손당하지 않을 자유의 권리침해와 관련해서는 장애인특성에 따른 적절한 법률의 정비 및 법적 원조가 이루어져야 할 것이다.

　국제적으로는 「UN장애인권리협약(UN Convention on the Rights of Persons

with Disabilities)」(이하 UNCRPD)을 통해 장애인의 보편적 인권추구를 위해 노력하고 있다. UNCRPD은 2001년 제56차 UN총회 기조연설을 통해 제안되어 그해 12월 총회에서 채택되면서 동시에 '장애인의 권리와 존엄을 보호하고 촉진하기 위한 총체적이고 통합적인 국제협약에 관한 특별위원회'의 설립이 결정되게 된다. 이후 2006년 8월 제8차 특별위원회에서 UNCRPD가 완성되었으며, 192개국 만장일치로 채택되었다(국가인권위원회, 2007). UNCRPD는 전문 총 25개의 각호, 50개의 조문으로 이루어져 있으며, 제1절 총론, 제2절 실체적 조항, 제3절 장애인권리위원회와 모니터링, 제4절 절차적 규정으로 구분되어 있다(국가인권위원회, 2007).

또한 영국 뇌성마비연합회를 의미하는 시민단체인 SCOPE[1]는 장애인들이 비장애인의 삶과 차별 없이 살 수 있도록 장애인의 사회적 활동참여와 인권 보호를 위해 노력하고 있다. SCOPE는 또한 장애아동의 차별 없는 삶을 추구하기 위해 노력하고 있으며 '평등한 어린이 책 집필 기준'을 다음과 같이 제시하고 있다. SCOPE에서는 아동들을 대상으로 한 책 집필기준으로, 첫째, 일방적으로 불쌍한 존재, 초현실적 영웅은 안 됨, 둘째, 전형적인 해피엔딩 구조 지양, 셋째, 개인의 변화가 아닌 사회적 변화, 넷째, 소수자의 꿈과 희망 표현, 다섯째, 의도 없이 자연스럽게 등장하는 소수자 등이 제시되었다. 이러한 내용들은 장애아동들을 위한 책의 집필기준을 넘어서 아동 · 청소년을 대상으로 한 교과서의 집필기준으로도 적용될 수 있을 것이다.

이 장에서는 장애인학대와 장애인 성폭력범죄에 대해 살펴보면서 각 주제에 따른 사회복지 시사점에 대해 살펴보고자 한다.

---

1) SCOPE는 1962년 설립되었고 영국 전역에 40개의 지역기관을 운영하고 있다. 이 기관들에는 장애인 700여 명을 포함한 3,000명이 근무하고 있는 것으로 보고되고 있다. 또한 매년 1,000만 파운드(약 210억 원) 이상의 기금을 조성하고 있으며 이 기금을 이용한 캠페인 비용 및 장애인을 대상으로 한 서비스 비용 등으로 지출하고 있다.

제2절 장애인학대

1. 장애인학대의 현황과 문제점

우리나라에서는 장애인학대의 개념이 도입된 것은 「장애인복지법」이 일부 개정된 2012년 10월 22일부터이며, 이후 "2015년 6월 22일 장애인학대의 예방 및 피해 장애인지원을 위한 신고의무자의 확대, 보조인의 선임, 국가와 지방자치단체의 의무 등의 강화, 장애인학대전담기관인 장애인권익옹호기관을 설치하는 「장애인복지법」 일부 개정 법률안이 공표되어 시행되면서 장애인을 학대로부터 보호하는 체계를 본격적으로 갖추게 되었다."[2]

「장애인복지법」 제2조 제3항에 따라 "장애인에 대하여 신체적·정신적·정서적·언어적·성적 폭력이나 가혹행위, 경제적 착취, 유기 또는 방임을 하는 것을 말한다."고 장애인학대에 대한 정의를 내리고 있다. 또한 「장애인차별금지 및 권리구제 등에 관한 법률」 제3조 정의 규정 중 제21호에 따라 "'괴롭힘 등'이라 함은 집단따돌림, 방치, 유기, 괴롭힘, 희롱, 학대, 금전적 착취, 성적 자기결정권 침해 등의 방법으로 장애인에게 가해지는 신체적·정신적·정서적·언어적 행위를 말한다."라고 규정하여 장애인 학대 및 괴롭힘에 대해 정의하고 있다.

장애인학대는 장애인의 특성을 고려하여 '다름'에 대한 인식이 부족한 현실에서 출발한다고 볼 것이다. 이는 결국 '차별'로 나타나면서 이들에 대한 '학대, 폭력, 착취, 무시' 등으로 나타나게 된다. 이런 현 상황과 관련해 장애인학대에 대한 전국단위의 공식적 정부 실태조사와 관련해 2018년 5월 보건복지부에서 실시하였으나 아직 공식적 집계되지 않고 있으나 2018년 상반기 장애인학대 현황 분석에서는 장애인학대의 5가지 유형 중 경제적 착취가 가장 많이 발생한 것으

---

2) http//www.cowalk.or.kr(사)장애우 권익문제연구소(2019. 1. 14. 방문).

로 나타났다(보도자료, 2018).

또한 현재 전국에 18(중앙 1, 지역 17)의 장애인권익옹호기관은「장애인복지법」제59조의11[3)]에 따라 장애인학대를 예방하고 피해 장애인들에 대한 지원과 사후관리를 담당하고 있다(보도자료, 2018). 이에 대해 도식화 살펴보면 다음 〈표 4-1〉과 같다.

〈표 4-1〉   장애인권익옹호기관의 업무

중앙옹호기관 주요업무	지역옹호기관 주요업무
- 지역옹호기관에 관한 지원 - 장애인학대 예방관련 연구 및 실태조사 - 장애인학대 예방관련 프로그램의 개발·보급 - 장애인학대 예방관련 교육 및 홍보 - 장애인학대 예방관련 전문 인력의 양성 및 능력개발 - 관계기관·법인·단체·시설 간 협력체계의 구축 및 교류	- 장애인학대 신고접수, 현장조사 및 응급보호 - 피해 장애인과 그 가족, 장애인학대행위자에 대한 상담 및 사후관리 - 장애인학대 사례판정위원회 설치·운영 - 피해 장애인 등에 대한 상담 및 사후관리 - 피해 장애인의 보호 및 피해회복

---

3) 제59조의11(장애인권익옹호기관의 설치 등) ① 국가는 지역 간의 연계체계를 구축하고 장애인학대를 예방하기 위하여 다음 각 호의 업무를 담당하는 중앙장애인권익옹호기관을 설치·운영하여야 한다. 1. 제2항에 따른 지역장애인권익옹호기관에 대한 지원, 2. 장애인학대 예방 관련 연구 및 실태조사, 3. 장애인학대 예방 관련 프로그램의 개발·보급, 4. 장애인학대 예방 관련 교육 및 홍보, 5. 장애인학대 예방 관련 전문 인력의 양성 및 능력개발, 6. 관계 기관·법인·단체·시설 간 협력체계의 구축 및 교류, 7. 장애인학대 신고접수와 그 밖에 보건복지부령으로 정하는 장애인학대 예방과 관련된 업무, ② 학대받은 장애인을 신속히 발견·보호·치료하고 장애인학대를 예방하기 위하여 다음 각 호의 업무를 담당하는 지역장애인권익옹호기관을 특별시·광역시·특별자치시·도·특별자치도에 둔다. 1. 장애인학대의 신고접수, 현장조사 및 응급보호, 2. 피해장애인과 그 가족, 장애인학대행위자에 대한 상담 및 사후관리, 3. 장애인학대 예방 관련 교육 및 홍보, 4. 장애인학대사례판정위원회 설치·운영, 5. 그 밖에 보건복지부령으로 정하는 장애인학대 예방과 관련된 업무. ③ 장애인권익옹호기관의 장은 제1항 및 제2항에 따른 업무를 수행하기 위하여 필요한 경우 관계 기관의 장에게 사실 확인이나 관련 자료의 제공을 요청할 수 있다. 이 경우 자료 제공을 요청받은 관계 기관의 장은 정당한 사유가 없으면 요청에 따라야 한다. ④ 보건복지부장관, 특별시장·광역시장·특별자치시장·도지사·특별자치도지사는「공공기관의 운영에 관한 법률」제4조에 따른 공공기관 또는 장애인 학대의 예방 및 방지를 목적으로 하는 비영리법인을 지정하여 장애인권익옹호기관의 운영을 위탁할 수 있다. 이 경우 보건복지부장관, 특별시장·광역시장·특별자치시장·특별자치도지사는 그 운영에 드는 비용을 지원할 수 있다. ⑤ 장애인권익옹호기관의 설치기준·운영, 상담원의 자격·배치기준, 운영 수탁기관 등의 지정, 위탁 및 비용 지원 등에 필요한 사항은 대통령령으로 정한다.

– 장애인학대 예방관련 정책의 개발
– 장애인학대 신고접수 및 관리를 위한 전산시스
  템의 구축 및 운영
– 장애인학대관련 통계의 생산 및 제공
– 장애인권익옹호에 관한 국제 교류
	– 관계기관·법인·단체·시설 간 협력체
	  계의 구축 및 교류
	– 장애인학대 사건조사 및 결과 등에 관한
	  정보제공요청 등 중앙옹호기관의 요청에
	  따른 업무

출처: 보도자료(2018, p. 8).

이 책에서는 장애유형 중 지적장애인에 대한 학대가 가장 많은 점(노수희, 2016)에 착안하여 장애인 중 지적장애인 특히 이들에 대한 경제적 착취와 관련해 인권의 사각지대에 있는 장애인노동과 신체적 학대를 통한 가혹행위, 그에 따른 경제적 착취와 관련한 사례를 살펴보고자 한다. 이는 지적장애인에 대한 노동, 경제적 착취가 발생하는 이유로 이들에 대한 개인적 취약성, 가해자에 대한 의존적 삶이 될 수 밖에 없는 사회적 구조에 대한 문제점을 살펴 대책을 제언하고자 함에 있다.

2. 장애인학대 예방과 조치

1) 장애인학대 예방을 위한 장애인인권 보호 조치

장애인학대와 관련한 실태조사 연구에 따르면 장애인학대 중 일상생활 모든 영역에서 도움이 필요한 지적장애인의 학대가 가장 높은 것으로 나타났다(노수희, 2016). 연구에서는 일상생활에 도움이 필요한 정도에 따라 신체적·정신적 학대피해가 지적장애인의 경우 가장 높은 것으로 나타나 돌봄 제공자인 보호자에 대한 스트레스보완조치가 절실한 것으로 나타났다(노수희, 2016).

국가에서는 장애인 활동지원을 위해 「장애인 활동지원에 관한 법률」을 통해 장애인과 보호자에 대한 지원을 돕고 있다. 동 법 제1조에서는 "신체적·정신적 장애 등의 사유로 혼자서 일상생활과 사회생활이 어려운 장애인에게 제공하는 활동지원 급여 등에 관한 사항을 규정하여 장애인의 자립생활을 지원하고 그 가족의 부담을 줄임으로써 장애인의 삶의 질을 높이는 것을 목적으로 한다."고 규정하고 있다. 그러나 보호자에 대한 스트레스관리에 대한 교육프로그램은 여전히 미흡한 실정이다.

한편, 장애인학대는 장애인보호시설 등 장애인을 보호하고 함께 생활하는 시설에서 빈번하게 일어나고 있는 실정이다. 특히 장애인의 노동과 관련해 이들 시설에서는 노동력을 착취하고 정당한 보수를 지급하지 않으며, 단순히 경제적 착취에 그치지 않고 집단 폭력행위까지 일어나 장애인인권침해가 심각한 수준에 있음을 극명하게 보여 주고 있다. 이에 이 책에서는 장애인의 시설에서의 노동현실을 살펴보고 장애인 특히 지적장애인의 특성에 따른 교육프로그램의 도입이 절실함에 대해 살펴보고자 한다.

2) 장애인 탈시설화를 위한 지역사회의 노력

장애인거주시설과 관련한 장애인학대 실태조사(보건복지부, 2014)에 따르면 장애인거주시설에서 장애인학대가 빈번하게 발생하고 있음에 대해 언급하면서 이는 공개되지 않는 공간에서 일어나는 학대로 지역사회에서는 탈시설화를 통한 독립적 생활이 가능하게 자립지원을 위한 노력이 이루어져야 할 것이라 보았다.

장애인에 대한 탈시설화의 문제는 지역사회복지의 중요논점으로 주요 사회안전망으로부터 장애인들이 소외되고 배척되지 않도록 노력해야 하는 것도 지역사회의 역할이라 할 것이다. 장애인에 대한 주거시설로는 특수 주거시설과 일반 주거시설로 나눌 수 있으며(양옥경, 1996; 유동철, 2017 재인용), 특수 주거시설에는 대단위 시설인 요양원, 병원 등이 있고 소규모 특수 주거시설로는 중간 집, 위탁 가정, 장애인 그룹홈 등이 있다(유동철, 2017). 장애인에 대한 시설화는 대단위 시설의 장애인 인권침해, 통제 및 학대 등의 문제로 인해 소단위의 중간 집, 위탁 가정, 그룹홈 등에 따른 지역사회에 거주하면서 시설을 이용하고 지원하는 탈시설화의 선호 경향이 높다. 따라서 장애인의 개인별 욕구 충족 및 사생활 보호를 위해 이러한 지역사회의 지원이 이루어져야 할 것이다.

하지만 탈시설화는 개별화 지원과정 및 전달체계가 확립이 되어야 충실하게 실시될 수 있다는 점에서 사회복지 기관 및 전달체계의 내실화가 선행 과제이기도 하다. 기본적으로 탈시설화는 바람직한 개념이기도 하고 실천 원칙이기도 하지만 실제 이러한 탈시설화가 어느 정도 확대되고 개선되는지에 대한 평가지표가 드문 것이 사실이다. 따라서 이에 대한 평가지표가 필요한 시점이라 할 것이다.

3. 장애인학대 관련법제와 관련사례

1) 장애인학대 관련법제

「헌법」 제10조의 인간존엄 및 행복추구권에 대한 보장을 중심으로 장애인에 대한 관련법제들도 정비되기에 이른다. 장애인인권과 관련해서는 「헌법」을 기준으로 「장애인복지법」, 「특수교육진흥법」, 「교통약자의 이동편의 증진법」, 「장애인차별금지 및 권리구제에 관한 법률」 등이 대표적 장애인인권관련 국내 법률이라 볼 것이다.

장애인학대와 관련해서는 「장애인복지법」 제2조 제3항에 의해 "장애인에 대하여 신체적·정신적·정서적·언어적·성적 폭력이나 가혹행위, 경제적 착취, 유기 또는 방임을 하는 것을 말한다."고 정의하고 있으며 본 규정에 따라 관련 지원체계에 대해 「장애인복지법」은 규정하고 있다. 동법 제59조의4[4]에 따르면

---

4) 제59조의4(장애인학대 및 장애인 대상 성범죄 신고의무와 절차) ① 누구든지 장애인학대 및 장애인 대상 성범죄를 알게 된 때에는 제59조의11에 따른 중앙장애인권익옹호기관 또는 지역장애인권익옹호기관(이하 "장애인권익옹호기관"이라 한다)이나 수사기관에 신고할 수 있다.
② 다음 각 호의 어느 하나에 해당하는 사람은 그 직무상 장애인학대 및 장애인 대상 성범죄를 알게 된 경우에는 지체 없이 장애인권익옹호기관 또는 수사기관에 신고하여야 한다.
1. 「사회복지사업법」 제14조에 따른 사회복지 전담공무원 및 같은 법 제34조에 따른 사회복지시설의 장과 그

장애인학대 및 장애인대상 성범죄 신고의무와 절차를 두어 장애인학대와 성범

　　종사자

2. 「장애인활동 지원에 관한 법률」제16조에 따른 활동지원인력 및 같은 법 제20조에 따른 활동지원기관의 장과 그 종사자

3. 「의료법」제2조 제1항의 의료인 및 같은 법 제3조 제1항의 의료기관의 장

4. 「의료기사 등에 관한 법률」제1조의2의 의료기사

5. 「응급의료에 관한 법률」제36조의 응급구조사

6. 「소방기본법」제34조에 따른 구급대의 대원

7. 「정신건강증진 및 정신질환자 복지서비스 지원에 관한 법률」제3조 제3호에 따른 정신건강복지센터의 장과 그 종사자

8. 「영유아보육법」제10조에 따른 어린이집의 원장 등 보육교직원

9. 「유아교육법」제20조에 따른 교직원 및 같은 법 제23조에 따른 강사 등

10. 「초·중등교육법」제19조에 따른 교직원, 같은 법 제19조의2에 따른 전문상담교사 등 및 같은 법 제22조에 따른 산학겸임교사 등

11. 「학원의 설립·운영 및 과외교습에 관한 법률」제6조에 따른 학원의 운영자·강사·직원 및 같은 법 제14조에 따른 교습소의 교습자·직원

12. 「성폭력방지 및 피해자보호 등에 관한 법률」제10조에 따른 성폭력피해상담소의 장과 그 종사자 및 같은 법 제12조에 따른 성폭력피해자보호시설의 장과 그 종사자

13. 「성매매방지 및 피해자보호 등에 관한 법률」제9조에 따른 지원시설의 장과 그 종사자 및 같은 법 제17조에 따른 성매매피해상담소의 장과 그 종사자

14. 「가정폭력방지 및 피해자보호 등에 관한 법률」제5조에 따른 가정폭력 관련 상담소의 장과 그 종사자 및 같은 법 제7조의2에 따른 가정폭력피해자 보호시설의 장과 그 종사자

15. 「건강가정기본법」제35조에 따른 건강가정지원센터의 장과 그 종사자

16. 「다문화가족 지원법」제12조에 따른 다문화가족 지원센터의 장과 그 종사자

17. 「아동복지법」제10조의2에 따른 아동권리보장원 및 「아동복지법」제48조에 따른 가정위탁지원센터의 장과 그 종사자

18. 「한부모가족지원법」제19조의 한부모가족복지시설의 장과 그 종사자

19. 「청소년 기본법」제3조 제6호의 청소년시설의 장과 그 종사자 및 같은 조 제8호의 청소년단체의 장과 그 종사자

20. 「청소년 보호법」제35조에 따른 청소년 보호·재활센터의 장과 그 종사자

21. 「노인장기요양보험법」제2조 제5호의 장기요양요원

③ 삭제

④ 보건복지부장관은 제2항에 따른 신고의무자에게 장애인학대 및 장애인 대상 성범죄의 신고 절차와 방법 등을 안내하여야 한다.

⑤ 국가와 지방자치단체는 장애인학대 및 장애인 대상 성범죄를 예방하고 수시로 신고를 받을 수 있도록 필요한 조치를 하여야 한다.

⑥ 제2항 각 호에 따른 소관 중앙행정기관의 장은 제2항 각 호의 어느 하나에 해당하는 사람의 자격 취득 과정이나 보수교육 과정에 장애인학대 및 장애인 대상 성범죄 예방 및 신고의무에 관한 교육 내용을 포함하도록 하여야 한다.

⑦ 제4항에 따른 신고 절차·방법 등의 안내, 제5항에 따른 조치 및 제6항에 따른 교육 내용·시간·방법 등은 대통령령으로 정한다.

죄에 대한 신고의무를 강화하고 있으며, 동법 제59조의10[5]에 따라 장애인학대의 예방과 방지의무규정을 두었다.

또한 피해 장애인에 대해서는 동법 제59조의13[6]에 따라 임시거처를 마련하여 이들을 지원하고 있다. 특히 장애인학대와 관련해서는 지적장애인에 대한 학대가 가장 높게 나타나고 있는데 이러한 특징은 지적장애를 이용하여 노동을 착취하거나 재산상의 이익을 취할 수 있고 성 착취를 쉽게 할 수 있다는 인식에서 비롯되었다고 볼 수 있다(김강원, 2016). 이에 이 책에서는 장애인학대와 관련해서는 지적장애인의 노동력 착취 및 폭력행위로 사회적 문제가 되었던 염전노예사건을 토대로 관련사례를 살펴보았다.

2) 장애인학대 관련사례

(1) 사례의 내용분석

다음으로는 장애인학대와 관련한 사례분석으로 지적장애인에 대한 혹사, 경제적 착취와 관련한 염전노동 피해 장애인학대사건을 중심으로 전개해 보고자 한다. 이 장에 나타나는 사례대상자들은 각각 지적장애2급과 3급으로 당시 장애인인권침해예방센터와 전남장애인인권센터의 지원을 받은 대상 장애인들 중 일부 지적장애인들을 토대로 내용을 살펴보았음을 밝힌다.

---

5) 제59조의10(장애인학대의 예방과 방지 의무) 국가와 지방자치단체는 장애인학대의 예방과 방지를 위하여 다음 각 호의 조치를 취하여야 한다. 1. 장애인학대의 예방과 방지를 위한 각종 정책의 수립 및 시행, 2. 장애인학대의 예방과 방지를 위한 연구·교육·홍보와 장애인학대 현황 조사, 3. 장애인학대에 관한 신고체계의 구축·운영, 4. 장애인학대로 인하여 피해를 입은 장애인(이하 "피해장애인"이라 한다)의 보호 및 치료와 피해장애인의 가정에 대한 지원, 5. 장애인학대 예방 관계 기관·법인·단체·시설 등에 대한 지원, 6. 그 밖에 대통령령으로 정하는 장애인학대의 예방과 방지를 위한 사항

6) 제59조의13(피해장애인 쉼터) ① 특별시장·광역시장·특별자치시장·도지사·특별자치도지사는 피해장애인의 임시 보호 및 사회복귀 지원을 위하여 장애인 쉼터를 설치·운영할 수 있다. ② 제1항에 따른 장애인 쉼터의 설치·운영 등에 필요한 사항은 보건복지부령으로 정한다.

〈표 4-2〉 사례의 내용정리

순번	장애유형	염전 입소시기	염전 입소 당시의 상황
1	지적장애2급	2005년	2005년 서울역에서 배회하던 중 염전 주인 동생에 의해 염전으로 입소하게 됨
2	지적장애2급	2007년	부모님이 돌아가신 후 스스로 염전에 들어와 살게 됨
3	지적장애3급	1996년	가족에 의해 15년 전 실종자로 되어 있었으나 찾지 못하였고 염전에서 생활하고 있었음
4	지적장애3급	모름	입소 당시 상황은 알 수 없으나 염전 피해자로 분류 이후 노숙인 시설에서 생활하다 서울 ○○○로 이전생활
5	지적장애3급	2000년	서울역 근처 직업소개소에 의해 염전에 입소하게 됨

출처: 이동석 외(2016) 표 변형 참조.

앞의 대상자들을 토대로 한 연구(이동석 외, 2016)에서는 사례대상자들의 경제적 인지도 및 개인적 상황에 대해 심층면접을 통해 살펴보면서 학대의 주요원인을 찾고자 하였으며, 연구결과 취약한 개인의 상황과 폭력적이고 위압적인 상황에의 노출, 가해자에 대한 의존적 삶 등이 학대의 원인임을 알 수 있었다. 즉, 염전노예사건은 피해자가 지적장애인임을 악용하여 장기간 노동력을 착취하고 신체를 학대하며 이들의 자유를 제한했다는 점이다. 이는 이들과 관련한 15건의 확정판결을 분석한 연구(김강원, 2016)에서도 살펴볼 수 있겠다. 김강원(2016)연구에서는 이들과 관련한 판결 내용을 좀 더 장애인인권과 관련시켜 권리침해적 요소인 신체학대, 노동권, 이동권을 중심으로 살펴보고 있다.

첫째, 신체학대와 관련해 염전노예사건은 일종의 근로자의 근로자폭행으로 살펴본 경우 「근로기준법」 제8조[7] 및 제9조[8]의 위반에 대한 판결과 상해죄, 살인미수죄, 「폭력행위 등 처벌에 관한 법률」 위반의 상습폭행죄의 죄목 등을 인정할

---

7) 제8조(폭행의 금지) 사용자는 사고의 발생이나 그 밖의 어떠한 이유로도 근로자에게 폭행을 하지 못한다.
8) 제9조(중간착취의 배제) 누구든지 법률에 따르지 아니하고는 영리로 다른 사람의 취업에 개입하거나 중간인으로서 이익을 취득하지 못한다.

수 있으며, 실제 재판에서도 이를 반영한 것을 알 수 있다(김강원, 2016).

둘째, 노동권과 관련해서는 지적장애인을 기망하여 유인함으로써 이들의 노동력을 장기간에 걸쳐 착취하고 직업소개소를 통한 역 주변의 노숙자 중 장애인이라는 심신장애를 이용했다는 점을 악용하고 있음을 인정하고 있다. 이들의 근로기간과 관련해서는 적게는 8개월에서 가장 많게는 16년(3번 실종신고 장애인)까지 긴 시간 동안 정당한 임금을 지급받지 못하였음을 인정하고 있다. 그럼에도 불구하고 판결에서 이들이 받지 못한 임금과 관련해서는 준사기죄만을 인정하였고 인신매매 및 노동력 착취목적 약취유인죄는 적용되지 않았다(김강원, 2016). 우리나라는 「UN 국제조직범죄 방지협약」과 그 부속서인 UN 인신매매방지의정서의 국내이행의 촉구에 따라 2013년 인신매매와 관련해 "영리목적으로 사람을 매매한 사람은 1년 이상 10년 이하의 징역에, 국외이송, 노동력 착취, 성매매와 성적 착취, 장기적출을 목적으로 사람을 매매하는 경우에는 2년 이상 15년 이하의 징역에 처하도록 규정"할 것을 재개정하였다. 염전사건의 경우는 노동력 착취를 위해 사람을 취업알선을 통해 매매하거나 심신장애상태에 있는 장애인을 사실상의 지배하에서 노동력을 착취한 것임에도 불구하고 매매라는 사항에만 문리적으로 해석하여 본 조항을 재판에서 적용하지 못하여 양형이 미흡했다는 지적을 받고 있다(김강원, 2016).

마지막으로, 이동권과 관련해 염전노예장애인들을 감금하고 폭행하여 노동력을 착취함에 감금죄를 인정하여 이들의 이동권을 침해했음을 인정하였다. 그럼에도 불구하고 이들의 섬에서의 탈출을 막고 감금한 것은 생활의 자유를 침해하고 있으나 자유로운 이동의 권리까지 막은 것에 대해서는 판단하지 않고 있다. 이동의 권리는 단순히 생활의 자유침해를 떠나서 장애인들의 자립생활과도 연계되므로 장애인인권침해와 관련해서는 사법부의 섬세한 판단이 미치지 못했음이 아쉽다 볼 것이다(김강원, 2016).

(2) 장애인인권관점에서 사례의 시사점

장애인은 인권과 관련해 매우 취약한 계층이라 볼 수 있다. 특히 이들에 대한 노동권의 불안정성을 이용하여 경제적 착취를 하고자 학대를 일삼는 행위는 반인륜적 행위라 할 것이다. 일반적으로 장애인복지시설의 문제점으로 지적되고 있는 노동력 착취, 폭력, 열악한 서비스 등과 관련한 부당한 처우 등이 장애인, 즉 사회적 약자라는 점과 집단시설에 모여 생활한다는 점이 만나 악용되고 있는 점과 유사하다 볼 것이다.

장애인은 사회와 일터에서 자립적 생활능력을 갖기에는 자본주의사회에서는 어려움이 많기 때문에 집단시설을 이용하게 된다(손병돈 외, 2011). 이러한 이유로 인해 가해자에게 의존적인 부분이 발생하게 되고, 사적영역에서의 폭력과 착취에 노출되기 쉽다. 그럼에도 불구하고 앞의 사례에서도 드러나듯이 장애인에 대한 자립생활의 필요성에 대해 사법부 및 사회복지정책전문가들은 인지는 하고 있으나 이에 대한 해결책에 대해서는 미봉책에 그치고 있음을 알 수 있었다. 특히 김강원(2016)의 연구에서는 염전 피해자들은 지역사회가 갖는 열악한 인권의식의 문제점과 미흡한 근로감독, 실태조사에서의 문제점, 중간 알선책에 대한 수사의 문제점 및 미흡한 양형기준에 대해 종합적으로 언급하면서 사회전반적인 지적장애인들에 대한 처우개선에 대해 강력한 입법안이 마련되어야 함을 시사하고 있다.

시장경제구조에서의 높은 노동과 효율성을 추구하는 기업체문화에서 장애인의 노동은 단순노무직에 머물게 되는 한계점을 갖고 있다. 따라서 장애인에 대한 노동시장구조의 변화를 사회가 인식하지 않게 되면 장애인인권에 악순환이 되풀이되고 이로 인해 사회와 격리되는 반복적 생활에 노출되면서 편견과 차별이 고착화된다 할 것이다(손병돈 외, 2011).

물론 장애인인권의 시정과 관련해서는 즉각적으로 개선사항을 시행할 수 있는 부분이 있고, 많은 비용과 노력, 시간이 필요한 부분이 있다. 따라서 장애인인권 정책안 마련과 관련해서는 개혁의 의식을 갖고 '차별금지'와 '인간존엄성추구를 위한 권리기반'에 대한 확고한 의지가 필요한 단계라 볼 것이다.

4. 사례를 통해 생각해 볼 문제

【1】장애인학대유형 및 장애인학대의 특징에 대해 생각해 보시오.

【2】장애인에 대한 차별이 장애인학대에 미치는 영향을 생각해 보시오.

【3】장애인에 대한 '다름'에 대한 인식과 관련해 장애인 자유침해에 대한 방어권적 측면에서 논의해 보시오.

【4】장애인거주시설의 장애인인권에 대해 시설종사자들에게 어떠한 교육이 이루어져야 하는지에 대해 생각해 보시오.

제3절 장애인에 대한 성폭력범죄

1. 장애인대상 성폭력범죄의 현황과 문제점

1) 장애인대상 성폭력범죄의 현황

전국성폭력상담소협의회 장애상담소권역 20개소 통계에 따르면, 2013년 한 해 동안 상담소에 접수돼 지원한 피해자 중 비장애인을 포함한 성폭력피해자는 총 3천875명이며, 그 가운데 43%인 1천673명이 장애인성폭력 피해자다. 이 중 지적 장애인은 1,227명으로 73%를 차지했으며, 피해자 대부분이 성인여성인 것으로 조사되었다. 이와 함께 경찰청이 집계한 장애인 대상 성폭력범죄 발생 건수 통계를 보면 ▲2011년 494건 ▲2012년 656건 ▲2013년 852건으로 매년 증가했으며, 「성폭력 특례법」이 개정된 2011년 이후 3년간 약 2배 정도 증가한 것을 확인할 수 있다. 또한 장애인성폭력상담소 관계자에 따르면, 2002년에 전국 12개

였던 장애인성폭력 전문상담소가 현재는 25개로 15년 만에 2배가 늘어났음에도, 각 상담소별 상담 건수는 꾸준히 증가하고 있는 추세라고 한다. 또 상담이나 신고를 하지 않은 피해자를 포함하면 그 수치는 더 높아질 것으로 예상된다.

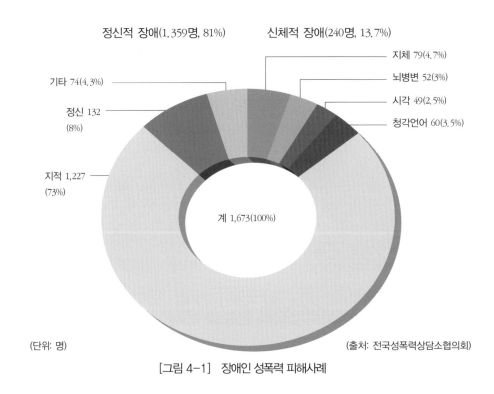

정신적 장애(1,359명, 81%)   신체적 장애(240명, 13.7%)

지체 79(4.7%)
뇌병변 52(3%)
시각 49(2.5%)
청각언어 60(3.5%)

기타 74(4.3%)
정신 132 (8%)
지적 1,227 (73%)

계 1,673(100%)

(단위: 명)   (출처: 전국성폭력상담소협의회)

[그림 4-1]   장애인 성폭력 피해사례

2) 장애인대상 성폭력범죄의 문제점

장애인대상 성폭력의 경우는 앞의 현황에서도 나타난 바와 같이 지적장애인의 성폭력이 높다. 이는 지적장애여성의 경우 낮은 지능으로 인해 '성적 자기결정권'에 있어서도 비정상적 영역에 귀속되어 있을 것이라는 일반적 인식에 의해 장애의 일부 손상이 전체로 확대되어 성폭력범죄의 손쉬운 대상이 되기 때문이다 (김정혜, 2016).

지적장애여성에 대한 성폭력범죄에 대한 법원의 판단 요소를 살펴보면 피해자인 장애여성의 장애가 '저항할 수 없음'의 판단 요소로 결정되는지에 대해 우리 법원은 양분된 법체계에 따라 장애여성의 성폭력범죄에 대해 판단하고 있음이 문제이다. 즉, 장애 정도가 중증인 경우의 유죄 판결에서는 '저항할 수 없음'의 판단 요소가 되는 반면 무죄 판결에서는 장애 정도만으로는 부족하고 피해자의 적극적 저항 및 저항을 억압할 또 다른 행위수단여부를 놓고 성폭력범죄를 판단한다는 점이다(김정혜, 2016). 이러한 판결은 피해자의 장애 정도나 성에 대한 이해도로 성폭력범죄에 대한 판단이 집중된다는 것으로 피해자의 특성을 반영한 종합적 장애여부판단의 법 해석이 이루어지고 있지 않다는 것을 말한다. 특히 장애여성 중 지적장애아동의 경우에는 여러 상황을 종합적으로 판단하여 장애여부 및 성적 자기결정에 대한 피해자의 능력을 판단하여야 하는데 이에 대한 법 해석 태도가 제한적이라 볼 것이다.

실제로 여성장애인 중 특히 지적장애가 있는 여성아동인 경우는 재범비율이 높고 재판과정에서도 처벌의 적정성을 놓고 문제가 제기되고 있다. 이는 성폭력이라는 특성상 피해자의 진술이 중요한 증거가 됨에도 불구하고 장애아동의 특성을 반영하지 못한 진술에 대한 평가가 이루어지고 있기 때문이라 볼 수 있을 것이다.

2. 지적장애인대상 성폭력범죄 예방과 조치

1) 지적장애인대상 성폭력범죄 예방을 위한 장애인인권 보호 조치

지적장애인대상 성폭력범죄는 낮은 지적 능력을 악용하는 경우와 지적장애의 경계선에 있는 가벼운 지적장애여성에 대한 저항을 억압하는 강제력에 의해 일어나기도 하며, 성관계에 대한 상호합의라는 성적 자기결정권을 악용하는 경우에 의해 발생하기도 한다. 이러한 지적장애여성에 대한 성폭력범죄는 지속적, 반복적으로 일어나고 있다는 특징을 갖고 있다(이대희 · 임용진, 2015). 성폭력범죄라 볼 수 있는 성학대에 대한 연구에서도 지적 장애아동은 비장애아동에 비해 성학대의 반복성이 높은 것으로 나타나고 있다(최복천 · 김유리, 2016). 특히 이들과 관련해서는 친인척, 장애관련 서비스제공자들인 장애아동과 친밀한 관계에 있는 자들에 의한 성폭력범죄가 일반 아동에 비해 높게 나타나고 있음은 지적장애아동에 대한 보호시스템이 열악함을 보여 주고 있다 할 것이다.

지적장애인대상 성폭력범죄의 예방을 위해서라도 이들 대상범죄에 대해서는 가중처벌 등에 관한 명확한 인식과 재판에서의 지적장애인에 대한 특성을 고려한 기준이 전문적으로 마련되어야 할 것이다.

2) 지적장애인대상 성폭력범죄 예방을 위한 지역사회의 노력

여성장애인에 대해서는 장애여성과 장애 소녀들이 경험하는 '장애와 여성'이라는 이중적 차별에 대해 CRPD에서도 확인하고 있다. 이들은 모성권 및 장애여성에 대한 폭력적 관점에 노출되어 있어 CRPD는 이들에 대한 인권 보호를 위한 이행 실태를 검토하고 있다(권건보, 2012).

현재 우리나라의 장애여성은 경제 · 문화적 · 사회 활동적 측면 등 다양한 모든 삶에서 제한된 삶을 살고 있어 성폭력범죄의 대상이 되기 싶다. 특히 지적장애여성대상 성폭력범죄의 경우에는 이들의 '성적 자기결정권' 부족에 의해 성폭력에 대한 대응력을 갖지 못해 더욱 심각하고 반복적인 행태를 보이고 있다(유동철, 2017). 더욱이 지적장애아동인 경우에는 양육환경, 과잉 순응화, 이들의 사회화의 취약성 등이 복합적으로 나타나 이들 대상 성폭력범죄는 더욱 심각하다 할 것이다. 따라서 이들과 관련해서는 지역사회에서의 각별한 지역사회의 활동 보조인 등을 통해 성폭력여부를 감시하여야 할 것이다. 또한 지역 내 이들에 대한 인권침해의 심각성을 대국민 홍보활동을 통해 알리고 지적장애아동에 대한 특성 및 인권교육을 수사기관 등을 통해 알려서 이들에 대한 성폭력범죄가 여타 성폭력범죄에 비해 심각함을 인지하도록 해야 한다(유동철, 2017).

3. 장애인대상 성폭력범죄 관련법제와 관련판례

1) 장애인대상 성폭력범죄 관련법제

장애인대상 성폭력범죄와 관련해서는 「성폭력범죄의 처벌 및 피해자 보호 등에 관한 법률」(이하 「성폭력특별법」) 제8조에 따라 "신체장애 또는 정신상의 장애로 항거불능인 상태에 있음을 이용하여 여자를 간음하거나 사람에 대하여 추행한 자를 강간죄 또는 강제추행죄로 처벌"한다고 규정하여 특히 장애인에 대한 성폭력범죄를 엄중 처벌하고 있다. 이러한 이유는 비장애여성에 비해 장애여성, 특히 지적장애여성이 '성적 자기결정권'에 대한 판단이 약하고 성관계에서 자유로운 의사결정이 약해 적극적인 보호조치의 필요성에 그 기준을 두고 있기 때문이다(김재윤, 2009). 또한 국제법적으로는 「UN장애인권리협약(UN Convention on the Rights of Persons with Disabilities)」 (이하 CRPD) 전문 q호에 따라 장애여성과 장애아동의 학대, 성폭력, 착취 등에 대한 인권 보호의 원칙을 천명하고 있으며, 전문 p호를 통해서는 연령을 고려할 것과 r호, s호를 통해 특히 장애아동의 인권 보호 및 성인지 관점에 의한 장애인인권 보호의 권리를 강조하고 있다.

지적장애여성, 장애소녀에 대한 성폭력범죄와 관련해서는 재판에서도 이들은 '항거불능상태'와 '성적 자기결정권'과 관련해 장애의 특성보다는 성적 자기결정권에 입각하여 판결이 진행되어 문제가 되기도 한다. 이에 이 책의 장애인 성폭력관련판례는 장애인 중 지적장애아동에 대한 성폭력범죄와 관련한 판결 내용을 살펴보았다.

2) 장애인대상 성폭력범죄 관련판례

(1) 판례의 내용분석

다음으로는 장애인대상 성폭력범죄와 관련한 판례분석으로 1~3심까지 피해자 항거불능에 대한 입증과 관련해 법리쟁점에 대한 법원의 판단이 달라진 사건

과 피해자인 장애아동의 진술과 관련해 이중의 어려움(장애와 아동)과 특징(지적
장애인)이 있는 장애아동 성폭력범죄에 대해 살펴보았다.

〈표 4-3〉 장애아동 성폭력판례 내용정리

사건번호	청구인	상대방	청구이유	법원의 판단
울산지방법원 2004. 4. 23. 선고 2003고합275판결	검사	가해자	정신지체2급의 장애아동에 대한 강간행위에 대해 항거불능 상태에 있음을 근거로 검사기소	항거불능상태를 인정할 증거불충분으로 무죄
부산고등법원 2005. 4. 20. 선고 2004노315판결	검사	가해자	항거불능상태 없음에 대한 원심의 판단에 대해 검사기소	항거불능 인정 불충분으로 검사항소기각
대법원 2007. 7. 27. 선고 2005도2994판결	검사	가해자	부산고등법원판단에 대해 불복하여 검사기소	항거불능 인정하여 원심판단 파기환송
의정부지방법원 2013. 2. 12. 선고 2012고합519	검사	가해자	부모, 아동 모두 지적장애인임을 인지하여 거주지에서 상습적으로 강간함에 검사기소	장애아동의 증언부분에 대한 일부 무죄판단

출처: 김수정 · 박연주(2018) 도표 인용 및 판례 추가.

판례의 내용 중 앞의 세 판례는 1∼3심의 법적 쟁점이 되고 있는 '항거불능상
태' 여부판단과 관련해 장애인인권관점에서 살펴보았다. 「성폭력 특례법」 제8조
의 항거불능의 입증과 관련해 장애인인 피해자 자신이 자신의 장애가 얼마나 무
력한가에 대해 입증하여야 하는데 이는 자신의 의견을 말할 수도 없고, 어떠한
행위도 할 수 없음을 인정받아야 함을 말한다(문진혁, 2013; 김수정 · 박연주, 2018
재인용). 이와 관련해 각 법원의 판단은 다음과 같았다.

〈표 4-4〉 각 법원의 판단내용정리

울산지방법원의 판결
"피해자가 정상인보다 지능이 떨어지는 정신상의 장애가 있는 사실은 인정하나 그로 인하여 항거불능인 상태에 이른 것으로 판단되지 않고 피해자가 「성폭력범죄의 처벌 및 피해자 보호 등에 관한 법률」(이하 이 법률) 제8조 소정의 정신상의 장애로 항거불능인 상태에 있었다는 점에 관하여 이를 인정할 만한 증거가 없다."

부산고등법원의 판결
"위 법률 제8조의 항거불능의 상태라 함은 심리적 또는 물리적으로 반항이 절대적으로 불가능하거나 현저히 곤란한 경우를 의미한다고 보아야 할 것"
"(중략) 정신감정결과는 '평소에 안면이 있거나, 윗사람으로 보이는 사람의 강제적인 성행위요구, 위협이나 협박에 의해 항거 불능의 사유가 된다.'는 것인바 위 증거들은 정신지체장애인인 피해자가 반항하기 어렵고 약간의 위협이나 폭행이 있더라도 쉽게 강간당할 수 있다는 취지에 불과할 뿐이지 피해자가 성적인 자기방어를 할 수 없는 상태에 있었다는 의미로 보이지 않는다."

대법원판결
"피해자의 지적능력이나 문제해결능력, 정신지체 장애를 가진 사람들의 특성, 피고인의 이 사건 각 간음행위 당시 피고인 및 피해자의 행위 내용과 태도, 그리고 이 사건 각 간음행위가 이루어질 무렵의 피해자를 둘러싼 제반 환경 등으로 비추어 보면, 피해자는 정신상의 장애가 주된 원인이 되어 피고인에 대하여 그 거부 또는 저항의사를 실행하는 것이 불가능하거나 현저하게 곤란한 상태에 있었다고 할 것이어서 위 법률 제8조 소정의 항거불능인 상태에 있었던 것으로 보아야 할 것이다."

출처: 김수정·박연주(2018) 법원 판결 내용 도표화.

이러한 판단의 변화는 장애인에 대한 특성이 실제 재판에서 적용되었는지, 아닌지에 따라 달라진 변화라 볼 것이다. 1심과 2심법원에서는 장애의 특성을 고려하지 않고 일반인의 관점에서 판단하고 있는 반면 대법원인 3심 판단에서는 정신장애와 피해자와 가해자의 관계, 주변상황 등을 모두 고려하여 항거불능에 대해 판단하고 있음을 살펴 볼 수 있다. 이 판결 이후 2011년 11월 27일 해당 법률을 개정하여 '항거불능'의 상태[9]를 삭제하고 장애인대상 성범죄에 대한 공소

9) 항거불능의 상태를 판례는 심리적 또는 물리적으로 반항이 절대적으로 불가능하거나 현저히 곤란한 경우를 의미하는 것으로 엄격히 해석해 왔다(권건보, 2012: 531).

시효 적용을 배제하는 것으로 하였다(권건보, 2012).

한편, 이와는 별도로 장애아동의 진술이 유일한 증거인 경우 법원은 '피해자의 측면'과 '가해자인 행위자적 측면'을 비교하여 장애아동의 진술의 증명력을 인정하기에는 "검사의 입증이 위와 같은 확신을 가지게 하는 정도에 충분히 이르지 못한 경우에는 비록 피고인의 주장이나 변명이 모순되거나 석연치 않은 면이 있는 등 유죄의 의심이 간다고 하더라도 피고인의 이익으로 판단하여야 한다."고 보아 가해자인 피고인의 인권 보호를 우선적으로 보호하는 판결을 내리기도 하였다. 이와 관련한 판결의 쟁점사항 내용을 살펴보면 다음과 같다.

의정부지방법원판결

"피해자 ○○은 ① 작년 여름방학 때라고 진술하였을 뿐 명확한 시점은 진술하지 못하고 있는 점, ② 2011. 2월 설날경에는 ○○의 집에 놀러간 적이 없다고 진술하면서 피해 장소에 대한 일치된 진술을 하지 못하고 있는 점, ③ 진술내용에 피해일시나 장소에 관한 사항이 포함되어 있지 않은 점, ④ 2011. 7~8월경 '나쁜 일을 당한 적이 있나요?'라는 질문에 예라고 대답은 하고 있으나 당시 상황에 대해서는 아무런 진술을 하지 못하는 점 등을 종합하건대, ○○이 지적장애로 인하여 검사의 질문의 의미를 제대로 이해하지 못하고 대답을 하였을 가능성을 배제할 수 없는 점 등을 종합할 때, ○○의 위 각 진술만으로는 피고인 ○○이 위 공소사실 일시, 장소에서 ○○을 강간하였다는 점을 인정하기에는 부족하고, 달리 이를 인정할 증거가 없다."

앞의 판단은 지적장애로 인해 왜곡되거나 엇갈린 진술부분과 관련해 장애라는 특수성을 고려하여 범죄에 취약한 계층임이 고려되었다고 볼 수 없는 판단이라 할 것이다. 또한 앞의 사례는 지적장애부모를 둔 지적장애아동 등은 성폭력에 쉽게 노출될 수 있음을 간과하고 있음을 살펴볼 수 있어 좀 더 장애에 대한 세심한 판단이 아쉬운 판결이라 볼 수 있다. 이에 다음과 같은 장애인인권 보호를 위

한 시사점을 살펴보고자 한다.

(2) 장애인인권관점에서 판례의 시사점

장애인인권관점에서 성폭력과 관련해서는 신체상의 자유침해부분이라 볼 수 있다. 이러한 신체상의 자유침해는 개인생활에서의 권리침해부분이다. 이러한 장애인의 권리침해와 관련해서는 사회권보장을 고려한 자유권보장이 이루어져야 할 부분으로 소송과 관련해서는 공익소송이 이루어져야 장애인의 특성을 반영한 장애복지전문가들의 조언이 소송에 반영이 될 것이라 사료된다.

이 밖에 장애인 성폭력범죄와 관련해 인권관점에서 시사점을 살펴보고자 한다.

첫째, 지적장애인 성폭력범죄와 관련해 재판에서 법리적 해석에 따른 판결을 할 경우 지적장애라는 특성이 특별 양형인자로 가중요건임에도 불구하고 오히려 지적장애로 인한 진술의 어려움이 고려되지 않아 장애인인권침해를 가져오게 한다. 따라서 법령에서 지적장애인의 진술과 관련해서는 특별규정이 마련되어야 할 것이다.

둘째, 지적장애인과 관련해서는 장애복지전문가로 구성된 진술조력인제도가 사법재판에 투입되어야 할 것이다. 이는 재판진술의 어려움, 재판단계에서의 긴장과 심리적 압박 등을 고려하여 지적장애인에 대한 장애복지전문가를 통한 진술조력인 제도를 통해 사건 당시 상황에 대한 효과적인 기억을 이끌어 내어 지적장애인의 진술의 어긋남이나 왜곡을 미연에 방지하여 재판에서의 2차적 피해를 막을 수 있기 때문이다.

셋째, 지적장애인 성폭력범죄의 경우에는 재판관계자들에게 재판 전 장애에 대한 교육이 진행되어야 할 것이다. 이는 지적장애의 특성을 직접 재판관계자들이 인지하여 재판에서 지적장애인에 대한 종합적 고려가 이루어져야하기 때문이다. 실제 형사재판에서는 "범죄사실의 인정은 법관으로 하여금 합리적인 의심을 할 여지가 없을 정도의 확신을 가지게 하는 증명력을 가진 엄격한 증거에 의하여야 하므로 (중략) (대법원 2011. 4. 28. 선고2010도14487 판결참조)"의 판결 내용을 보더라도 법관의 인식에 따른 종합적 고려가 판결에서는 매우 중요함을 알 수 있다.

마지막으로, 지적장애인에 대한 성폭력범죄자들에게는 양형기준에 있어 의무적 교육프로그램에 대한 이수가 이루어져야 할 것이다. 성폭력범죄는 재범의 우려가 높은 범죄이다. 특히 지적장애인, 아동대상 성폭력범죄는 피해자가 특별취약계층이므로 재범가능성이 높다 할 것이다. 따라서 손쉬운 범죄대상자에 대한 악용사례를 막기 위해서라도 지속적인 교육프로그램이 지역사회를 통해 의무적으로 주어져서 이들 취약계층 성범죄자들의 감시활동이 이루어져야 할 것이다.

4. 판례를 통해 생각해 볼 문제

【1】지적장애인의 성폭력 사건의 판례를 통해 판결 속 장애인인권과 관련한 문제점에 대해 생각해 보시오.

【2】장애인 탈시설화를 통한 장애인성폭력의 해법에 대해 생각해 보시오.

【3】장애인인권 보장을 위한 국내법의 법적 과제에 대해 생각해 보시오.

【4】장애여성, 특히 장애아동여성을 대상으로 한 성범죄가 지속적으로 발생하는 이유에 대해 생각해 보시오.

참고문헌

국가인권위원회(2007). 장애인권리협약해설집. 서울: 국가인권위원회 국제인권팀.

권건보(2012). 장애인권리협약의 국내적 이행 상황 검토. 법학논고, 39, 517-542.

김강원(2016). 염전노예사건의 문제점과 해결과제. 인권법연구, 2, 28-56.

김수정 · 박연주(2018). 인권 관점에서 살펴 본 장애아동 성폭력범죄 판례연구. 사회복지법제연구, 9(2), 117-138.

김재윤(2009). 장애여성의 성적 자기결정권의 형사법적 보호에 관한 고찰: 성폭력특별법 제8조와 독일형법 제179조와의 비교를 중심으로. 비교법연구, 629, 253-278.

김정혜(2016). 장애여성 성폭력 판례에 대한 여성 주의적 분석. 이화젠더법학, 12, 40-43.

노수희(2016). 지적장애인의 학대 피해에 대한 탐색적 연구. 한국콘텐츠학회, 16(10), 546-555.

문진혁(2013). 대법원 2007.7.27. 선고2005도2994판결에 나타난 성폭력범죄의 처벌 및 피해자 보호 등에 관한 법률 제8조'항거불능'의 의미. KHU글로벌 기업법무 리뷰, 6(1), 45-65.

보도자료(2018). 장애인학대 현황보고 및 노동력착취 정책 대안마련. (사)장애우권익문제연구소.

손병돈·김기덕·권선진·박지영·이종복·이혜경·최승희(2011). 사회복지와 인권. 경기: 양서원.

유동철(2017). 인권관점에서 보는 장애인복지. 서울: 학지사.

이대희·임용진(2015). 장애 여성대상 성범죄의 지속적 발생 요인. 중독범죄학회, 5(2), 75-100.

이동석·김주경·박수인·조문순·조주희·서보훈·허주현(2014). 장애와 학대. 서울: 장애우권익문제연구소

이동석·박수인·허주현(2016). 장애인학대 발생 원인에 관한 연구: 염전지역 피해자를 중심으로. 한국장애인복지학, 31, 267-295.

최복천·김유리(2016). 아동보호전문기관의 학대사례 분석을 통한 장애아동 학대 고찰. 법과 인권교육연구, 9(1), 99-120.

홍종현(2014). 장애아동·청소년의 권리보호를 위한 법률 개선방안 연구. 세종: 한국법제연구원.

Akbas, S., Turla, A., Karabekiroglu, K., Pazvantoglu, O., Keskin, T., & Böke, O. (2009). Characteristics of sexual abuse in a sample of Turkish children with and without mental Retardation, referred for legal appraisal of the psychological repercussions. *Sexuality and Disability, 27*(4), 205-213.

Reiter, S., Bryen, D., & Shachar, I. (2007). Adolescents with intellectual disabilities as victims of abuse. *Journal of Intellectual Disabilities, 11*(4), 371-387.

법제처 홈페이지 www.moleg.go.kr

장애우권익문제연구소 홈페이지 www.cowalk.or.kr

노인의 자유침해에 대한 보호:
생명·신체를 훼손당하지 아니할 권리

제5장 노인의 자유침해에 대한 보호:
생명·신체를 훼손당하지 아니할 권리

1. 노인학대가 노인인권에 미치는 영향에 대해 알아본다.
2. 노인학대와 관련해 현 법제의 문제점에 대해 살펴본다.
3. 노인자살과 관련해 노인의 생명권 및 자기의사 결정권에 대해 살펴본다.
4. 노인자살과 노인의 자기방임관련성에 대해 알아본다.

제1절 서론

노인의 인권과 관련한 자유의 침해에 대한 보호 역시 아동, 장애인에서와 마찬가지로「헌법」제10조의 규정에 따라 노인이 신체의 자유에 침해를 받게 될 경우 국가에 의해 보호받을 권리가 있음을 의미한다.

그러나 급격한 도시화와 고령화로 인해 노인에 대한 지지망이 약화되면서 노인은 학대와 자기방임, 편견, 차별 등에 노출되어 있다. 이는 노인에 대한 존엄성이 무시되어 나타나는 현상들로 다음과 같은 이유들에서 찾아 볼 수 있다(국가인권위원회, 2004).

첫째, 노인인구의 급격한 고령화 현상에 있다. 의학기술의 발달에 따른 고령인구의 증가는 많은 사회적 비용을 증가시키고 신체적, 경제적 의존도가 높은 노인인구에 대한 부양의무가 증가하여 학대 등과 같은 사회적 문제가 발생하게 된다.

둘째, 가족구성원의 변화와 가족가치관의 변화를 들 수 있다. 핵가족화의 지속과 부모에 대한 부양의무에 대한 가치관의 변화는 노인부양에 대한 편견, 노인층의 자기방임을 야기하여 급기야 노인자살이라는 사회문제를 야기한다.

셋째, 이러한 급격한 고령인구의 증가속도에 비해 국가정책 및 제도적 변화가 미흡하다는 점이다. 노인을 위한 부양의무에 대한 정책적 변화가 더디면 이들 계층에 대한 가족들의 부양부담이 늘고 노인에 대한 차별, 편견, 학대가 발생하게 된다. 따라서 노인계층의 욕구 및 가족의 욕구에 따른 국가정책이 시급한 시점이라 할 것이다.

이를 중심으로 하여 노인인권과 관련한 포괄적 인권 관련법들 중 이번 장에서는 노인학대 및 노인자살과 관련하여 다루고자 한다.

제2절 노인학대

1. 노인학대의 현황과 문제점

우리나라는 세계 어느 나라에서도 찾아볼 수 없는 속도로 노령인구가 빠르게 늘고 있다. 이에 비해 노인복지의 속도는 느려 빈곤, 질병 등과 관련해 돌봄의 문제가 심각하다. 이러한 문제와 관련해 노인학대의 발생비율이 빠른 속도로 늘어가고 있다. 2017년도 「노인학대 현황보고서」에 따르면 가정 내 노인학대는 2010년 이후 지속적인 증가 추세를 기록 중인 것을 확인할 수 있다.

〈표 5-1〉   연도별 학대 발생 장소

건

구분	2014년	2015년	2016년	2017년
가정	2,923 (84.5%)	3,276 (85.8%)	3,799 (88.8%)	4,129 (89.3%)

생활시설*	합 계	246 (7.0%)	290 (8.2)	206 (5.4%)	263 (6.6%)	238 (5.6%)	254 (6.0%)	327 (7.1%)	343 (7.5%)
이용시설**		44 (1.2%)		57 (1.2%)		16 (0.4%)		16 (0.4%)	
공공장소		74 (2.1%)		80 (2.1%)		94 (2.2%)		58 (1.3%)	
병원		100 (2.8%)		88 (2.3%)		24 (0.6%)		27 (0.6%)	
기타		85 (2.4%)		111 (2.9%)		109 (2.5%)		65 (1.4%)	
합계		3,532 (100%)		3,818 (100%)		4,280 (100%)		4,622 (100%)	

출처: 보건복지부(2017, p. 24).

가정에서의 학대가 지속적으로 증가하는 추세라는 점은 가정이 학대예방을 선도해야 할 공간이라는 측면에서 유의할 필요가 있다. 이에 노인 돌봄과 관련해 국가는 적극적 정책의 일환으로 노인 돌봄과 관련한 시설을 늘리면서 가정 내 돌봄에 대한 부담을 줄이고자 노력하였다. 그러나 시설확충에 급급하여 민간에 위탁된 형태로 발전하다 보니 노인학대와 관련해 시설 내에서의 학대문제도 발생하고 있으며, 점차적으로 노인요양시설의 증가와 관련한 시설 내 학대 신고의 비율도 점차 늘어나고 있는 실정이다(윤기혁·박경일, 2015).

가정, 시설과 관련한 노인학대는 노인인권 보호의 기본이라 할 수 있는 인간다운 삶을 막고 있다. 특히 시설 내 노인학대는 국가의 노인 기본정책인 「헌법」 제34조 제1항의 "모든 국민은 인간다운 생활을 할 권리를 가진다."와 제2항 "국가는 사회보장·사회복지의 증진에 노력할 의무를 진다."는 규정의 일환에 따라 노인 돌봄과 관련해 시설을 늘려 가정의 돌봄에 대한 부담을 줄여 가정 내 학대를 예방해 보고자 노력하였음에도 불구하고 계속적으로 증가하고 있다. 따라서 시설 내 노인학대와 관련해서는 엄격한 정책적 대책 방안이 마련되어야 할 것이다.

또한 가정 내 노인학대와 관련해서는 전반적 문제점을 다시 살펴보고 이에 대한 대비책을 강구하여야 할 것이라 본다. 이에 이 책에서는 노인학대와 관련해 시설에서의 학대는 판례를 분석하여 정책적 대안을 살펴보았으며, 가정 내 학대와 관련해서는 병원 내원환자의 사례를 살펴 문제점을 분석하고 이에 대한 시사점을 살펴보았다.

2. 노인학대 예방과 조치

노인학대의 예방은 노인인권 보호 및 증진을 위해 필수적이라 할 것이다. 이를 위해 우선적으로 법적 근거 강화가 필요하다 본다. 이러한 대비책으로는 노인학대와 관련해 「노인학대범죄의 처벌 등에 관한 특례법(안)」이 지난 2015년 발의되기도 했다(강동욱, 2015).

현 법률에서는 「노인복지법」에서 노인학대 관련조항을 포함하고 있으나 권리 측면에서 한계점을 보이고 있어, 「노인학대범죄의 처벌 등에 관한 특례법(가칭)」 제정이 필요함이 언급되고 있는 실정이다(국가인권위원회, 2017). 이러한 법적조치 외에 노인학대 예방을 위해서는 노인인권교육의 실천방향으로 노인학대 예방 차원의 실무자 교육 및 일반인에게도 통합적 교육이 실시되어 노인인권의식 강화의 기반이 마련되어야 할 것이다(원영희, 2017).

보건복지부에서는 2014년에 노인학대 방지 종합대책을 발표하였는데, 학대행위자에 대한 처벌 강화 및 학대 예방 및 학대피해 노인에 대한 보호정책에 대한 내용을 주축으로 하고 있다. 이와 관련해서는 노인학대 사례 발굴을 위한 지역 네트워크의 활용, 경찰청과 노인보호전문기관의 공조, 학대관련 범죄에 대한 처벌 강화 및 학대행위자에 대한 상담 · 교육 및 심리치료 등을 그 내용으로 하고 있다(국가인권위원회, 2017). 또한 2016년에는 '노인학대 예방 및 보호대책'을 발표하여 학대행위자 교육 및 돌봄 부담 완화를 위한 정책의 마련, 노인의 자기방임 사례증가에 대비하여 장기요양 · 노인 돌봄 서비스 확대마련을 표방하였다(보건복지부, 2017).

한편, 국가위원회(2017)는 초고령 사회에 대비하여 노인인권 거버넌스 구축을 위해 정부주도의 고령화전담기구(예를 들면, 노인청)가 설치되어야 노인학대를 예방하고 나아가 세계적 수준의 노인인권 보호 및 증진을 기대할 수 있다고 보고 있다.

3. 노인학대 관련법제와 관련판례 및 사례

1) 노인학대 관련법제

노인에 대한 인권 보호와 관련해서도 우리 「헌법」 제10조의 인간존엄 및 행복추구권에 대한 보장을 중심으로 관련법제들이 정비되어 있다. 따라서 노인인권과 관련해 「헌법」을 기준으로 「노인복지법」, 「노인장기요양보험법」, 「교통약자의 이동편의 증진법」 등이 대표적 노인인권관련 국내 법률이라 볼 것이다.

노인학대와 관련해서 「노인복지법」에서는 노인학대와 관련하여 범죄 정의 등(제1조의2), 긴급전화의 설치(제39조),[1] 노인보호전문기관의 설치 등(제39조의5),[2] 노인학대 신고의무와 절차 등(제39조의6),[3] 응급조치의무 등(제39조

---

1) 제39조의4(긴급전화의 설치 등) ① 국가 및 지방자치단체는 노인학대를 예방하고 수시로 신고를 받을 수 있도록 긴급전화를 설치하여야 한다.

2) 제39조의5(노인보호전문기관의 설치 등) ① 국가는 지역 간의 연계체계를 구축하고 노인학대를 예방하기 위하여 다음 각 호의 업무를 담당하는 중앙노인보호전문기관을 설치·운영하여야 한다. 〈개정 2015. 12. 29.〉 1. 노인인권 보호 관련 정책제안, 2. 노인인권 보호를 위한 연구 및 프로그램의 개발, 3. 노인학대 예방의 홍보, 교육자료의 제작 및 보급, 4. 노인보호전문사업 관련 실적 취합, 관리 및 대외자료 제공, 5. 지역노인보호전문기관의 관리 및 업무지원, 6. 지역노인보호전문기관 상담원의 심화교육, 7. 관련 기관 협력체계의 구축 및 교류, 8. 노인학대 분쟁사례 조정을 위한 중앙노인학대사례판정위원회 운영, 9. 그 밖에 노인의 보호를 위하여 대통령령으로 정하는 사항. ② 학대받는 노인의 발견·보호·치료 등을 신속히 처리하고 노인학대를 예방하기 위하여 다음 각 호의 업무를 담당하는 지역노인보호전문기관을 특별시·광역시·도·특별자치도(이하 "시·도"라 한다)에 둔다. 1. 노인학대 신고전화의 운영 및 사례접수, 2. 노인학대 의심사례에 대한 현장조사, 3. 피해노인 및 노인학대자에 대한 상담, 4. 피해노인 가족 관련자와 관련 기관에 대한 상담, 5. 상담 및 서비스제공에 따른 기록과 보관, 6. 일반인을 대상으로 한 노인학대 예방교육, 7. 노인학대행위자를 대상으로 한 재발방지 교육, 8. 노인학대사례 판정을 위한 지역노인학대사례판정위원회 운영 및 자체사례회의 운영, 9. 그 밖에 노인의 보호를 위하여 보건복지부령으로 정하는 사항. ③ 보건복지부장관 및 시·도지사는 노인학대 예방사업을 목적으로 하는 비영리법인을 지정하여 제1항에 따른 중앙노인보호전문기관과 제2항에 따른 지역노인보호전문기관의 운영을 위탁할 수 있다.

3) 제39조의6(노인학대 신고의무와 절차 등) ① 누구든지 노인학대를 알게 된 때에는 노인보호전문기관 또는 수사기관에 신고할 수 있다.

② 다음 각 호의 어느 하나에 해당하는 자는 그 직무상 65세 이상의 사람에 대한 노인학대를 알게 된 때에는

의7),⁴⁾ 보조인의 선임 등(제39조의8),⁵⁾ 금지행위(제39조의9),⁶⁾ 노인학대 등의 통보

즉시 노인보호전문기관 또는 수사기관에 신고하여야 한다.
1. 의료법 제3조 제1항의 의료기관에서 의료업을 행하는 의료인 및 의료기관의 장
2. 제27조의2에 따른 방문요양과 돌봄이나 안전확인 등의 서비스 종사자, 제31조에 따른 노인복지시설의 장과 그 종사자 및 제7조에 따른 노인복지상담원
3. 「장애인복지법」 제58조의 규정에 의한 장애인복지시설에서 장애노인에 대한 상담·치료·훈련 또는 요양 업무를 수행하는 사람
4. 「가정폭력방지 및 피해자보호 등에 관한 법률」 제5조 및 제7조에 따른 가정폭력 관련 상담소 및 가정폭력 피해자 보호시설의 장과 그 종사자
5. 「사회복지사업법」 제14조에 따른 사회복지전담공무원 및 같은 법 제34조에 따른 사회복지관, 부랑인 및 노숙인보호를 위한 시설의 장과 그 종사자
6. 「노인장기요양보험법」 제31조에 따른 장기요양기관의 장과 그 종사자
7. 「119구조·구급에 관한 법률」 제10조에 따른 119구급대의 구급대원
8. 「건강가정기본법」 제35조에 따른 건강가정지원센터의 장과 그 종사자
9. 「다문화가족 지원법」 제12조에 따른 다문화가족 지원센터의 장과 그 종사자
10. 「성폭력방지 및 피해자보호 등에 관한 법률」 제10조에 따른 성폭력피해상담소 및 같은 법 제12조에 따른 성폭력피해자보호시설의 장과 그 종사자
11. 「응급의료에 관한 법률」 제36조에 따른 응급구조사
12. 「의료기사 등에 관한 법률」 제1조의2 제1호에 따른 의료기사
13. 「국민건강보험법」에 따른 국민건강보험공단 소속 요양직 직원
14. 「지역보건법」 제2조에 따른 지역보건의료기관의 장과 종사자
15. 제31조에 따른 노인복지시설 설치 및 관리 업무 담당 공무원
③ 신고인의 신분은 보장되어야 하며 그 의사에 반하여 신분이 노출되어서는 아니된다.
④ 관계 중앙행정기관의 장은 제2항 각 호의 어느 하나에 해당하는 사람의 자격취득 교육과정이나 보수교육 과정에 노인학대 예방 및 신고의무와 관련된 교육 내용을 포함하도록 하여야 하며, 그 결과를 보건복지부 장관에게 제출하여야 한다.
⑤ 제2항에 따른 노인학대 신고의무자가 소속된 다음 각 호의 기관의 장은 소속 노인학대 신고의무자에게 노인학대예방 및 신고의무에 관한 교육을 실시하고 그 결과를 보건복지부장관에게 제출하여야 한다.
1. 제31조에 따른 노인복지시설
2. 「의료법」 제3조 제2항 제3호 라목 및 마목에 따른 요양병원 및 종합병원
3. 「노인장기요양보험법」 제2조 제4호에 따른 장기요양기관
⑥ 제4항 및 제5항에 따른 교육 내용·시간 및 방법 등에 관하여 필요한 사항은 보건복지부령으로 정한다.
4) 제39조의7(응급조치의무 등) ① 제39조의6의 규정에 의하여 노인학대신고를 접수한 노인보호전문기관의 직원이나 사법경찰관리는 지체 없이 노인학대의 현장에 출동하여야 한다. 이 경우 노인보호전문기관의 장이나 수사기관의 장은 서로 동행하여 줄 것을 요청할 수 있고, 그 요청을 받은 때에는 정당한 사유가 없으면 소속 직원이나 사법경찰관리를 현장에 동행하도록 하여야 한다. ② 제1항에 따라 출동한 노인보호전문기관의 직원이나 사법경찰관리는 피해자를 보호하기 위하여 신고된 현장에 출입하여 관계인에 대하여 조사를 하거나 질문을 할 수 있다. 이 경우 노인보호전문기관의 직원은 피해노인의 보호를 위한 범위에서만 조사 또는 질문을 할 수 있다. ③ 제2항에 따라 출입, 조사 또는 질문을 하는 노인보호전문기관의 직원이나 사법경찰관리는 그 권한을 표시하는 증표를 지니고 이를 관계인에게 보여 주어야 한다. ④ 제2항에 따라 조사 또는 질문을 하는 노인보호전문기관의 직원이나 사법경찰관리는 피해자·신고자·목격자 등이 자유롭게 진술할 수 있도록 노인학대행위자로부터 분리된 곳에서 조사하는 등 필요한 조치를 하여야 한다. ⑤ 제1항의 규정에 의하여 현장

(제39조의15),[7] 노인학대 행위자에 대한 상담·교육 등의 권고(제39조의16),[8] 학
대피해노인 전용쉼터의 설치(제39조의19),[9] 노인학대의 사후관리(제39조의20)[10]

에 출동한 자는 학대받은 노인을 노인학대행위자로부터 분리하거나 치료가 필요하다고 인정할 때에는 노인
보호전문기관 또는 의료기관에 인도하여야 한다. ⑥ 누구든지 정당한 사유 없이 노인학대 현장에 출동한 자
에 대하여 현장조사를 거부하거나 업무를 방해하여서는 아니 된다. ⑦ 국가 및 지방자치단체는 제39조의5에
따른 노인보호전문기관의 장이 학대받은 노인의 보호, 치료 등의 업무를 수행함에 있어서 피해노인, 그 보호
자 또는 노인학대행위자에 대한 신분조회 등 필요한 조치의 협조를 요청할 경우 정당한 사유가 없으면 이에
적극 협조하여야 한다. ⑧ 제7항의 신분조회 요청 절차·범위 등에 관한 사항은 대통령령으로 정한다.

5) 제39조의8(보조인의 선임 등) ① 학대받은 노인의 법정대리인, 직계친족, 형제자매, 노인보호전문기관의 상
담원 또는 변호사는 노인학대사건의 심리에 있어서 보조인이 될 수 있다. 다만, 변호사가 아닌 경우에는 법원
의 허가를 받아야 한다. ② 법원은 학대받은 노인을 증인으로 신문하는 경우 본인·검사 또는 노인보호전문
기관의 신청이 있는 때에는 본인과 신뢰관계에 있는 자의 동석을 허가할 수 있다. ③ 수사기관이 학대받은 노
인을 조사하는 경우에도 제1항 및 제2항의 절차를 준용한다.

6) 제39조의9(금지행위) 누구든지 65세 이상의 사람(이하 이 조에서 "노인"이라 한다)에 대하여 다음 각 호의
어느 하나에 해당하는 행위를 하여서는 아니 된다. 1. 노인의 신체에 폭행을 가하거나 상해를 입히는 행위,
2. 노인에게 성적 수치심을 주는 성폭행·성희롱 등의 행위, 3. 자신의 보호·감독을 받는 노인을 유기하거나
의식주를 포함한 기본적 보호 및 치료를 소홀히 하는 방임행위, 4. 노인에게 구걸을 하게 하거나 노인을 이용
하여 구걸하는 행위, 5. 노인을 위하여 증여 또는 급여된 금품을 그 목적외의 용도에 사용하는 행위, 6. 폭언,
협박, 위협 등으로 노인의 정신건강에 해를 끼치는 정서적 학대행위

7) 제39조의15(노인학대 등의 통보) ① 사법경찰관리는 노인 사망 및 상해사건, 가정폭력 사건 등에 관한 직무를
행하는 경우 노인학대가 있었다고 의심할 만한 사유가 있는 때에는 노인보호전문기관에 그 사실을 통보하여
야 한다. ② 제1항의 통보를 받은 노인보호전문기관은 피해노인 보호조치 등 필요한 조치를 하여야 한다.

8) 제39조의16(노인학대행위자에 대한 상담·교육 등의 권고) ① 노인보호전문기관의 장은 노인학대행위자
에 대하여 상담·교육 및 심리적 치료 등 필요한 지원을 받을 것을 권고할 수 있다. ② 노인학대행위자는 노
인보호전문기관의 장이 제1항에 따른 상담·교육 및 심리적 치료 등을 권고하는 경우에는 이에 협조하여 상
담·교육 및 심리적 치료 등을 성실히 받아야 한다.

9) 제39조의19(학대피해노인 전용쉼터의 설치) ① 국가와 지방자치단체는 노인학대로 인하여 피해를 입은 노
인(이하 이 조에서 "학대피해노인"이라 한다)을 일정기간 보호하고 심신 치유 프로그램을 제공하기 위하여
학대피해노인 전용쉼터(이하 "쉼터"라 한다)를 설치·운영할 수 있다. ② 쉼터의 업무는 다음 각 호와 같다.
1. 학대피해노인의 보호와 숙식제공 등의 쉼터생활 지원, 2. 학대피해노인의 심리적 안정을 위한 전문심리상
담 등 치유프로그램 제공, 3. 학대피해노인에게 학대로 인한 신체적, 정신적 치료를 위한 기본적인 의료비 지
원, 4. 학대 재발 방지와 원가정 회복을 위하여 노인학대행위자 등에게 전문상담서비스 제공, 5. 그 밖에 쉼터
에 입소하거나 쉼터를 이용하는 학대피해노인을 위하여 보건복지부령으로 정하는 사항. ③ 국가와 지방자치
단체는 쉼터의 운영업무를 제39조의5 제1항 및 제2항에 따른 노인보호전문기관에 위탁할 수 있다. 이 경우
국가와 지방자치단체는 위탁에 소요되는 비용을 지원할 수 있다. ④ 제3항에 따른 쉼터 운영의 위탁과 위탁
비용 지원에 관한 사항은 대통령령으로 정한다. ⑤ 쉼터의 설치기준·운영 및 인력에 관한 사항과 쉼터의 입
소·이용 대상, 기간 및 절차 등에 관한 사항은 보건복지부령으로 정한다.

10) 제39조의20(노인학대의 사후관리 등) ① 노인보호전문기관의 장은 노인학대가 종료된 후에도 가정방문, 시
설방문, 전화상담 등을 통하여 노인학대의 재발 여부를 확인하여야 한다. ② 노인보호전문기관의 장은 노인
학대가 종료된 후에도 노인학대의 재발 방지를 위하여 필요하다고 인정하는 경우 피해노인 및 보호자를 포
함한 피해노인의 가족에게 상담, 교육 및 의료적·심리적 치료 등의 지원을 하여야 한다. ③ 노인보호전문

등을 제시하고 있다. 또한 「노인장기요양보험법」 제37조 제1항 제6호[11]를 통해 장기요양기관종사자 등이 학대 행위를 한 경우 지정 취소할 수 있도록 규정을 마련하고 있다.

이 밖에 학대와 관련해서 「국가인권위원회법률」에 따라 시설입소노인이 인권 침해를 당하거나 차별행위를 받는 경우 직권 조사가 가능하도록 명시하여 구제 조치의 이행을 위한 정책, 관행 시정 또는 개선을 명할 수 있도록 하고 있다(국가 인권위원회, 2017). 이에 따라 이 책에서는 노인학대와 관련해 시설입소노인의 노 인학대와 관련한 판례분석을 살펴보았다.

2) 노인학대 관련판례 및 사례

(1) 판례의 내용분석

노인학대와 관련해서는 시설에서의 학대를 중심으로 판례를 점검해 보고 가족 내 학대와 관련해서는 병원 내원과 관련한 사례를 토대로 인권관점에서의 노인 복지대안을 논해 보고자 한다.

먼저 시설 내 학대와 관련한 판례를 도식화 정리한 것을 토대로 살펴보고자 한다.

기관의 장은 제2항에 따른 지원을 하기 위하여 관계 기관·법인·단체·시설에 협조를 요청할 수 있다. ④ 피해노인의 보호자·가족은 제2항에 따른 노인보호전문기관의 지원에 성실히 참여하여야 한다.

11) 「노인장기요양보험법」 제37조 제1항 제6호. 장기요양기관의 종사자 등이 다음 각 목의 어느 하나에 해당하 는 행위를 한 경우. 다만, 장기요양기관의 장이 그 행위를 방지하기 위하여 해당 업무에 관하여 상당한 주의 와 감독을 게을리하지 아니한 경우는 제외한다.

　가. 수급자의 신체에 폭행을 가하거나 상해를 입히는 행위

　나. 수급자에게 성적 수치심을 주는 성폭행, 성희롱 등의 행위

　다. 자신의 보호·감독을 받는 수급자를 유기하거나 의식주를 포함한 기본적 보호 및 치료를 소홀히 하는 방임행위

　라. 수급자를 위하여 증여 또는 급여된 금품을 그 목적 외의 용도에 사용하는 행위

　마. 폭언, 협박, 위협 등으로 수급자의 정신건강에 해를 끼치는 정서적 학대행위

〈표 5-2〉 판례의 사실관계 분석

순번	사건번호	피고	청구이유	학대유형	법원의 판단
1	인천지방법원 2012고단3320	요양보호사	화상을 입은 노인을 그대로 방치함	방임	금고 6월 (집행유예 2년)
2	전주지방법원 2014고단682	운영자	기본적 보호를 소홀히 함	방임	징역 8월
3	서울남부 지방법원 2014고단3356	요양보호사	치매노인을 폭행하고 상해함	신체학대	징역 8월
4	서울중앙 지방법원 2016고단7071	부원장 / 운영자	치매노인을 폭행하여 상해함	신체학대	징역 10월

출처: 윤기혁(2017, p. 262) 도표 인용.

　앞의 판례들은 시설 내 학대와 관련해 방임, 신체학대로 기소된 판례들이다. 첫 번째 사건의 사실관계는 요양보호사의 주의의무 부족으로 혈액순환이 되지 않는 피해자의 다리에 찜질팩을 해 주었으나 화상을 입었고, 이후 지속적인 치료가 필요한 피해자의 다리치료를 소홀히 하여 결국 피해자는 화상부위의 급성 화농성 염증 및 패혈증에 의한 합병증으로 사망에 이른 사건이다. 두 번째 사건은 노인요양시설 운영자가 입소 노인들의 식사에 썩은 반찬을 제공하여 기본적 보호 의무를 소홀히 하면서 방임하였고, 요양보호사가 없는 날은 남편이 근무한 것으로 허위 기록하여 요양급여를 부당 청구하여 재물을 편취한 사건이다. 세 번째, 네 번째 노인신체학대사건은 치매환자인 피해자가 밤에 돌아다니고 잠을 자지 않는다 하여 신체에 폭행을 가하고 상해한 사건으로 요약할 수 있겠다.

　시설종사자들은 거주노인들의 개인적 성격(무력감, 비협조적, 치매, 수발부담 등)에 따라 어려움과 갈등이 높음을 호소하면서 그다음으로는 정부지원의 부족에 따른 종사자들의 어려움을 들고 있다(국가인권위원회, 2004).

다음은 노인학대와 관련해 병원에 내원한 환자에 대한 의료진의 조치 및 이에 대한 사례의 내용에 대해 살펴보고자 한다. 이 사례는 대학원 수업과정에서 간호학과 대학원생들이 병원에서 겪은 실무사례를 토대로 작성되었음을 밝히며, 사례 내용은 다음 〈표 5-3〉과 같다.

〈표 5-3〉 병원 내원환자사례 내용분석: 노인학대로 인한 병원 내원사례	
노인 방임 사례	치매가 있는 75세 남자 환자가 넘어져 안면부, 귓바퀴 열상이 있는 채로 발견되어 119로 응급실 내원함. 치매 환자로 제대로 문진 불가하여 보호자 상주가 필요한 상황으로 함께 온 보호자에게 문진 및 치료 진행에 대해 알리고 상주상황을 설명하려 했으나 보이지 않음. 남겨 놓은 연락처로 연락하자 본인은 상기 환자와 아무 관계 아니며 생계가 있으니 아들에게 전화하라며 연락처를 남겨 줌. 아들, 딸 모두에게 연락하였으나 아무도 연결되지 않는 상황임.
의료진 조치	치료 종료 후 귀가 예정이었으나 치매 환자로 귀가시킬 수 없었음. 몇 시간 동안 보호자 아무도 연락되지 않은 채 응급실에 방치되어 있어 의료진 노인학대로 112에 신고함. 어떻게 알게 되었는지 그동안 연락되지 않던 처음 내원 보호자가 응급실 내원하여 집으로 데리고 갈 테니 계산서 달라고 함. 내원한 보호자는 남자 환자를 자식들이 돈 다 가져가고 그 사실에 자식들에게 뭐라고 하니 환자를 정신병원에 입원시키고 가둬 두어 정신병원에 가둬 두는 것이 안쓰러워 법적 효력을 가지기 위해 호적만 올려놓은 보호자라며 자신은 남남이라며 끝까지 책임질 의무 없다고 주장함.
신체학대사례	조카라는 사람과 함께 감기 기운이 있다며 80대 여자 환자 응급실 내원함. 초진 당시 안면부 멍자국 발견하여 시행한 문진 결과 정신분열병을 앓고 있는 아들이 있는데 그 아들에게 상습 폭행을 당했고 주변 친척들이 그 아들은 현재 병원에 입원시키러 갔고 할머니만 모시고 온 상황임.
의료진 조치	환자 및 내원한 보호자에게 경찰에 신고하겠다고 이야기하자 환자인 할머니는 지속적으로 신고하지 말아 달라 하였으며, 보호자인 조카는 신고해 달라고 하는 상황. 의료진은 노인학대로 경찰에 신고하였으며, 환자는 혈액검사 결과 좋지 않아 입원함.

앞의 사례들은 가정에서 노인학대가 발생하여 병원에 내원한 경우로 부양의무자인 자식들이 부양을 회피하고 따라서 치매노인이 방치될 수 있는 상황에 놓인 경우와 정신분열병인 아들과 동거하는 노인이 아들에 의해 폭행을 당하고도 가족관계가 해체되는 것이 두려워 신고하지 말아 달라고 하는 경우이다. 두 사례들은 모두 가정 내의 학대행위로 가족관계라는 특성이 오히려 학대에 노출되고 지역사회 노인 돌봄의 사각지대에 놓이게 되는 현상이 발생하게 되는 경우라 볼 수 있다.

이상의 판례 및 사례들의 내용을 토대로 노인시설 및 가정 내 노인학대와 관련해 주요 문제점을 살펴보았다. 먼저 노인시설 내 학대의 경우 민간 요양시설은 인프라의 부족으로 노인인권이 보장되지 않는다는 점이다. 우리나라의 경우 「노인장기요양보험법」이 2008년 이후 시행되면서 민간 영리시설중심으로 운영되다 보니 시설 내 노인학대문제가 끝없이 지속되고 있는 실정이다. 이러한 영리중심의 시설운영은 돌봄에의 인프라부족, 시설종사자들 간의 요양환경의 문제, 입소노인의 개별적 특성들이 종합적으로 작용하여 노인학대의 원인이 될 수 있다(문용필·이준영, 2017). 이는 시설종사자를 대상으로 노인학대 행위를 살펴 본 권지영(2009)의 연구에서도 알 수 있다. 이 연구결과에서는 시설종사자들의 근무년수, 입소노인의 수, 근무형태 및 예방교육유무 등이 종합적으로 학대행위에 유의미한 영향을 주고 있음으로 나타났다.

두 번째로 가정 내 노인학대의 가장 큰 문제점으로는 약자인 피해노인이 학대사실이 외부에 알려지면 가족구성원에게 원망의 대상이 되거나 가족관계의 해체가 될 것에 대한 심리적 압박으로 신고를 두려워하고 학대의 고통을 감내한다는 점이다(김수정, 2017).

(2) 노인인권관점에서 판례 및 사례의 시사점

노인인권관점에서 학대와 관련해서는 시설에서의 노인학대와 관련한 정책과 가정에서의 노인학대에 대한 정책이 서로 분리되어야 할 것이다. 보호시설에서의 노인학대는 영리중심으로 운영되는 시설의 문제, 종사자의 근무형태와 노하우 등이 종합적으로 학대행위가 일어나고 있으므로 이에 대한 예방차원과 지원 관련에 중심된 정책이 마련되어야 할 것이다. 반면, 가정에서는 돌봄에 대한 부담, 경제적 활동과 돌봄의 이중적 부양의무에 대한 부담 등으로 인해 학대가 일어나고 있다. 따라서 돌봄 지원 및 노인부양가족에 대한 경제적 지원 정책이 마련되어야 할 것이다. 이와 관련해 다음의 몇 가지 정책적 제언을 하고자 한다.

우선, 시설에서의 노인학대와 관련한 부분에 대한 제언으로, 첫째, 종사자에 대한 학대행위자 처벌에 대한 정책안 마련이다. 이 부분과 관련해서 서울시는 종사자에 대한 '원스트라이크 아웃제'[12]를 도입하였다. 이를 통해 노인학대 종사자 및 시설운영자에 대한 처벌을 강화하고 있다.

둘째, 노인보호시설과 관련해 영리적으로 운영되고 있는 시설에 대해서는 지자체차원의 지원이 면밀한 시설의 실태조사를 통해 단계별로 마련되어야 할 것이다.

민간노인보호시설의 경우 영리적 목적으로 운영되다 보니 자칫 인건비절감 등을 통한 영리추구를 위해 직원교육의 불비, 적은 직원활용 등이 문제가 될 수 있다. 따라서 민간노인보호시설에 대해서는 철저한 조사를 통해 직원들의 전문성, 철저한 직원교육실시 등으로 노인학대 예방을 준수하는 곳에 대해서는 단계별 인센티브제를 도입하여 적극적 지원이 이루어진다면 어느 정도 바람직한 방향으로 민간 노인보호시설이 운영될 것이다.

다음으로 가정에서의 노인학대에 대한 정책적 제언이다.

가정 내 노인학대는 주로 자식에 의해 발생하는 경우가 많아 피해 노인들 대부분이 가정의 해체를 우려하여 신고를 하지 않는 문제가 있다. 이는 피해자가 스스로 자신에 대한 폭력행위를 그대로 감내하고 있다는 것으로 인권적 측면에서

---

12) 생활시설에 거주하는 노인을 학대하여 한 번이라도 적발이 되면 시설에 대한 사업정지 또는 폐지를 하게 하는 제도를 말한다. 또한 노인학대 행위가 적발되면 시설운영의 재위탁을 제한하면서 학대행위를 한 종사자에 대해서는 자격을 취소하게 한다(국가인권위원회, 2017).

바람직하지 않고 복지적 측면에서도 옳지 않다. 따라서 이들의 인권 보호와 복지지원차원에서의 외부적 개입이 절실하다 할 것이다(김수정, 2017). 이는 노인학대는 결코 개인의 문제가 아니고 사회적 문제이므로 적극적인 지역사회복지가 이루어져야 함을 의미하는 것이다.

법적 측면에서는 가정 내 노인학대의 예방을 위해 노인 가정 돌봄의 지원 및 학대행위자에 대한 처벌의 강화 등이 병행되어야 할 것이다.

마지막으로, 「노인복지법」의 전면적 개정이 필요하다. 1981년 제정된 「노인복지법」은 기초생활보장수급자를 기준으로 하여 복지정책관련 규정이 편제되어 있어 현 노인인권과 관련해 기본법으로서의 평가를 받지 못하고 있다. 「노인복지법」을 기본법제화하기 위해서는 우선적으로 노인의 인권 측면에서의 한계점인 노인학대와 관련한 규정의 정립이 필요해 보인다. 즉, 아동의 경우 「아동복지법」에서 학대에 대한 기본적 규정을 마련하면서도 형법적 제재와 관련해서는 「아동학대범죄의 처벌 등에 관한 특례법」을 마련하고 있듯이 노인의 경우에도 학대와 관련해 「노인복지법」에 따라 학대의 기본적 규정을 마련하되 형법적 제재는 특례 법안을 마련해야 할 것이다. 특히 노인은 아동과는 달리 특례법을 만들되 시설과 가정의 경우를 구별하여 처벌규정을 마련해야 할 것이다.

4. 판례 및 사례를 통해 생각해 볼 문제

【1】시설에서의 노인학대와 관련해 판례가 갖는 시사점에 대해 논의해 보시오.

【2】치매노인과 관련한 노인학대 예방을 위한 복지적 대안에 대해 논의해 보시오.

【3】노인학대와 관련해 특례법을 제정한다면 학대 예방과 관련해 어떠한 규정이 우선 마련되어야 하는지에 대해 논의해 보시오.

【4】가정 내 학대와 관련해 사회적 차원에서 생각해 볼 시사점에 대해 논의해 보시오.

제3절 노인자살 및 자기방임

1. 노인자살의 특성

우리나라의 노인인구는 세계 어느 나라에서도 볼 수 없는 속도로 빠르게 증가하여 초고령사회를 앞두고 있다. 또한 우리나라는 급격한 사회변화를 겪고 있으나 이러한 변화에 대처한 사회보장제도가 미비하여 노인인구 중 빈곤한 삶의 비율이 높다 할 것이다(박재산 외, 2009). 이러한 노인인구의 증가와 더불어 노인자살률도 OECD국가 중 제1위를 차지하고 있어 사회적 문제로 인식되고 있다(통계청, 2011; 문수경, 2015 재인용). 노인자살은 남성, 특히 홀로된 남성노인이 여성에비해 높은 것으로 나타나고 있다(배지연, 2004).

박재산 외(2009)의 연구에서는 노인자살충동과 관련해 여러 변수를 통해 살펴노인자살과 경제적 상태, 가족지원, 우울, 스트레스 등의 영향이 깊다는 결과를도출하였다. 특히 노인자살과 관련해 고용상황에 따른 경제력의 문제, 혼인상태와 관련해 미혼, 배우자상실 등이 노인자살에 밀접한 관계가 있었으며, 특히 신체적 질병의 발생과 경제적 빈곤의 두 위험에 걸쳐 있는 개인적 특성이 있는 경우 노인자살이라는 위험이 높다보았다(김형수, 2000).

한편, 노인자살의 원인은 건강 및 돌봄의 부재, 경제적 문제 등 여러 가지가 있으나 노인의 50~87%가 자살 시 우울증을 겪고 있던 것으로 나타났다(문수경, 2015). 그렇다면 노인자살은 복잡한 여러 원인에 의해 복합적으로 나타난다고볼 수 있겠다.

이 책에서는 노인자살과 관련해 특히 노인이 빈곤한 상태에서 자기방임이 발생하여 자살시도에 이른 사례를 토대로 자기방임의 문제점을 살펴보고 이에 대한 사회적 차원의 대안에 대해 살펴보았다.

2. 노인자살 및 자기방임의 문제점

노인자살은 청소년기의 자살에 비해 복잡한 여러 원인으로 인해 나타나고 있으므로 좀 더 복잡한 개입노력이 필요한 분야라 할 것이다. 그럼에도 불구하고 노인자살과 관련해서는 다른 연령대의 자살에 비해 심각하게 고려되지 않고 있는 점(문수경, 2015)은 고령인구가 많은 한국 사회에서는 심각한 사회문제라 볼 수 있다.

따라서 이 장에서는 노인자살의 문제와 관련해서는 노인 빈곤 및 자기방임과 관련한 문제점을 살펴보고자 한다. 우리나라는 노인자살 및 노인 빈곤과 관련해 OECD 국가 중 자살 및 빈곤 비율이 높은 국가라 할 것이다. 이러한 이유는 사회보장시스템에 문제가 있고 이러한 국가일수록 노인의 삶이 곤궁하여 자살률이 높을 수밖에 없기 때문이다(박재산 외, 2009).

한편, 노인의 자기방임은 자신의 의료처치 또는 약 복용 등 의사의 지시에 따른 치료 행위를 거부하거나 일상생활 수행을 위한 신체적, 정신적 능력을 상실하여 자신을 돌보는 것을 거부하는 특징과 더불어 집을 치우지 않고 물건을 모아 두는 행동적 특징이 있다(우국희, 2013). 또한 건강, 생활, 환경 등이 위험한 상황에 있어도 노인이 도움을 요청하지 않거나 도움을 거부하며, 건강에 치명적임에도 불구하고 약물이나 알코올 남용을 지속하고 스스로 생존에 필수적인 의식주 관련 행위를 거부하여 마침내 자살을 시도하게 된다는 특징을 갖는다.

3. 노인자살 및 자기방임 예방과 조치

노인자살 및 노인의 자기방임은 중복적인 원인인 사회구조적 요인에 기인하고 있다. 즉, 노인자살 및 자기방임은 고령, 단독거주 및 경제적 빈곤, 만성질환, 인지능력저하 및 일상생활능력의 저하, 치매, 우울증상, 가족과의 단절, 사회서비스의 부재 등 다양한 위험요인과 관련되어 있다(이민홍·박미은, 2014).

홀로 사는 노인에 대한 지원과 관련해 「노인복지법」 제27조의2[13]에 지원관련 규정이 있으나 사후관리의 보호조치 정도만 명시되어 있고 위기상황의 구체적인 상황에 대한 지원은 현재 부족한 실정이다. 따라서 사회복지관점에서 살펴보면 노인자살 및 노인의 자기방임과 관련한 행동들은 사회적 지지의 부족에 따른 지역사회 사각지대의 형성, 사회복지서비스의 부재 등이 원인이 될 수 있다 할 것이다. 따라서 노인의 자기방임과 관련해서 각 사례의 위험요인을 찾고 지역사회 사회복지서비스를 구축하여 노인이 자신을 학대하는 자기방임을 줄여 나가는 것이 중요하다 할 것이다.

4. 노인자살 및 자기방임 관련법제와 관련사례

1) 노인자살 및 자기방임 관련법제

노인자살과 관련해서는 「자살예방 및 생명존중문화 조성을 위한 법률」에 의한 지원 및 국가적 차원의 예방관련 규정을 두고 있다. 제1조에서는 이 법의 목적인 생명존중과 관련해 규정하고 있으며, 제2조~제26조의 각 규정에 따라 자살과 관련한 지원체계에 대해 규정하고 있다. 대표적으로 제11조(자살실태조사),[14] 제12조의2(자살시도자 등의 사후관리),[15] 제13조(자살예방센터의 설치),[16] 제20조(자

---

13) 제1항: 국가 또는 지방자치단체는 홀로 사는 노인에 대하여 방문요양과 돌봄 등의 서비스와 안전관리 등의 보호조치를 취하여야 한다.

14) 제11조(자살실태조사) ① 국가 및 지방자치단체는 자살실태를 파악하고, 자살예방을 위한 서비스의 욕구와 수요를 파악하기 위하여 5년마다 자살실태조사를 실시하고 그 결과를 발표하여야 한다. ② 제1항에 따른 자살실태조사에는 다음 각 호의 사항이 포함되어야 한다. 1. 성별 · 나이 · 학력, 혼인 및 취업 상태 등 조사대상자의 일반적 특성에 관한 사항, 2. 자살에 관한 생각, 자살을 시도한 횟수 등 조사대상자의 자살 위험요인에 관한 사항, 3. 신문 · 방송 및 인터넷 등 언론의 자살보도가 자살에 미치는 영향에 관한 사항, 4. 그 밖에 자살실태 및 자살예방을 위한 서비스의 욕구와 수요를 파악하기 위하여 필요한 사항. ③ 제1항 및 제2항에 따른 자살실태조사의 실시, 결과발표, 조사내용 등에 관하여 필요한 사항은 대통령령으로 정한다.

15) 제12조의2(자살시도자 등의 사후관리) ① 다음 각 호의 어느 하나에 해당하는 사람은 직무상 자살시도자 등을 알게 된 경우 그 자살시도자 등에게 관할 구역 안에 있는 관계 지원기관에 관한 정보를 제공하여야 한다. 1. 「국가공무원법」 제2조 제2항 제2호에 따른 경찰공무원, 2. 「지방공무원법」 제2조 제2항 제2호에 따른 자

살시도자 등에 대한 지원)[17] 등에 따라 자살을 예방하고자 노력하고 자살시도자에 대한 대책 마련에 주력하고 있다. 또한 「노인복지법」 제27조의2(홀로 사는 노인에 대한 지원)[18]의 규정 및 제27조의3(독거 노인종합지원센터)[19]등을 통해 노인의

치경찰공무원, 3. 「119구조 · 구급에 관한 법률」 제10조에 따른 119구급대의 구급대원. ② 경찰관서의 장과 소방관서의 장은 자살시도자 또는 자살자가 발생한 경우 자살시도자 등의 정보를 관할 구역 내 다음 각 호의 기관에 제공할 수 있다. 1. 제13조에 따른 자살예방센터, 2. 「정신건강증진 및 정신질환자 복지서비스 지원에 관한 법률」 제3조제3호에 따른 정신건강복지센터, 3. 그 밖에 대통령령으로 정하는 자살예방업무 수행기관. ③ 제2항 각 호의 기관의 장은 자살시도자 사후관리 등 자살예방업무의 원활한 수행을 위하여 경찰관서의 장, 소방관서의 장, 지방자치단체의 장, 의료기관의 장 및 그 밖의 관련 기관의 장에게 자살시도자 등의 정보의 제공을 요청할 수 있다. 이 경우 요청을 받은 기관의 장은 정당한 사유가 없으면 이에 따라야 한다. ④ 제2항 및 제3항에 따라 자살시도자 등의 정보를 제공하는 경우 당사자의 동의를 받아야 한다. ⑤ 제2항 각 호의 기관의 장은 정보를 제공받은 자살시도자 등에 대하여 상담 등 지원을 제공하고 지원내용을 매년 보건복지부장관에게 보고하여야 한다. ⑥ 제2항 각 호의 기관의 장은 제5항에 따라 자살시도자 등에게 필요한 지원을 하기 위한 담당자를 소속 직원 중에서 지정하여야 한다. 다만, 둘 이상의 기관에서 동일한 자살시도자 등의 정보를 제공받은 경우 관계 기관의 장이 서로 협의하여 지정할 수 있다. ⑦ 제1항부터 제3항까지에 따른 정보제공의 범위, 절차 · 방법, 제4항에 따른 동의, 제5항에 따른 보고 및 제6항에 따른 담당자의 지정 등에 필요한 사항은 대통령령으로 정한다.

16) 제13조(자살예방센터의 설치) ① 다음 각 호의 업무를 수행하기 위하여 보건복지부장관은 중앙자살예방센터를, 시 · 도지사 및 시장 · 군수 · 구청장(자치구의 구청장을 말한다)은 지방자살예방센터(이하 "자살예방센터"라 한다)를 설치 · 운영할 수 있다. 1. 자살 관련 상담, 2. 자살위기 상시현장출동 및 대응, 3. 자살시도자 사후관리, 4. 자살자의 유족 지원 및 관리, 5. 자살예방 홍보 및 교육, 6. 자살예방 전문 인력 양성, 7. 그 밖에 자살예방 및 자살자의 유족 지원을 위하여 보건복지부장관이 필요하다고 인정하는 업무. ② 국가 및 지방자치단체는 제1항에 따른 자살예방센터를 「정신건강증진 및 정신질환자 복지서비스 지원에 관한 법률」 제3조 제3호에 따른 정신건강복지센터에 둘 수 있다. ③ 국가 및 지방자치단체는 제1항에 따른 자살예방센터를 대통령령으로 정하는 바에 따라 민간에 위탁할 수 있다. 이 경우 국가 및 지방자치단체는 위탁업무의 수행에 드는 비용을 보조할 수 있다. ④ 국가 및 지방자치단체는 수시로 신고를 받을 수 있는 자살예방용 긴급전화를 설치 · 운영하여야 한다. ⑤ 제1항에 따른 자살예방센터 및 제4항에 따른 긴급전화의 설치 · 운영에 필요한 사항은 대통령령으로 정한다.

17) 제20조(자살시도자 등에 대한 지원) ① 국가 및 지방자치단체는 자살시도자 및 그 가족 또는 자살자의 유족 등에 미치는 심각한 심리적 영향의 완화와 이들의 생활안정을 위하여 자살시도자 등에게 심리상담 · 상담치료 · 법률구조 및 생계비 등을 지원할 수 있다. ② 국가 및 지방자치단체는 자살자의 유족 등이 참여하는 자조(自助) 모임의 운영에 필요한 인력과 비용을 지원할 수 있다. ③ 국가 및 지방자치단체는 자살자의 유족이 자살자의 유족 지원 대책을 적극적으로 이용할 수 있도록 지원 대책과 그 이용 절차를 안내하여야 한다. ④ 국가 및 지방자치단체는 자살자의 유족이 지원 대책을 직접 신청하지 않는 경우 자살자의 유족에 대한 지원이 즉시 제공될 수 있도록 대통령령으로 정하는 바에 따라 직권으로 신청하여야 한다. 이 경우 지원대상자의 동의를 받아야 하며, 동의를 받은 경우에는 지원대상자가 신청한 것으로 본다.

18) 제27조의2(홀로 사는 노인에 대한 지원) ① 국가 또는 지방자치단체는 홀로 사는 노인에 대하여 방문요양과 돌봄 등의 서비스와 안전 확인 등의 보호조치를 취하여야 한다. ② 국가 또는 지방자치단체는 제1항에 따른 사업을 노인 관련 기관 · 단체에 위탁할 수 있으며, 예산의 범위에서 그 사업 및 운영에 필요한 비용을 지원할 수 있다. ③ 제1항의 서비스 및 보호조치의 구체적인 내용 등에 관하여는 보건복지부장관이 정한다.

19) 제27조의3(독거노인종합지원센터) ① 보건복지부장관은 홀로 사는 노인에 대한 돌봄과 관련된 다음 각 호

안전 확보를 통한 자살예방에 노력하고 있다. 또한 「노인장기요양보험법」 제47
조의2[20](장기요양요원지원센터의 설치 등)에 따라 노인의 자살예방 및 자기방임에
대한 방지책을 강구하고 있다.

2) 노인자살과 관련한 사례

(1) 사례의 내용분석

이 사례의 자료는 노인복지관의 사례관리 및 응급실 내원환자를 토대로 작성
되었으며 이러한 자료는 대학원강의를 통한 현 실무자들인 대학원 학생들의 사
례발표 자료를 기반으로 하여 작성함을 밝힌다.

〈표 5-4〉 사례를 통해 본 노인자살/자기방임문제

순번	사례의 사실관계	사례의 문제점
1	70대 중반의 홀로 사는 여성 약간의 치매, 장기요양등급 5급판정 → 재가서비스 받음 본인을 생계보조를 받고 싶으나 주택 때문에 생계급여 대상이 안 됨(아들명의 빌라에 거주). 생활고에 시달려 평상시 상담사에게 자살을 암시하였고 명절을 앞두고 자살	자살의 원인으로 노 인 빈곤 및 자기방임 을 살펴볼 수 있음

의 사업을 수행하기 위하여 독거노인종합지원센터를 설치·운영할 수 있다., 1. 홀로 사는 노인에 대한 정책
연구 및 프로그램의 개발, 2. 홀로 사는 노인에 대한 현황조사 및 관리, 3. 홀로 사는 노인 돌봄사업 종사자
에 대한 교육, 4. 홀로 사는 노인에 대한 돌봄사업의 홍보, 교육교재 개발 및 보급, 5. 홀로 사는 노인에 대한
돌봄사업의 수행기관 지원 및 평가, 6. 관련 기관 협력체계의 구축 및 교류, 7. 홀로 사는 노인에 대한 기부
문화 조성을 위한 기부금품의 모집, 접수 및 배부, 8. 그 밖에 홀로 사는 노인의 돌봄을 위하여 보건복지부장
관이 위탁하는 업무. ② 보건복지부장관은 제1항에 따른 독거노인종합지원센터의 운영을 전문 인력과 시설
을 갖춘 법인 또는 단체에 위탁할 수 있다. ③ 그 밖에 독거노인종합지원센터의 설치·운영 등에 필요한 사
항은 보건복지부령으로 정한다.
20) 제47조의2(장기요양요원지원센터의 설치 등) ① 지방자치단체는 장기요양요원의 권리를 보호하기 위하여
장기요양요원지원센터를 설치·운영할 수 있다. ② 장기요양요원지원센터는 다음 각 호의 업무를 수행한
다. 1. 장기요양요원의 권리침해에 관한 상담 및 지원, 2. 장기요양요원의 역량강화를 위한 교육지원, 3. 장
기요양요원에 대한 건강검진 등 건강관리를 위한 사업, 4. 그 밖에 장기요양요원의 업무 등에 필요하여 대통
령령으로 정하는 사항. ③ 장기요양요원지원센터의 설치·운영 등에 필요한 사항은 보건복지부령으로 정하
는 바에 따라 해당 지방자치단체의 조례로 정한다.

2	90세 홀로 사는 여성, 3년간 사실혼관계, 남편이 유부남임을 알게 되어 가출(아들 2명 있었음) 녹내장으로 인한 시각장애 있음, 인지·보행 가능하나 병원 입퇴원 반복 1994년부터 독거노인으로 지내며 결혼하지 않았고, 가족은 없으며, 조카가 있다고 말함 우울증 증세를 보여 수면제를 먹고 자살시도를 하였으며, 상담원이 관심을 가지고 지켜보는 중 명절 앞두고 자살	무료양로원에 입소하였으나 부적응자로 퇴소하였고, 우울증에 의한 정신장애, 가족과의 단절 등 복합적 문제가 자살에 이름
3	아내와 이혼 후 홀로 지내는 68세 남성 두부외상으로 병원에 내원한 환자로 집안 곳곳에 곰팡이가 피고 파리가 들끓는 열악한 환경에 살고 있으며, 병원에 입원했으나 스스로 퇴원 후 술에 의존해 살아가다 자살시도	자살의 위험성이 높은 경우로 현재 자기방임 상태임
4	모친 사망 후 혼자 살았던 정신지체 3급 장애인 62세 남성 당뇨병을 앓고 있지만 약 복용을 하지 않음 노인보호전문기관의 현장조사 당시, 쓰레기 더미 속에서 생활하면서 영양결핍 있는 상황에서 자살시도	병원 진료 권유, 청소지원 등에 대해 간섭이라 생각하며 돌봄을 거부함

이 사례들은 독거노인이 경제적 빈곤 및 질병에 따른 고통, 고독감, 우울증 등에 노출되어 자기방임 상태로 자살에 이르게 된 경우인 두 가지 사례와 자살시도, 자살의 위험성에 놓인 경우인 두 가지 사례들을 소개하고 있다. 사례의 경우들은 혼자 거주하는 노인이 정신건강 및 신체건강의 문제, 경제력문제 등과 연계되어 자기방임 상태에 이르다 자살이라는 극단적 선택을 함에 복합적인 개입이 이루어져야 하는 문제를 갖고 있다. 따라서 이 사례들을 통해 노인자살을 자살, 자살시도, 자살생각 등에 이르게 되는 경우를 포함하여 문제점을 살펴보고 이에 대한 대안을 모색해 보아야 할 것이다.

앞의 네 가지 사례들은 공통점이 신체질환 및 정신질환을 갖고 있고, 홀로 살며 자살에 대한 시도, 생각, 자살행위에 이른 경우들로 자살에 이르기 전 모두 자기방임 상태에 있다 볼 것이다. 즉, 가족관계, 건강관련, 경제력유무 등이 복합적인 자살충동 및 자살행위의 관련요인이라 볼 것이다. 특히 급격한 사회변화와 사회보장제도가 미비한 우리나라와 같은 국가의 노인들은 부정적 생각을 많이 하게 되므로 자살충동의 반복적 경험을 갖고 있다 할 것이다(박재산 외, 2009). 이 들 사례 노인들의 또 다른 공통점인 자기방임은 결국 입소시설에의 부적응, 치 료의 거부 및 단절된 생활 등으로 나타나고 있다. 종합하건대 자살충동의 복합 적 요인들이 곧 자기방임의 위험요인이 되고 있음을 알 수 있다.

(2) 노인인권관점에서 사례의 시사점

앞의 사례들은 자살 및 자살충동과 관련해 의도적으로 포기 또는 비의도적으 로 관리하지 않아 위험한 상황에 놓인 노인 자기방임의 전형적인 사례들이다. 따 라서 앞의 사례들을 통해 몇 가지 노인인권관점에서 시사점을 살펴보고자 한다.

첫째, 혼자 거주하는 노인들에 대한 지역사회의 지원프로그램이 다양해야 할 것이다. 혼자 거주하면서 앞의 사례들처럼 자기방임 및 자살의 위험요인인 우 울, 경제력, 건강문제들이 복합적으로 나타나고 있는 노인들에 대해서는 응급안 전 돌봄, 가사 및 활동지원, 안전 확인 서비스 및 사회관계망 연계 등의 복합적 지원 프로그램운영이 반영되어야 할 것이다(이민홍 · 박미은, 2014).

둘째, 돌봄을 필요로 하는 주민들에 대해 자택이나 그룹홈 등을 통한 커뮤니티 케어가 활성화되어야 할 것이다. 이를 위해서는 중앙정부 차원에서 저소득층에 게는 돌봄 비용을 어느 정도는 지원해 주는 '돌봄 비용 지원제도'를 적용하여 부 담을 줄여야 할 것이다.

마지막으로, 중복적인 자살시도 노인에 대해서는 위탁사업이 아닌 전문상담 사업을 할 수 있도록 국가적 차원에서의 지원이 마련되어야 할 것이다. 현재 지 역사회 노인상담센터는 위탁사업으로 운영되어 있어 상담사가 담당하는 사례가 너무 많은 한계가 있다. 따라서 중복적인 자살시도를 관찰하거나 자살시도가 우 려되는 노인들에 대해서는 국가의 지원을 통해 지역마다 전문상담센터가 따로 운영되어 자살 전문 상담인력이 마련되어야 자살을 예방할 수 있을 것이라 생각 된다.

5. 사례를 통해 생각해 볼 문제

【1】노인자살과 노인의 자기방임의 관련성에 대해 생각해 보시오.

【2】노인자살과 노인 빈곤의 관련성에 대해 생각해 보시오.

【3】노인자살이 갖는 사회문제에 대해 생각해 보시오.

【4】노인자살을 예방하기 위한 대책마련과 관련해 논해 보시오.

참고문헌

강동욱(2015). 노인학대범죄의 처벌 등에 관한 특례법(안)상 노인학대 범죄의 처벌에 대한 검토와 개선방안. 법과 정책연구, 15(2), 473-495.

국가인권위원회(2004). 인권백서. 서울: 국가인권위원회.

국가인권위원회(2017). 노인인권종합보고서 작성을 위한 실태조사. 서울: 국가인권위원회.

권지영(2009). 노인의료복지시설에서의 노인학대 행위에 영향을 미치는 요인에 관한 연구. 사회복지개발연구, 15(31), 1-27.

김수정(2017). 국내 노인학대 관련 논문의 연구동향. 교정 복지연구, 50, 1-31.

김형수(2000). 노인과 자살. 노인복지연구, 10, 24-44.

문수경(2015). 노인자살 예방 개입을 위한 이야기치료 적용에 따른 사례분석. 한국사회복지 조사연구, 43, 173-189.

문용필·이준영(2017). 노인요양시설 내 노인학대 예방정책에 관한 비교연구: 유럽4개 국가를 중심으로. 사회복지정책, 44(2), 261-294.

박재산·이정찬·김귀현·문재우(2009). 우리나라 노인의 자살충동에 영향을 주는 관련 요인 연구. 보건과 사회과학, 26, 115-136.

배지연(2004). 노인자살에 관한 사례분석: 신문기사내용을 중심으로. 노인복지연구, 23, 65-82.

보건복지부(2017). 노인학대현황보고서.

우국희(2013). 자기방임 유형의 자기결정권과 의사결정능력에 대한 탐색적 연구: 영국 정신능력법의 의사결정능력 평가기준. 비판사회정책, 38, 45-81.

원영희(2017). 노인인권교육의 현황과제. 노인교육연구, 3(2), 39-57.

윤기혁(2017). 국내 노인요양시설의 노인학대 판례분석연구. 사회복지정책, 44(3), 247-282.

윤기혁·박경일(2015). 노인요양시설의 위험요인 확인과 분석 및 평가 기법에 관한 사례연구. 한국사회복지행정학, 17(3), 255-283.

이민홍·박미은(2014). 한국 고령 독거노인의 자기방임에 관한 연구. 사회복지정책, 41, 123-142.

법제처 홈페이지 www.moleg.go.kr
보건복지부 홈페이지 www.mw.go.kr

제3부

인권취약계층의 평등추구를 위한 사회적
기본권보장에 대한 구체적 판례·사례의 쟁점

아동의 평등추구를 위한 사회적 기본권보장

제6장 아동의 평등추구를 위한 사회적 기본권보장

제1절 서론

아동은 보호적 주체이면서도 의사결정과 관련해서 자신의 의견에 대해 진술할 권리 및 자신의 의견이 존중받을 권리를 가진다 할 것이다. UN아동권리위원회는 아동의 최우선 이익의 원칙을 준수하기 위해 아동의 연령 및 성숙도에 따라 아동의 견해와 권리를 존중해야 함을 명시하고 있다(이노홍, 2013: 79). 그럼에도 불구하고 아동은 자신의 의견표명과 관련해 아동의 특성을 반영한 아동청원이 불인정되고 있다.

특히 재판과 관련해서는 대부분의 국가가 아동의 소송권리를 제한하고 있으며, 아동의 재판에서의 의견진술에 대해서도 아동의 의견이 그대로 반영되고 있는지는 의문이다. 또한 아동의 연령이 어릴 경우 재판에서는 2차 피해를 막기 위해 아동이 재판에서 직접 진술하기보다는 영상매체를 통한 전문 진술을 하는 경우가 있다. 이 경우 아동 진술과 관련해 전문 진술이 증거로서 신빙성을 갖기보다는 판사의 재량에 따라 본 전문 진술이 재판에 미치는 영향이 큰 것이 문제이다(권순민, 2012). 또한 지적장애아동인 경우 장애아동의 특성이 반영되어 아동의 진술이 재판에 반영되고 있는지도 살펴볼 필요가 있다.

아동의 권리 보호를 위해서는 무엇보다도 아동의 의견이 존중되어야 할 것이다.

교육과 관련해서는 적절한 교육을 받을 권리를 누리는 것 또한 아동의 최우선 이익의 원칙을 준수하는 것이라 할 것이다. 따라서 적절한 교육을 받기 위해서는 일반아동과 달리 특별한 지원이 이루어져야 하는 소외계층 아동의 교육권이 문제이다.

이에 이 책에서는 교육에 있어 특별한 지원이 이루어져야 하는 다문화가정의 아동과 다문화가정아동이면서 장애아동인 경우의 교육지원 실태에 대해 살펴보면서 각 주제에 따른 사회복지 시사점에 대해 살펴보고자 한다.

제2절 재판에서의 아동의견존중

1. 아동의 의견표명권

인간은 누구나 존엄한 존재로서 자신이 독립된 인간임을 스스로 밝히고 권리의 주체라는 것을 알리고 자신의 선택에 따라 자신의 견해를 밝힐 능력을 갖는다.

아동의 의견표명권이란 아동이 독립된 인격체로 스스로 자신의 권리를 알리고 자신의 선택에 따라 스스로 자신의 견해를 밝힐 수 있는 권리를 말한다. 이렇듯 아동 스스로 의견을 존중받고 자신의 견해를 밝힐 수 있을 때 비로소 진정한 아동 보호가 실현된다고 볼 수 있을 것이다(김용화, 2012).

「UN아동권리협약」(이하 UNCRC)에 따르면 기본적으로 아동의 의견표명권을 존중해 줄 것에 대해 선언하고 있다. 협약 제12조[1]는 아동이 권리의 주체로서 아동의 이익을 위하여 최우선적으로 자신의 의견을 표명하고 보장받을 것을 적시하고 있다. 이는 사법적 재판에서도 예외는 아니며 제12조 제2항에 따라 준수되어야 함을 명시하고 있다. 그런데 우리 국내법상 아동의 의견표명권은 그 내용과 한계가 국제적 기준에 미치지 못하고 있는 실정이어서 실질적인 아동의 의견표명권 보장을 위한 입법적 보완이 이루어질 것을 UN에 권고받고 있다(김용화, 2012). 다만 이러한 의견표명권과 관련해서는 아동의 연령, 성숙도, 자신의 의사를 피력할 능력을 종합적으로 평가하여 이에 따라 아동의 의견진술이 보호받게 된다.

그렇다면 재판에서 자신의 의견을 직접 표명하기에는 연령, 성숙도 및 자신의 의사를 피력할 능력이 미치지 못하는 아동의 경우 과연 아동의 이익이 최우선 적용되어 아동진술과 관련해 보호적 재판이 이루어지고 있는지 살펴볼 필요가 있겠다. 또한 아동이 연령 및 성숙도, 능력이 인정되지 않아 직접진술이 어려운 경우에도 아동의 최우선 이익을 위해 재판에서 간접적, 혹은 의견표명을 위한 진술조력인 제도를 갖추고 있는지 살펴보는 것도 매우 중요하다 할 것이다.

이에 이 책에서는 재판에서의 아동의 진술과 관련해 연령, 성숙도, 능력이 떨어지는 아동의 경우 아동의 최우선 이익의 원칙에 따라 재판이 이루어지고 있는

---

1) UNCRC 제12조 ①: 당사국은 자신의 견해를 형성할 능력이 있는 아동에 대하여 본인에게 영향을 미치는 모든 문제에 있어서 자신의 견해를 자유스럽게 표시할 권리를 보장하며, 아동의 견해에 대하여는 아동의 연령과 성숙 정도에 따라 정당한 비중이 부여되어야 한다(States Parties shall assure to the child who is capable of forming his or her own views the right to express those views freely in all matters affecting the child, the views of the child being given due weight in accordance with the age and maturity of the child).
UNCRC 제12조 ②: 이러한 목적을 위하여 특히 아동에게 영향을 미치는 어떠한 사법적, 행정적 절차에 있어 아동이 직접 또는 대리나 적절한 기관을 통하여 진술할 기회가 국내법의 절차에 따라 주어져야 한다(For this purpose, the child shall in particular be provided the opportunity to be heard in any judicial and administrative proceedings affecting the child, either directly, or through a representative or an appropriate body, in a manner consistent with the procedural rules of national law).

지 살펴보고 있다.

2. 재판에서의 아동진술권

　　재판에서의 아동의 증언과 관련해서는 아동이 직접 재판에서 증인자격으로 진술하는 직접 진술의 경우와 아동이 재판에서 진술하기에는 아동이 너무 어려, 피해아동을 보호하거나 아동의 2차적 피해인 정서상 스트레스를 완화해 주기 위해 영상매체를 통한 간접 진술인 전문 진술 규정을 두고 있다. 이러한 아동의 전문 진술과 관련해서는 재판에서 아동의 증언만이 유일한 증거능력[2]을 갖고 있는 경우 아동의 진술 당시의 상황, 아동의 진술과 관련해 숙련된 상담자에 의해 구조화되고 전문화된 인터뷰를 통한 진술인지 여부 및 아동의 연령과 성숙도를 반영하여 고려하고 있다(박종선, 2008; 박연주 · 김정우, 2016 재인용).

　　또한 지적장애아동의 성폭력범죄사건의 경우 장애아동의 진술이 유일한 증거인 경우 지적장애아동진술에 대한 신빙성 판단여부와 관련해 장애아동의 특성을 어느 정도 반영하고 있는지가 매우 중요하다 할 것이다. 왜냐하면 법원 판결에서 피해자 진술의 신빙성을 판단하는 일반적 주요요소인 '진술 내용의 일관성' '진술 내용의 구체성 및 정확성' '진술 내용의 경험칙상 합리성 및 내용의 정합성' '진술 내용의 객관적 정황과의 부합' '진술 내용의 외부영향 및 기억변형의 가능성' 등이 일치해야 하는데 지적장애아동의 경우는 낮은 지적능력으로 인해 혼동에 의한 기억능력의 저하인지 제3자의 영향력에 의한 기억의 변형인지 여부를 판단해야 하기 때문이다.

---

2) 증거능력과 증명력에 대한 혼란이 있다. 재판에서 증거능력이란 증거가 엄격한 증명의 자료로서의 능력을 가지는가를 말한다면 증명력은 이러한 증거능력의 자격이 있는 경우 과연 이러한 증거능력이 증거로서의 가치를 가지는가를 말한다.

3. 재판에서의 아동의견존중 관련법제와 관련판례

1) 아동의 의견존중 및 아동인권을 위한 관련법제

아동복지와 관련한 최대목표는 아동에 대한 인권 보호일 것이다. 국제적으로는 UNCRC에서는 아동의 재판에서의 증언과 관련해 아동의 의견을 존중(UNCRC 제12, 13조)[3]하고 차별을 금지할 것(UNCRC 제2조)[4]을 기본원칙에 표명하고 있다.

국내법적으로는 「헌법」 제10조에서 "모든 국민은 인간으로서의 존엄과 가치를 가지며, 행복을 추구할 권리를 가진다. 국가는 개인이 가지는 불가침의 기본권 인권을 확인하고 이를 보장할 의무를 진다."고 규정되어 있는 것에 근거하여 「아동복지법」 제1조 또한 "아동이 건강하게 출생하여 행복하고 안전하게 자랄 수 있도록 아동의 복지를 보장하는 것을 그 목적"으로 하여 아동의 인권을 보호하고 있다. 또한 형사법인 「아동·청소년 성보호에 관한 법률」 제15조에 따라 아동·

---

3) UNCRC 제13조 ①: 아동은 표현의 자유를 갖는다. 이 권리는 구두, 필기 또는 인쇄, 예술의 형태 또는 아동이 선택하는 기타의 매체를 통하여 모든 종류의 정보와 사상을 국경에 관계없이 추구하고 접수하며 전달하는 자유를 포함한다(The child shall have the right to freedom of expression; this right shall include freedom to seek, receive and impart information and ideas of all kinds, regardless of frontiers, either orally, in writing or in print, in the form of art, or through any other media of the child's choice).
CRC 제13조 ②: 이 권리의 행사는 일정한 제한을 받을 수 있다. 다만 이 제한은 오직 법률에 의하여 규정되고 다음의 경우에 한한다(The exercise of this right may be subject to certain restrictions, but these shall only be such as are provided by law and are necessary).
가. 타인의 권리 혹은 명예를 존중해야 하는 경우(For respect of the rights or reputations of others).
4) UNCRC 제2조 ①: 당사국은 자국의 관할권 내에서 아동 또는 그의 부모나 후견인의 인종, 피부색, 성별, 언어, 종교, 정치적 또는 기타의 의견, 민족적, 인종적 또는 사회적 출신, 재산, 장애, 출생, 또는 기타의 신분에 관계없이 그리고 어떠한 종류의 차별이 없이 이 협약에 규정된 권리를 존중하고 각 아동에게 보장하여야 한다(States Parties shall respect and ensure the rights set forth in the present Convention to each child within their jurisdiction without discrimination of any kind, irrespective of the child's or his or her parent's or legal guardian's race, colour, sex, language, religion, political or other opinion, national, ethnic or social origin, property, disability, birth or other status).
UNCRC 제2조 ②: 당사국은 아동이 그의 부모나 법정 후견인 또는 가족 구성원의 신분, 활동, 표명된 의견을 이유로 받게 되는 모든 형태의 차별이나 처벌로부터 보호되도록 보장하는 모든 적절한 조치를 취하여야 한다(States Parties shall take all appropriate measures to ensure that the child is protected against all forms of discrimination or punishment on the basis of the status, activities, expressed opinions, or beliefs of the child's parents, legal guardians, or family members).

청소년의 의견을 존중할 것을 명하고 있다. 그러나 이러한 기준은 그 의견의 수용범위에 따라 법원의 재량에 맡기고 있어 문제가 되고 있다. 따라서 실질적 아동의 의견존중을 위해 입법 개정이 이루어져야 함을 주장하는 연구도 있다(김용화, 2012).

이와 같이 국제·국내법적으로 아동의 의견을 존중하기 위해 노력함에도 불구하고 아동의 경우 인간으로서의 기본적 권리인 인권과 관련해 동등한 권리보장의 기회가 주어져 있는지 의문이며, 특히 재판에서는 자신의 권리를 주장함에 매우 취약한 계층이라 할 것이다(박연주·김정우, 2016). 이에 재판에서의 아동진술과 관련해 국제적 기준인 UNCRC의 기본원칙에 부합하는 판결이 이루어지고 있는지를 살펴보면서 특히 지적장애아동과 관련해서는 지적장애아동의 재판에서의 진술과 관련해 「UN 장애인권리협약(UN Convention on the Rights of Persons with Disabilities)」(이하 CRPD) h호(장애아동의 보호에 대한 일반원칙) 및 전문 q항(장애여성, 장애소녀대상 폭력에 대한 보호), r항(장애아동의 자유와 인권에 대한 동등한 보호)에 따른 판례의 시사점에 대해 살펴보고자 한다.

2) 관련판례

(1) 판례의 내용분석

아동의 재판에서의 증언과 관련한 판례들은 아동이 재판에서 직접 진술하면 아동이 성장하면서 겪는 2차적 스트레스의 강도가 크고 연령상 아동의 직접 진술이 어려운 연령인 경우 간접 진술인 아동의 전문 진술과 관련한 판례들과 지적장애아동의 증언과 관련한 판례로 정리하여 살펴보았다. 각 판례의 청구이유 및 법원의 판단에 대해 간략히 살펴보면 다음 〈표 6-1〉과 같다.

〈표 6-1〉 아동의 증언 관련판례 내용 정리

사건번호	청구인	상대방	청구이유	법원의 판단
2004. 5. 28. 선고 2004도1462	피해아동 친구의 작은 아버지	검사	미성년의제간음으로 인한 유죄선고에 대하여 청구인이 무죄를 주장하면서 상고	청구인의 인권 보호와 엄격한 증거재판주의를 적용하여 청구인의 무죄를 인정
2003. 3. 10. 선고 2000도 159	아이보모의 남편	검사	아이 돌봄 일을 하는 처에게 맡겨진 30개월 여아를 강제추행 하였다는 이유로 유죄를 받은 사안에서 무죄를 주장하면서 상고	아동의 법정에서의 진술과 전문 진술인 영상매체의 증언의 일관성을 비교하여 전문 진술의 증거능력으로서의 신빙성을 부정하여 청구인의 유죄를 인정한 원심판단을 파기, 무죄확정
2013. 2. 12. 선고 2012고합 519	검사	피고인들	부모가 모두 지적장애인이고 피해자들이 모두 지적장애아임을 인지하고 같은 아파트에 거주하면서 강간	장애아동 증언 부분에 있어 진술의 신빙성이 없다 하여 일부아동진술부분 무죄판단

출처: 박연주 · 김정우(2016, p. 98) 도표 인용 및 판례 추가.

일반아동의 진술과 관련해 2004도1462의 사안은 형의 집에 같이 살면서 조카의 집에 놀러 온 친구(7세, 여)를 간음한 사안이다. 이 판례는 지방법원, 고등법원에서 모두 미성년자 의제강간과 관련해 유죄를 인정했음에도 불구하고 대법원에서 아동들의 증언(조카와 조카친구의 증언)이 엇갈린 점을 들어 아동진술의 증명력[5]을 부정하였다. 특히 이 사안에서는 아동복지센터 상담사에 의해 피해아동의 면담 내용을 녹취하여 재판에 증거로 제출하였으나 이에 대해서도 증명력을 인정받지 못하였다. 아동은 아동의 기억 및 진술의 특성과 관련해 질문자의 관계와 아동의 성숙도에 따라 영향을 받는다. 아동의 기억은 성인과 다르게 표

---

5) 증명력의 판단은 판단 근거의 유무, 진술의 일관성, 진술 간의 불일치 여부, 논리적인 관점 내지 사회통념에 따라 판단하고 있다.

현되기도 하고 상황의 인지를 다르게 볼 수도 있다(권순민, 2012). 2000도159판결에서는 녹취 당시 만 3세 1개월의 유아라는 연령에만 국한하여 대답을 회피하고 대리인인 모의 유도 질문에만 국한하여 살펴 아동진술에 대해 신빙성(증명력)을 인정하지 않고 무죄 판단하였다(박연주·김정우, 2016).

지적장애아동은 특별양형인자 요소를 갖추고 있는 명백한 범행의 취약계층이라 할 것이다. 2012고합519판결은 지적장애아동의 진술부분과 관련해 신빙성을 인정하지 않고 있다. 이는 CRPD 전문 q항에서는 '장애여성과 장애소녀는 폭력에 특히 취약한 계층임을 각국은 인지하여 협약 이행을 위해 더욱 고려하여야 할 대상'임을 언급하고 있으며, 전문 r항에서는 '장애아동이 자유와 인권을 동등하게 향유할 권리가 있음'을 언급하여 이들에 대한 권리 보호를 강조하고 있다. 그럼에도 불구하고 이 사안은 지적장애아동의 진술만이 증거인 경우 왜곡되고 엇갈린 진술에만 의존하여 재판이 진행되어 결국 이들의 인권이 훼손되는 결과를 도출하게 되고 재판으로 인해 피해자인 지적장애아동에 대한 또 다른 피해를 야기하는 결과가 되었다.

아동의 법정 진술과 관련해서는 국제 기준인 UNCRC 제12조에 따르면 아동의 진술이 성인의 영향을 받을 수 있으므로 엇갈린 아동의 진술과 관련해서는 엄격한 증거재판주의를 적용하기 전에 아동의 이익을 최우선으로 하는 UNCRC 제3조[6]의 적용을 따르면서 UNCRC 제12조의 적용을 통한 검증이 이루어졌어야 할 부분들이다.

(2) 아동인권관점에서 판례의 시사점

앞의 판례들에서 아동의 증언과 관련해 재판에서는 판사의 재량에 따라 아동의 진술과 관련한 판결이 이루어지고 있음을 살펴볼 수 있었다. 따라서 아동의 증언과 관련해 아동의 특성, 지적장애아동의 특성이 반영된 판결이 이루어질 수

---

6) UNCRC 제3조의 규정 내용은 앞 장에서 정리하였으므로 이 장에서는 생략한다.

있도록 다음과 같은 사항에 대해 제언해 보고자 한다.

첫째, 아동의 경우 간접 진술인 전문 진술과 관련해서는 증거능력의 인정과 동시에 증명력이 인정되어야 할 것이다. 앞에서 살펴보듯이 법관의 판단에 의한 엄격한 신빙성을 근거로 한 증거능력을 갖는 아동의 진술에 대한 증명력 판단은 발달상황에 따라 취약성을 갖고 있는 아동의 경우에는 각 아동의 특성을 전문적으로 반영하여 증거능력이 인정된 증언의 경우에는 증명력도 함께 인정하는 것이 재판에서의 아동의 인권 보호를 위한 최상의 이익존중이 될 것이다.

둘째, 아동의 견해가 존중되도록 아동진술과 관련해 재판관계자들에게 아동특성에 대한 교육프로그램이 이루어져야 할 것이다. 아동은 자라 온 사회적 환경, 아동 개인의 성숙도, 연령 및 지적 성숙도 등에 따라 재판에서 자신과 관련해 증언을 한다는 것에 큰 차이가 있다. 따라서 아동의 증언과 관련한 재판에서는 법관의 일반적 상식에 의한 아동에 대한 평가가 중심이 되지 않도록 각 아동증언 관련 재판 전에 아동특성과 관련한 교육이 진행되어야 할 것이다.

셋째, 지적장애아동에 대한 성폭력범죄와 관련한 증명력판단 관련 특별양형기준이 마련되어야 할 것이다. 현재 장애인과 관련한 범죄에는 가중 처벌되는 특별양형기준이 있다. 그런데 지적장애아동과 관련한 성폭력범죄에서 장애아동의 증언이 유일한 증거능력을 갖는 경우에는 지적장애아동의 특성으로 인해 일관된 진술이 어긋나면 오히려 법관의 재량에 의한 증명력판단에서 부정되는 현실이 발생한다. 따라서 지적장애아동의 진술과 관련한 증명력판단에서는 오히려 장애인에 대한 특별양형기준인 '범행의 취약한 피해자'라는 부분이 무고한 가해자를 만들지 않겠다는 엄격한 증명력판단에 의해 고려되지 못하고 있기 때문이다.

넷째, 지적장애아동에 대한 진술조력인 제도가 재판에서 마련되어야 할 것이다. 이는 CRPD q호[7]와 r호[8]의 국제기준을 준수하면서 지적장애아동의 진술이 유

---

7) CRPD (q): 장애여성과 장애소녀들이 가정 내외에서 폭력, 상해 또는 학대, 유기 또는 유기적 대우, 혹사 또는 착취의 더 큰 위험에 직면해 있는 경우가 많음을 인정한다(Recognizing that women and girls with

일한 증거인 경우에 지적장애아동의 인권 보호를 위해서는 꼭 필요한 제도라 할 것이다.

4. 판례를 통해 생각해 볼 문제

【1】우리나라는 재판에서 아동의 진술이 유일한 증거인 경우 아동진술과 관련해 UN국제협약의 기준에 따른 판결이 이루어지고 있는지에 대해 논의해 보시오.

【2】재판에서 아동진술과 관련해 어떠한 서비스가 갖추어져야 한다고 보는지에 대해 논의해 보시오.

【3】재판에서 아동의 견해존중과 관련해 아동인권강화를 위해 사법부는 어떠한 조치를 취해야 한다고 생각하는지에 대해 논의해 보시오.

【4】지적장애아동의 경우 재판에서 지적장애아동의 특수성반영을 위한 어떠한 노력이 이루어져야 하는지에 대해 논의해 보시오.

제3절 소외계층아동의 교육권

1. 다문화가정아동의 아동교육과 인권문제

이 책에서는 교육권과 관련해 아동 · 청소년으로 분류하지 않고「아동복지법」

---

disabilities are often at greater risk, both within and outside the home, of violence, injury or abuse, neglect or negligent treatment, maltreatment or exploitation).

8) CRPD (r): 장애아동은 다른 아동들과 동등한 기초 위에서 모든 인권과 기본적 자유를 완전히 향유해야 함을 인정하고, 이를 위해 아동권리협약의 당사국이 이행한 의무들을 상기하여야 한다(Recognizing that children with disabilities should have full enjoyment of all human rights and fundamental freedoms on an equal basis with other children, and recalling obligations to that end undertaken by States Parties to the Convention on the Rights of the Child).

의 연령기준에 따라 아동의 교육권으로 통일하겠다.

점차적으로 우리나라는 학교교육에 있어 다문화가정아동의 비율이 늘어나고 있으나 이들에 대한 특수성을 파악한 다양한 교육지원이 이루어지고 있는지 의문이다.

또한 학교에서의 다문화 이슈에 대한 설명은 엉망인 것으로 나타났다. 현재 한국 초·중·고등학교에 재학 중인 다문화 학생이 10만 명에 이르는 반면에 교과서에는 다문화에 관한 내용이 아예 없거나 인종에 대한 편견을 주는 내용이 포함되고 있는 것으로 나타났다. 한국의 일반적인 인식이 단일 민족을 강조하는 상황에서 학교 현장에서 이용되고 있는 교과서에는 타 인종에 대한 배타성 및 경계심을 키울 수 있는 내용들이 여전히 구성되어 있다는 점은 문제가 있다는 것이다. 따라서 포괄적 차별금지법 제정에 근거한 교과서 내용에 대한 검토가 필요하고 교과서의 주기적인 모니터링과 수정이 진행되어야 할 것이다.

다른 한편 현재 다문화가정 학생에 대한 교육지원 실태를 조사한 연구도 다문화적 특성을 파악하여 지원 실태를 조사한 것이 아닌 한국의 특정지역에 국한하여 교육지원 실태를 조사하고 있다(류방란 외, 2012).

이 책에서는 오성배·박희훈(2018)의 연구사례인 다문화가정 아동교육에 있어 한국어교육과정과 관련해 학생들이 겪는 어려움과 한국어와 한국문화 적응이 필요한 중도입국학생과 외국인가정 학생을 대상으로 한 '예비학교' 사업관련 사례에 대한 경우를 살펴 사회복지관점에서 시사점을 찾고자 하였다. 이는 앞으로 시행되는 학교사회복지사시험제도와 관련해 학교사회복지사가 복지전문가로서 이들 다문화가정아동교육과 관련해 적극적이고 실질적인 지원자 역할을 할 수 있도록 하고자 함에 있다.

2. 다문화가정이면서 장애학생인 아동의 교육과 인권문제

다문화가정에서 장애아동인 경우는 부모와의 언어적 소통문제 및 장애로 인한 복합적인 문제에 직면해 있어 교육권보호가 시급한 계층이라 볼 수 있다. 그럼에도 불구하고 이들에 대한 특별한 관심과 배려를 필요로 하는 교사양성은 물론 복합적 지원이 거의 이루어지지 않고 있는 실정이다(김향지, 2011).

UNCRC 제2조에 따르면 협약당사국은 아동과 그 부모, 인종, 피부색, 장애, 출생, 국가적 · 민족적 · 사회적 출신, 성별, 언어 등의 기타 신분에 상관없이 법적으로 차별받지 않을 권리를 갖고 있으며, 모든 차별로부터 아동을 보호할 적절한 조치를 취해야 한다고 규정하고 있다(정옥분 외, 2017). 그러나 우리법제에서는 다문화가정이면서 장애학생인 아동의 교육지원에 대해 각 특성에 맞는 교육지원서비스를 제공하기보다는 소득수준에 따른 교육지원위주로 명시되어 있다. 이러한 교육지원은 다문화가정이면서 장애학생인 아동의 특성에 따른 교육권을 실질적으로 보장해 주는 데는 미흡하다 할 것이다(홍종현, 2014).

다문화교육 정책과 장애아동 교육정책이 체계적으로 이루어져야 할 필요가 있다.

폴란드에서는 아동권리 보호를 위해 아동 옴부즈맨(ombudsman for children)[9] 제도를 실시하여 아동의 다양한 상황 및 각 특성에 따른 지원체계를 실시하고 있다(국제아동권리포럼, 2013). 이에 선진 다문화가정 장애자녀의 교육권정책을 살펴 앞으로의 교육지원 방향을 모색해 보아야 할 시점이다(김향지, 2011).

이 책에서는 전혜영 · 이미숙(2014) 연구사례인 다문화가정의 중도 · 중복장애 아동교육에 있어 언어소통과 관련해 학생들이 겪는 어려움과 교사, 학부모, 중도장애아동 및 중도장애아동 치료사와의 협력과 관련한 어려움에 대한 사례의

---

9) 폴란드의 아동 옴부즈맨은 아동의 이익을 최우선적으로 보호하고자 아동의 생활과 건강 보호, 교육권리, 폭력, 학대, 부모에게 양육될 권리 등을 위해 활동하는 사람으로 폴란드 하원에서 선출하며, 그들은 이러한 업무 수행을 위해 직권으로 사건 조사를 실시할 수 있고 조직 및 시설 등에 자료의 요청 및 아동의 인권을 대변하기 위한 소송참여권한까지 주어지게 된다(국제아동권리포럼, 2013).

경우를 살펴 사회복지관점에서 시사점을 찾고자 하였다.

3. 다문화 · 장애아동의 교육권 관련법제와 관련사례

1) 관련법제

다문화가정아동교육 및 다문화가정의 장애아동교육과 관련해서는 「다문화가족 지원법」 제6조[10] 및 제10조[11]에 따라 다문화가정 아동교육 지원을 다루고 있으며, 「다문화가족 지원법 시행령」 제11조[12]는 법 제6조의 제1항에 따른 구체적

---

10) 제6조(생활정보 제공 및 교육 지원) ① 국가와 지방자치단체는 결혼이민자등이 대한민국에서 생활하는 데 필요한 기본적 정보(아동 · 청소년에 대한 학습 및 생활지도 관련 정보를 포함한다)를 제공하고, 사회적응교육과 직업교육 · 훈련 및 언어소통 능력 향상을 위한 한국어교육 등을 받을 수 있도록 필요한 지원을 할 수 있다. ② 국가와 지방자치단체는 결혼이민자 등의 배우자 및 가족구성원이 결혼이민자 등의 출신 국가 및 문화 등을 이해하는 데 필요한 기본적 정보를 제공하고 관련 교육을 지원할 수 있다. ③ 국가와 지방자치단체는 제1항 및 제2항에 따른 교육을 실시함에 있어 거주지 및 가정환경 등으로 인하여 서비스에서 소외되는 결혼이민자 등과 배우자 및 그 가족구성원이 없도록 방문교육이나 원격교육 등 다양한 방법으로 교육을 지원하고, 교재와 강사 등의 전문성을 강화하기 위한 시책을 수립 · 시행하여야 한다. ④ 국가와 지방자치단체는 제3항의 방문교육의 비용을 결혼이민자 등의 가구 소득수준, 교육의 종류 등 여성가족부장관이 정하여 고시하는 기준에 따라 차등 지원할 수 있다. ⑤ 국가와 지방자치단체가 제4항에 따른 비용을 지원함에 있어 비용 지원의 신청, 금융정보 등의 제공, 조사 · 질문 등은 「아이돌봄 지원법」 제22조부터 제25조까지의 규정을 준용한다. ⑥ 결혼이민자 등의 배우자 등 다문화가족 구성원은 결혼이민자 등이 한국어교육 등 사회적응에 필요한 다양한 교육을 받을 수 있도록 노력하여야 한다.
⑦ 그 밖에 제1항 및 제2항에 따른 정보제공 및 교육에 필요한 사항은 대통령령으로 정한다.
11) 제10조(아동 · 청소년 보육 · 교육) ① 국가와 지방자치단체는 아동 · 청소년 보육 · 교육을 실시함에 있어서 다문화가족 구성원인 아동 · 청소년을 차별하여서는 아니 된다. ② 국가와 지방자치단체는 다문화가족 구성원인 아동 · 청소년이 학교생활에 신속히 적응할 수 있도록 교육지원 대책을 마련하여야 하고, 특별시 · 광역시 · 특별자치시 · 도 · 특별자치도의 교육감은 다문화가족 구성원인 아동 · 청소년에 대하여 학과 외 또는 방과 후 교육 프로그램 등을 지원할 수 있다. ③ 국가와 지방자치단체는 다문화가족 구성원인 18세 미만인 사람의 초등학교 취학 전 보육 및 교육 지원을 위하여 노력하고, 그 구성원의 언어발달을 위하여 한국어 및 결혼이민자 등인 부 또는 모의 모국어 교육을 위한 교재지원 및 학습지원 등 언어능력 제고를 위하여 필요한 지원을 할 수 있다. ④ 「영유아보육법」 제10조에 따른 어린이집의 원장, 「유아교육법」 제7조에 따른 유치원의 장, 「초 · 중등교육법」 제2조에 따른 각급 학교의 장, 그 밖에 대통령령으로 정하는 기관의 장은 아동 · 청소년 보육 · 교육을 실시함에 있어 다문화가족 구성원인 아동 · 청소년이 차별을 받지 아니하도록 필요한 조치를 하여야 한다.
12) 제11조(생활정보 제공 및 교육 지원) ① 국가와 지방자치단체는 법 제6조 제1항에 따라 다문화가족 지원 관련 정책정보, 이민자 정착 성공사례, 어린이집 등의 기관 소개, 한국문화 소개 등을 수록한 생활안내책자 등 정보지를 발간하여 배포한다. ② 국가와 지방자치단체는 법 제6조 제1항에 따라 결혼이민자 등의 국적, 수

시행사항을 규정하고 있다. 다문화가정의 장애아동교육과 관련해서는 「장애인 복지법」 제20조[13]에 의해 일반적 장애인교육지원에 대한 규정을 두고 있으며, 「장애아동복지지원법」 제27조[14]에 의한 다문화가정 장애아동에 대한 복지우선 지원제도를 마련하고 있다. 그러나 구체적으로 다문화와 장애라는 특성을 고려한 규정을 두고 있지는 않고 있어 다문화가정지원은 「다문화가족 지원법」에 의해 장애라는 특성은 「장애인복지법」 및 「장애아동지원법」에 따라 개별적인 지원을 받을 수밖에 없어 전문적인 지원과 관련한 규정마련이 시급해 보인다. 이 밖에 「장애인 등에 대한 특수교육법」에서는 전반적인 장애유형 · 장애 정도의 특성에 따른 교육에 대해 규정하고 있다.

학능력(修學能力), 그 밖의 교육 여건 등을 고려하여 체계적 · 단계적 교육을 실시할 수 있다. ③ 국가와 지방자치단체는 법 제6조 제1항에 따라 결혼이민자 등의 취업 및 창업을 촉진하기 위하여 능력 및 적성을 고려한 직업교육 · 훈련을 실시할 수 있다.

13) 제20조(교육) ① 국가와 지방자치단체는 사회통합의 이념에 따라 장애인이 연령 · 능력 · 장애의 종류 및 정도에 따라 충분히 교육받을 수 있도록 교육 내용과 방법을 개선하는 등 필요한 정책을 강구하여야 한다. ② 국가와 지방자치단체는 장애인의 교육에 관한 조사 · 연구를 촉진하여야 한다. ③ 국가와 지방자치단체는 장애인에게 전문 진로교육을 실시하는 제도를 강구하여야 한다. ④ 각급 학교의 장은 교육을 필요로 하는 장애인이 그 학교에 입학하려는 경우 장애를 이유로 입학 지원을 거부하거나 입학시험 합격자의 입학을 거부하는 등의 불리한 조치를 하여서는 아니 된다. ⑤ 모든 교육기관은 교육 대상인 장애인의 입학과 수학 (修學) 등에 편리하도록 장애의 종류와 정도에 맞추어 시설을 정비하거나 그 밖에 필요한 조치를 강구하여야 한다.

14) 제27조(취약가정 복지지원 우선제공) 국가와 지방자치단체는 다음 각 호의 어느 하나에 해당하는 장애아동과 그 가족(이하 "취약가정"이라 한다)에 대하여는 이 법에서 정하는 복지지원을 우선적으로 제공할 수 있다. 다만, 제22조에 따른 보육지원은 「영유아보육법」 제28조에 따른다. 1. 장애아동의 부 또는 모가 「장애인복지법」 제2조의 장애인인 경우, 2. 한 가정에 장애아동이 2명 이상인 경우, 3. 장애아동이 「한부모가족지원법」 제4조제2호의 한부모가족의 자녀인 경우, 4. 장애아동이 부모와 떨어져 조부 또는 조모가 세대주이거나 세대원을 사실상 부양하는 경우, 5. 장애아동이 「다문화가족 지원법」 제2조제1호의 다문화가족의 자녀인 경우, 6. 장애아동이 「도서 · 벽지 교육진흥법」 제2조의 도서 · 벽지에 거주하는 경우, 7. 그 밖에 보건복지부장관이 우선하여 지원할 필요가 있다고 인정하는 경우

2) 관련사례

(1) 사례의 내용분석

이 책에서는 아동의 교육권과 관련하여 다문화가정아동의 교육 및 다문화가정의 중복장애아동교육과 관련한 두 사례를 살펴보았다. 두 사례의 면담 내용은 전문가의 연구를 통한 인터뷰의 내용을 그대로 전사하여 표로 정리하였음을 밝히며 다음 〈표 6-2〉와 같다.

〈표 6-2〉 면담을 통한 사례의 내용

다문화가정 아동의 교육지원 관련	한국어 교육과정 운영에 있어 문제점
	"한국어 교육에서 가장 큰 문제는 학교 구성원들이 한국어 교육과정에 대해 이해를 못하고 있다는 거예요. 어떤 현상이 벌어지냐면 강사를 구할 때, 그 학생의 모국어를 할 수 있는 한국어강사를 구하려고 해요. 예컨대 이런 거죠. 학교에서 영어를 배울 때, 한국 사람이 한국말로 가르치잖아요. 그래서 이분들도 중국 아이가 학교에 오면 중국말로 한국어를 가르쳐야 한다고 생각하는 거죠." "청소년을 위한 언어 교육 교재가 없다는 점이 어려웠어요. 3년 전부터, 결혼이주여성 교재를 가져오자니 안 맞고, 일반 성인 교재를 들고 오자니 이것도 안 맞고 결국 공교육 진입을 목표로 중간 단계의 한국어 교육을 하는데 이왕 하면 학교에 들어가서 도움이 될 만한 언어를 중심으로 할 만한 교재가 없다는 것이 가장 큰 어려움이었어요."
	예비학교 운영에 있어 문제점
	"(예비학교가) 필요하다고 생각합니다. (중략) 다문화가정 학생들에게 필요한 것이 언어만은 아닙니다. 정서적인 문제, 즉 문화충격도 굉장히 중요하고 그런 것들이 치료되고 해결되지 않은 상황에서 학습이 이루어진다는 것은 아무 의미가 없다고 생각합니다." "예비학교에 계시는 선생님들이 계속 근무를 하며, '이 학생을 내년에도 교육을 할 것이다.'라고 생각을 하면 좀 더 적극적으로 교육을 할 수 있는데, 다시 계약을 하거나 다른 곳으로 가야 하는 상황 등 고용 문제로 인해 학생들의 특성에 맞는 교육이 이루어지기가 힘든 것 같습니다."

다문화가정의 중도 · 중복 장애아동에 대한 교육지원관련	다문화가정장애아동의 소통 · 협력의 어려움
	"저는 한국어를 잘 못하고, 남편은 영어를 잘 못해요. 남편이 사투리가 심해서 제가 한국어를 더 잘 못 배운 것 같아요."(외국인 어머니) "○○의 어머니와 아버지 사이에는 소통에 문제가 있는 것 같아요. 그러니까 ○○ 교육에 관한 것도…… 학력의 차이라든지 생활정도라든지, 수준이라든지, 문화의 차이…… 국제적이어서가 아니라요. 종교적인 것으로 결혼을 하기는 했지만요."(특수교사) "아이한테 힘든 거는 없는 거 같아요. (중략) 어머니를 상대 하는 게 힘들죠. 서로 만나서도 어려운데 전화로 해 달라고 하실 때가 있어요. 더 힘들거든요…… 어머니가 전화로 할 때는 안 보이는 상태에서 영어로 막 나와요. 하나도 못 알아듣는데…… 어머니가 잘 안 오세요. 잘 안 오셔서 상담할 길은 오로지 전화…… 해도 못 알아듣기도 하고…… 제가 영어를 못하니까……."(치료사)
	다문화의 특성과 중복장애아동에 대한 지원의 어려움
	"예를 들어서 언어를 가르치면 ○○야~ ~하면 '예~' 하라고 하지…… 근데 어머니는 ○○를 부르는 자체가 달라요. ○○'s~이렇게 불러요. 이렇게 부르면 한국말이라고 들리지 않을 것 같아요.. 자기 이름이니까 겨우 듣기는 하는데…… 우리는 '가' 하는데 엄마는 'go' 하면 어떻게 알아듣겠어요."(특수교사) "2차 인터뷰까지 완료 후 어머니에게 도우미에 관한 것을 물어보았는데, 도우미가 또 한 번 더 바뀌었다고 한다. 활동보조인과의 트러블은 해결되지 않았으며 외국인 어머니는 요구하고 활동보조인은 책임을 다하지 않고 급기야 활동보조인이 바뀌는 등의 악순환이 되고 있는 것 같다는 느낌이 든다."(연구노트)

출처: 오성배 · 박희훈(2018); 전혜영 · 이미숙(2014) 도표 정리

이상의 사례들을 통해 다음과 같은 문제점을 찾을 수 있었다.

우선 다문화가정아동의 경우 다문화특성에 맞는 마땅한 한국어교재의 부재로 인한 어려움을 호소하고 있다. 아동교육에 있어 아동의 성장배경, 거주지, 학교의 지원 등은 아동의 기초학력을 배양하는 데 중요한 환경적 요인이라 할 것이다. 그럼에도 불구하고 이에 대한 배려 없이 공통적 한국어교재를 학습하게 되면 이들의 기초학력이 저해되고 한국어습득에 어려움이 따르게 된다. 이러한 문제점을 극복하고자 다문화가정 아동들 중 집중적으로 한국어 교육이 필요한 학

생들에게 '예비학교' 지원을 하고 있는데 언어뿐만이 아니라 다양한 방향의 지원
이 이루어지지 않음이 문제점이고 학생들의 특성에 따른 교육이 진행되지 않음
을 지적하고 있다. 즉, 교육에 있어 문화적 다양성을 고려하지 않고 이들 특성을
고려한 집중적 전문화교육이 이루어지지 않고 있어 교육의 또 다른 소외계층을
형성하고 있는 것이다.

다음으로 다문화가정이면서 중도 · 중복장애학생의 경우에는 장애, 다문화의
중복적 위험이 아동의 소통과 아동의 협력자들의 소통을 어렵게 한다는 점이다.
특히 다문화지원과 장애지원이 서로 유기적이지 못해 지원의 실효성이 떨어지
고 있음을 확인할 수 있다.

(2) 아동의 인권관점에서의 사례의 시사점

우리나라의 다문화가정의 수는 계속 증가하여 2012년 46,776명에서 2016년
전체 98,868명으로 증가하였다(한국청소년정책연구원, 2017). 그럼에도 불구하고
다문화가정의 아동과 다문화가정이면서 중도 · 중복장애아동인 경우에는 학교
교육에의 적응 및 진로와 관련한 지원의 부족 등으로 인해 학교 교육에 있어 어
려움을 호소하고 있다. 이는 이들 소외계층아동에 대한 지원시스템의 전문화 부
족에 기인한다고 볼 수 있다. 따라서 이와 관련해 다음과 같은 몇 가지 시사점을
제시하고자 한다.

첫째, 지역다문화 교육지원센터가 구축되어야 할 것이다. 우선적으로 지역다
문화 교육지원센터의 담당과 관련해서는 학교사회복지사제도를 활용하여 이들
의 장애인, 중도장애아동, 다문화가정지원에 대한 교육을 특화하여 전문화할 필
요성이 있다고 볼 것이다.

둘째, 폴란드와 같은 아동 옴부즈맨 제도를 두어 옴부즈맨 사무소를 각 지역사
회에 배치하여 교육과 관련해 아동의 상황, 가족의 특성 등에 따른 지원체계시
스템을 갖춰야 할 것이다. 이를 위해 지역에서 아동 옴부즈맨을 지역기관회의를

통해 선정하고 이와 관련한 비용은 우선적으로 지역기관의 기금조성을 통해 운영한다. 이후 점차적으로 국가차원에서 이를 실시하고 지역옴부즈맨을 두어 그들의 권한을 강화해 주어야 할 것이다.

마지막으로, 다문화가정이면서 중도·중복장애아동인 경우 체계적이지 못한 다문화지원과 장애지원을 전문적인 '일원화지원'으로 바꿀 필요성이 있다. 이를 위해서는 종합적이고 전문화된 시스템 구축이 필요하다. 이러한 중추적 역할을 담당하기 위해서는 지역의 다문화센터와 유기적 연계가 되어야 할 것이다(김향지, 2011).

우리나라는 소외계층아동에 대한 교육과 관련해서는 꾸준히 UNCRC의 권고를 받고 있는 실정이다. 특히 장애아동 교육권보장과 관련해서는 전문성을 갖춘 특수교육기관의 시설확충 및 장애아동 통합교육 확대 및 인식개선에 대해 권고하고 있으며, 다문화가족아동의 지원에 대해서도 권고하고 있다(한국청소년정책연구원, 2017). 이에 따라 앞으로도 이들에 대한 지속적 지원이 이루어지고 전문화되기 위해서는 지역사회에서의 관심과 인식의 변화가 필요하다 본다.

4. 사례를 통해 생각해 볼 문제

【1】아동·청소년의 교육현장에서의 인권교육의 문제점에 대해 논의해 보시오.

【2】소외계층아동의 교육과 관련해 인권침해문제가 어떠한 것들이 있는지 논의해 보시오.

【3】장애아동에 대한 현 공교육의 인권교육에는 문제가 없는지에 대해 논의해 보시오.

【4】다문화가정, 특히 다문화가정 내 장애아동이 겪는 교육현장의 문제점에 대해 논의해 보시오.

참고문헌

국제아동권리포럼(2013). 아동 인권의 발자취. 서울: (사)국제아동인권센터.

권순민(2012). 형사절차에서 아동의 증언능력과 신빙성 판단에 대한 연구: 대법원 판례분석을 중심으로. 형사정책연구, 23(4), 123-151.

김용화(2012). 아동의 의견표명권 보장을 위한 입법적 보완. 아동과 권리, 16(3), 449-470.

김향지(2011). 다문화교육 정책의 국제비교를 통한 한국 다문화가정 장애아동 교육지원 방안. 유라시아 연구, 8(3), 225-244.

류방란·김경애·이재분·송혜정·강일국(2012). 중등교육 학령기 다문화가정 자녀교육 실태 및 지원방안. 서울: 한국교육개발원.

박연주·김정우(2016). 13세미만 아동성폭력 재판에서의 아동진술연구: 영상매체를 통한 전문 증거를 중심으로. 한국아동복지학, 55, 87-111.

박종선(2008). 증명력 판단기준: 아동진술을 중심으로. 서울: 한국학술정보(주).

박진완(2008). 아동권리협약의 국내적 이행과정에 대한 분석. 세계헌법연구, 16(1), 181-208.

오성배·박희훈(2018). 다문화가정 학생을 위한 교육지원 사례 탐색. 한국교육문제연구, 36(1), 71-92.

이노홍(2013). UN아동권리협약 및 선택의정서에 따른 아동권리보호의 국제적 동향: 아동의 청원권에 관한 제3선택의정서를 중심으로. 세종: 한국법제연구원.

전혜영·이미숙(2014). 다문화가정 중도·중복장애학생의 교육과 지원에 대한 질적 사례연구. 특수교육학 연구, 49(1), 105-128.

정옥분·정순화·손화희·김경은(2017). 아동권리와 복지. 서울: 학지사.

한국청소년정책연구원(2017). UN아동권리협약 5·6차 국가보고서 공청회. www.nyoi.re.kr

홍종현(2014). 장애아동·청소년의 권리보호를 위한 법률 개선방안 연구. 세종: 한국법제연구원.

법제처 홈페이지 www.moleg.go.kr

장애인의 평등추구를 위한 사회적 기본권보장

제7장 장애인의 평등추구를 위한 사회적 기본권보장

학습목표

1. 장애인근로자의 최저임금과 관련한 법률에 대해 살펴본다.
2. 장애인의 근로보장과 이에 대한 국가적 보호정책에 대해 살펴본다.
3. 장애인의 이동의 권리와 장애차별에 대해 알아본다.
4. 장애인에 대한 차별금지를 위한 적극적 사회보장정책에 대해 살펴본다.

제1절 서론

장애인은 인권과 관련해서는 시대적·사회적으로 보편적이기보다는 사회상황, 장애운동의 흐름에 따라 변화되고 있다. 특히 장애인은 인권과 관련해 다양한 사회적 차별을 겪고 있다 할 것이다.

현재 장애인과 관련한 국내관련 법률을 살펴보면 기본법으로는 「장애인복지법」과 「장애인차별금지 및 권리구제 등에 관한 법률」이 있으며, 교육면에서는 「장애인 등에 대한 특수교육법」이 있으며, 고용·직업재활 및 소득보장측면에서는 「장애인고용촉진 및 직업재활법」, 「장애인기업활동 촉진법」, 「중증장애인 생산품 우선구매 특별법」, 「장애인연금법」 등이 있고, 장애인의 활동지원과 관련해서는 「장애인활동 지원에 관한 법률」로 지원받고 있으며, 그 밖에 주거보급, 장애아동, 발달장애, 편의증진 등과 관련해서는 「장애인·고령자 등 주거약자 지원에 관한 법률」, 「장애아동 복지지원법」, 「발달장애인 권리보장 및 지원에 관한 법률」, 「장애인·노인·임산부 등의 편의증진 보장에 관한 법률」에 따라 보호받고 있다.

특히 장애인은 차별금지와 관련해 「장애인복지법」 제8조[1]를 기본으로 하여 「장애인차별금지 및 권리구제 등에 관한 법률」에 의하여 보호되고 있다.

〈표 7-1〉 장애인차별 금지영역

영역 또는 대상	내용
고용	-차별금지(제10조) -정당한 편의제공의무(제11조) -의학적 검사의 금지(제12조)
교육	-차별금지(제13조) -정당한 편의제공의무(제14조)
재화와 용역의 제공 및 이용	-재화, 용역 등의 제공에 있어서의 차별금지(제15조) -토지 및 건물의 매매, 임대 등에 있어서의 차별금지(제16조) -금융상품 및 서비스 제공에 있어서의 차별금지(제17조) -시설물 접근, 이용의 차별금지(제18조) -이동 및 교통수단 등에서의 차별금지(제19조) -정보접근에서의 차별금지(제20조) -정보통신, 의사소통 등에서의 정당한 편의제공의무(제21조) -개인정보보호(제22조) -정보접근, 의사소통에서의 국가 및 지방자치단체의 의무(제23조) -문화, 예술 활동의 차별금지(제24조) -체육활동의 차별금지(제25조)
사법, 행정절차 및 서비스와 참정권	-사법, 행정절차 및 서비스 제공에 있어서의 차별금지(제26조) -참정권(제27조)
모, 부성권, 성 등	-모, 부성권의 차별금지(제28조) -성에서의 차별금지(제29조)

---

1) 제8조: 모든 생활영역에서 장애를 이유로 한 차별을 금지하고 장애를 이유로 차별받은 사람의 권익을 효과적으로 구제함으로써 장애인의 완전한 사회참여와 평등권 실현을 통하여 인간으로서의 존엄과 가치를 구현함을 목적으로 한다.

가족, 건강, 복지시설, 건강권 등	−가족, 가정, 복지시설 등에서의 차별금지(제30조) −건강권에서의 차별금지(제31조) −괴롭힘 등의 금지(제32조)
장애여성, 장애아동, 정신적 장애를 가진 사람	−장애여성에 대한 차별금지(제33조) −장애여성에 대한 차별금지를 위한 국가 및 지방자치단체의 의무(제34조) −장애아동에 대한 차별금지(제35조) −장애아동에 대한 차별금지를 위한 국가 및 지방자치단체의 의무(제36조) −정신적 장애를 가진 사람에 대한 차별금지 등(제37조)

출처: 김정순(2014, pp. 63-64) 도표.

이 장에서는 장애인의 사회권적 기본권보장과 관련해 장애인노동과 장애인의 이동할 권리를 중심으로 살펴보고자 한다.

제2절 장애인에 대한 고용

1. 장애인고용에서의 문제점

「헌법」제32조 제1항에 의하면 "모든 국민은 근로의 권리를 가진다. 국가는 사회적·경제적 방법으로 근로자의 고용의 증진과 적정임금의 보장에 노력하여야 하며, 법률이 정하는 바에 의하여 최저임금제를 시행하여야 한다."고 규정하고 있다. 이러한 「헌법」의 취지는 모든 국민은 일할 권리를 가지며, 국가는 이를 보호할 의무가 있다는 뜻이기도 하다.

따라서 근로의 취약계층에 대한 보호로 「헌법」제32조 제4항에서는 여자의 근로를 특별히 보호하며, 고용·임금 및 근로조건에 부당한 차별을 받지 아니할 것과 제5항에 연소자의 근로에 대한 특별보호규정을 마련하고 있다. 그러나 근로의 취약계층이라 볼 수 있는 장애인에 대한 보호규정은 따로 규정하지 않고 있다. 따라서 장애인에 대한 근로의 특별보호규정이 따로 마련되어야 할 것이라

본다.

「헌법」 제11조 제1항에서 차별금지의 사유로 성별, 종교, 사회적 신분을 명시하면서 '장애'를 특별히 명시하지 않고 있다. 물론 기타의 사유로 「헌법」에서는 해석상 금지되는 것으로 볼 수 있으나, 장애인차별금지의 중요성을 놓고 볼 때 차별금지에 '장애'를 추가하는 것이 옳다 할 것이다(권건보, 2012). 이러한 이유는 장애인에 대해 「헌법」상 근로에서 특별히 보호하지 않고 있으며, 장애인의 차별금지가 중요함에도 불구하고 명시적으로 금지사항으로 열거되지 않음으로 인해 장애인의 노동생산성과 연관하여 법률인 「최저임금법」에서도 장애인은 고용기회라는 목적달성에 급급하여 최저임금 적용제외대상이 되어 있다는 것은 장애인의 근로에 대한 다른 방식의 차별적 대우라 하지 않을 수 없다.

특히 UNCRPD 협약 제27조는 다른 사람과의 동등하게 노동할 수 있는 장애인의 권리를 보장하면서 실질적이고 구체적인 보장의 내용을 규정할 것을 명시하고 있다. 하지만 우리 국내법에는 동일노동·동일임금 원칙과 관련해 명시하고 있지 않으며, 정리 해고된 장애인의 경우 인력재배치나 훈련전환에서 우선순위에서 밀려날 가능성이 높다(권건보, 2012). 따라서 실질적이고 구체적인 장애인 고용관련 법 개정이 마련되어야 할 것이다.

2. 장애인근로에 대한 「최저임금법」 적용제외규정의 문제점

처음 장애인근로자에 대한 「최저임금법」 적용제외 인가기준[2]의 취지는, 일반 근로자에 비하여 노동생산성이 현저히 낮아 최저임금을 적용하게 되면 고용기회가 줄어들게 될 수 있다는 취지에서 장애인의 근로를 보호하고 이들에게 일자리를 제공할 근로의 기회를 준다는 목적에서 출발하였다.

---

2) 장애인근로에 대해서는 「최저임금법」 제7조에 따라 정신장애나 신체장애로 인하여 근로의 능력이 현저히 낮은 자에 대해서는 대통령령으로 정하는 바에 따라 고용노동부장관의 인가를 받은 자에 대해서는 최저임금을 적용하지 않아도 된다. 이에 대한 인가기준과 관련해 「최저임금법 시행규칙」 제3조 제1항의 별표를 참조하면 다음과 같다. http://www.law.go.kr/LSW/flDownload.do?flSeq=39640879

그러나 현재 이 규정으로 인하여 대다수 장애인근로자가 낮은 임금을 받고 있다는 점에서 장애인 임금 보호에 매우 부정적 영향을 미치고 있다(한인상, 2017). 따라서 이 규정에 대한 부정적 측면으로 인해 장애인근로와 관련한 최저임금 적용제외 규정에 대한 개정논의가 입법부 차원에서 지속적으로 제기되고 있다. 국가인권위원회의 '장애인 자립생활 기반 구축을 위한 정책권고(안)'에 따르면 국가적 차원에서 장애인의 최저임금은 보장될 필요가 있으며, 이와 관련해 장애인근로자에 대한 직업적 사정(查定)기준을 마련하여 근로능력별로 정부책임과 사용자책임을 차등화 하여 보조금의 비율을 정한 후에 최저임금액에 미달할 경우 고용 보조금을 지급하는 방안에 대해 검토하라고 고용노동부에 권고하였다(한인상, 2017).

이 법의 규정은 취지와 다르게 장애인의 노동착취라는 문제를 가져오고 있어 장애인 인권침해를 합법화하고 있는 치명적 결함을 갖고 있다. 따라서 이 규정은 삭제되어야 할 것이며, 국가인권위원회의 권고안을 참조하여 이 규정에 대한 개정 작업이 조속히 진행되어야 할 것이다.

3. 장애인고용촉진 관련법제와 관련판례

1) 장애인고용촉진 관련법제

「헌법」제10조의 인간존엄 및 행복추구권에 대한 보장을 중심으로 장애인에

구분	인가 기준
근로자의 정신 또는 신체의 장애가 그 근로자를 종사시키려는 업무를 수행하는 데에 직접적으로 현저한 지장을 주는 것이 명백하다고 인정되는 사람	1. 정신 또는 신체 장애인으로서 담당하는 업무를 수행하는 경우에 그 정신 또는 신체의 장애로 같거나 유사한 직종에서 최저임금을 받는 다른 근로자 중 가장 낮은 근로능력자의 평균작업능력에도 미치지 못하는 사람(작업능력은 「장애인고용촉진 및 직업재활법」제43조에 따른 한국장애인고용공단의 의견을 들어 판단하여야 한다)을 말한다. 2. 인가기간은 1년을 초과할 수 없다.

대한 관련법제들도 정비되기에 이른다. 장애인고용과 관련해서는 「헌법」을 기준
으로 「장애인복지법」, 「장애인차별금지 및 권리구제 등에 관한 법률」, 「장애인 등
에 대한 특수교육법」, 「장애인고용촉진 및 직업재활법」, 「산업재해보상보험법」,
「의료법」 등이 대표적 장애인고용관련 국내 법률이라 볼 것이다.

　장애인의 고용촉진과 기회균등화와 관련해서는 기본적으로 「장애인복지법」에
의해 지원규정을 두고 있다. 동법 제8조[3]에서는 모든 영역에서의 차별을 금지할
것에 대해 규정하고 있으며, 제46조[4]에 따라 장애인고용촉진의 규정을 두고 있
다. 그러나 「장애인복지법」은 전반적인 장애인복지에 대해 다루는 기본법으로
구체적인 고용촉진지원과 관련한 조문을 다루지 않고 있으며, 이와 관련해 특별
법인 「장애인고용촉진 및 직업재활법」(이하 「장애인고용법」)에서 대표적으로 장
애인고용촉진과 관련해 다루고 있다. 「장애인고용법」 제1조는 "장애인이 그 능
력에 맞는 직업생활을 통하여 인간다운 생활을 할 수 있도록 장애인의 고용촉진
및 직업재활을 꾀하는 것을 목적으로 한다."고 규정하여 장애인이 「헌법」 제10조
의 인간다운 생활을 향유할 수 있도록 국가는 장애인고용을 촉진해야 할 책임이
있음에 대해 구체화하고 있다.

　동법 제6조[5]에서는 우선적으로 장애인의 자립노력에 대해 명문화하면서 제
7조[6]에 따라 장애인고용촉진 및 직업재활 기본계획에 대해 명문화하고 있다. 또

한 제12조[7]에 따라 직업능력개발훈련과 관련한 수당의 지급에 대해 명문화하고 있다. 장애인의 자립이 우선적 지원이므로 동법 제17조[8]와 제18조[9]에서는 장애인에게 지원과 관련한 지원금제도를 명문화하였다.

한편, 이 절에서의 장애인고용촉진지원과 관련하여 일정수의 사업장에는 장애인고용의무제도를 의무화하는 동법 제28조[10]의 규정 및 장애인의무고용부담금 관련 제33조[11]의 규정과 관련한 대법원 판례의 내용을 다루고 있다.

고용촉진 및 직업재활에 관한 사항, 3. 제68조에 따른 장애인고용촉진 및 직업재활 기금에 관한 사항, 4. 장애인을 위한 시설의 설치·운영 및 지원에 관한 사항, 5. 그 밖에 장애인의 고용촉진 및 직업재활을 위하여 고용노동부장관이 필요하다고 인정하는 사항. ③ 제1항의 기본계획, 장애인의 고용촉진 및 직업재활에 관한 중요 사항은 「고용정책 기본법」 제10조에 따른 고용정책심의회(이하 "고용정책심의회"라 한다)의 심의를 거쳐야 한다. ④ 삭제 ⑤ 삭제 ⑥ 삭제

7) 제12조(직업능력개발훈련): ① 고용노동부장관은 장애인이 그 희망·적성·능력 등에 맞는 직업생활을 할 수 있도록 하기 위하여 장애인에게 직업능력개발훈련을 실시하여야 한다. ② 고용노동부장관은 장애인의 직업능력 개발·향상을 위하여 직업능력개발훈련시설 또는 훈련 과정을 설치·운영하거나 하려는 자에게 필요한 비용(훈련비를 포함한다)을 융자·지원할 수 있다. ③ 고용노동부장관은 직업능력개발훈련시설에서 직업능력개발훈련을 받는 장애인에게 훈련수당을 지원할 수 있다. ④ 제2항과 제3항에 따른 융자·지원 기준 및 훈련수당의 지급 기준 등에 필요한 사항은 대통령령으로 정한다.

8) 제17조(자영업 장애인 지원): ① 고용노동부장관은 자영업을 영위하려는 장애인에게 창업에 필요한 자금 등을 융자하거나 영업장소를 임대할 수 있다. ② 제1항에 따른 영업장소의 연간 임대료는 「국유재산법」에도 불구하고 그 재산 가액(價額)에 1천분의 10 이상을 곱한 금액으로 고용노동부장관이 정하되, 월할(月割)이나 일할(日割)로 계산할 수 있다. ③ 제1항과 제2항에 따른 융자·임대의 기준 등에 필요한 사항은 고용노동부령으로 정한다.

9) 제18조(장애인 근로자 지원): ① 고용노동부장관은 장애인 근로자의 안정적인 직업생활을 위하여 필요한 자금을 융자할 수 있다. ② 제1항에 따른 융자 기준 등에 필요한 사항은 고용노동부령으로 정한다.

10) 제28조(사업주의 장애인 고용 의무): ① 상시 50명 이상의 근로자를 고용하는 사업주(건설업에서 근로자 수를 확인하기 곤란한 경우에는 공사 실적액이 고용노동부장관이 정하여 고시하는 금액 이상인 사업주)는 그 근로자의 총수(건설업에서 근로자 수를 확인하기 곤란한 경우에는 대통령령으로 정하는 바에 따라 공사 실적액을 근로자의 총수로 환산한다)의 100분의 5의 범위에서 대통령령으로 정하는 비율(이하 "의무고용률"이라 한다) 이상에 해당(그 수에서 소수점 이하는 버린다)하는 장애인을 고용하여야 한다. ② 제1항에도 불구하고 특정한 장애인의 능력에 적합하다고 인정되는 직종에 대하여는 장애인을 고용하여야 할 비율을 대통령령으로 따로 정할 수 있다. 이 경우 그 비율은 의무고용률로 보지 아니한다. ③ 의무고용률은 전체 인구 중 장애인의 비율, 전체 근로자 총수에 대한 장애인 근로자의 비율, 장애인 실업자 수 등을 고려하여 5년마다 정한다. ④ 제1항에 따른 상시 고용하는 근로자 수 및 건설업에서의 공사 실적액 산정에 필요한 사항은 대통령령으로 정한다.

11) 제33조(사업주의 부담금 납부 등): ① 의무고용률에 못 미치는 장애인을 고용하는 사업주(상시 50명 이상 100명 미만의 근로자를 고용하는 사업주는 제외한다)는 대통령령으로 정하는 바에 따라 매년 고용노동부장관에게 부담금을 납부하여야 한다. ② 부담금은 사업주가 의무고용률에 따라 고용하여야 할 장애인 총수에서 매월 상시 고용하고 있는 장애인 수를 뺀 수에 제3항에 따른 부담기초액을 곱한 금액의 연간 합계액으로 한다. ③ 부담기초액은 장애인을 고용하는 경우에 매월 드는 다음 각 호의 비용의 평균액을 기초로 하여 고

2) 장애인고용촉진 관련판례

(1) 판례의 내용분석

장애인고용촉진과 관련한 판례는 헌법재판소의 결정과 대법원의 판결을 검토하고자 한다. 사회권적 기본권을 전제로 한 고용촉진제도와 관련해「헌법」의 결정 근거를 살펴보고 대법원판결을 통해 장애인고용의무부담금과 관련한 법률 및 시행령에 대해 변화하는 시대상황에 따라 적극적 해석이 이루어지고 있는지를 살펴보기 위함에 있다. 이 절에서 살펴보고자 하는 각 판결의 청구사항 및 판단에 대해 간단히 도시화하면 〈표 7-2〉와 같다.

용정책심의회의 심의를 거쳐「최저임금법」에 따라 월 단위로 환산한 최저임금액의 100분의 60 이상의 범위에서 고용노동부장관이 정하여 고시하되, 장애인 고용률(매월 상시 고용하고 있는 근로자의 총수에 대한 고용하고 있는 장애인 총수의 비율)에 따라 부담기초액의 2분의 1 이내의 범위에서 가산할 수 있다. 다만, 장애인을 상시 1명 이상 고용하지 아니한 달이 있는 경우에는 그 달에 대한 사업주의 부담기초액은「최저임금법」에 따라 월 단위로 환산한 최저임금액으로 한다. 1. 장애인을 고용하는 경우 필요한 시설·장비의 설치, 수리에 드는 비용, 2. 장애인의 적정한 고용관리를 위한 조치에 필요한 비용, 3. 그 밖에 장애인을 고용하기 위하여 특별히 드는 비용 등. ④ 고용노동부장관은 제22조의4 제1항에 따라 인증을 받은 장애인 표준사업장 또는「장애인복지법」제58조 제1항 제3호의 장애인 직업재활시설에 도급을 주어 그 생산품을 납품받는 사업주에 대하여 부담금을 감면할 수 있다. ⑤ 사업주는 다음 연도 1월 31일(연도 중에 사업을 그만두거나 끝낸 경우에는 그 사업을 그만두거나 끝낸 날부터 60일)까지 고용노동부장관에게 부담금 산출에 필요한 사항으로서 대통령령으로 정하는 사항을 적어 신고하고 해당 연도의 부담금을 납부하여야 한다. ⑥ 고용노동부장관은 사업주가 제5항에서 정한 기간에 신고를 하지 아니하였을 때에는 이를 조사하여 부담금을 징수할 수 있다. ⑦ 고용노동부장관은 제5항에 따라 부담금을 신고(제8항에 따른 수정신고를 포함한다. 이하 이 조에서 같다) 또는 납부한 사업주가 다음 각 호의 어느 하나에 해당하는 경우에는 이를 조사하여 해당 사업주가 납부하여야 할 부담금을 징수할 수 있다. 1. 사업주가 신고한 부담금이 실제로 납부하여야 할 금액에 미치지 못하는 경우, 2. 사업주가 납부한 부담금이 신고한 부담금에 미치지 못하는 경우, 3. 사업주가 신고한 부담금을 납부하지 아니한 경우. ⑧ 사업주는 제5항에 따라 신고한 부담금이 실제 납부하여야 하는 부담금에 미치지 못할 때에는 해당 연도 2월 말일까지 대통령령으로 정하는 바에 따라 수정신고하고 그 부담금의 차액을 추가로 납부할 수 있다. ⑨ 고용노동부장관은 사업주가 납부한 부담금이 실제 납부하여야 할 부담금을 초과한 경우에는 대통령령으로 정하는 바에 따라 그 초과한 금액에 대통령령으로 정하는 이자율에 따라 산정한 금액을 가산하여 환급하여야 한다. ⑩ 부담금은 대통령령으로 정하는 대로 분할 납부를 하게 할 수 있다. 이 경우 분할 납부를 할 수 있는 부담금을 제5항에 따른 납부 기한에 모두 납부하는 경우에는 그 부담금액의 100분의 5 이내의 범위에서 대통령령으로 정하는 금액을 공제할 수 있다. ⑪ 제4항에 따른 도급의 기준, 그 밖에 부담금 감면의 요건·기준 등에 필요한 사항은 고용노동부장관이 정한다.

12) 헌법재판소의 판단에 대해서는 결정이라 불리고 법원의 판단에 대해서는 판결이라 불린다.

〈표 7-2〉 분석대상판례

사건번호	헌법재판소의 위헌법률 심판대상 조항 및 대법원 청구이유	헌법재판소의 결정 및 대법원의 판결[12]
2001헌바96	구「장애인고용촉진 등에 관한 법률」제35조 제1항 본문의 위헌여부	기각
2010헌바432	구「장애인고용법」(현「장애인고용촉진 및 직업재활법」) 제28조 제1항 및 제33조 제1항의 위헌여부	기각
2009두21055	장애인고용의무부담금기준에 대한 법리판단	상고기각
2010두1750	건설업의 장애인고용의무범위에 대한 법리판단	부분상고기각

출처: 김수정·박연주(2014) 도표 변형.

「헌법」의 기본권 규정의 입법목적은 모든 국민의 기본권을 보장하면서 인간다운 생활을 영위할 수 있도록 보장해 주는 데 그 근본 취지가 있다할 것이다. 분석대상 판례들 중 헌법재판소의 결정 사례는 이러한 「헌법」의 입법취지에 따라 하위법률이 기본권을 침해하고 있는지와 관련한 사례를 다루고 있다(김수정·박연주, 2014).

2001헌바96전원재판부의 헌법재판소결정에서는 쟁점 사안이 되고 있는 구「장애인고용촉진 등에 관한 법률」제35조 제1항 본문[13]과 관련해 "장애인이 그 능력에 맞는 직업생활을 통하여 인간다운 생활을 할 수 있도록 장애인의 고용촉진과 직업재활 및 직업안정을 도모한다는 입법목적의 정당성이 인정되고, 그 목적달성을 위한 재원마련의 필요성 및 장애인을 고용한 사업주와 장애인 고용 의무를 위반한 사업주와의 형평성 등을 고려할 때 그 방법의 적정성도 인정되므로 사업주의 행동자유권, 경제활동의 자유 및 재산권에 대한 본질적 내용을 침해하는 것으로 볼 수 없다."고 결정하였다. 이러한 헌법재판소의 결정은 장애인의 근로를 보장하기 위한 구「장애인고용촉진 등에 관한 법률」(현「장애인고용촉진 및

13) 제35조 ①: 대통령령이 정하는 일정 수 이상의 근로자를 고용하는 사업주는 그 근로자의 총수의 100분의 1 이상 100분의 5이내의 범위 안에서 대통령령이 정하는 비율(이하 "기준고용률"이라 한다) 이상에 해당하는 (그 수에 1인 미만의 단수가 있을 경우에는 그 단수는 버린다) 장애인을 고용하여야 한다.

직업재활법」)의 입법취지를 명확히 확인해 주면서 장애인이 그들의 능력에 따른 직업을 구하기가 어려운 현실에 대한 입법목적을 설명해 주고 있다할 것이다(김수정 · 박연주, 2014).

2010헌바432전원재판부의 헌법재판소결정은 구 「장애인고용법」(2007. 5. 25. 법률 제8491호로 개정되고, 현재 「장애인고용촉진 및 직업재활법」으로 명칭이 변경되었으며, 2018. 10. 16. 일부개정 되기 전의 것) 제28조 제1항(이하 '이 사건 고용의무조항'이라 한다) 및 제33조 제1항(이하 '이 사건 고용부담금조항'이라 한다)과 관련해 조항의 명확성의 원칙 위배여부 및 이 사건 각 조항들이 청구인인 사업주의 직업의 자유 및 재산권을 침해하였는지 여부를 다루고 있다. 이에 재판부는 "전체로서의 독립성을 가진 조직을 갖추어 경영상의 일체를 이루며 동종의 업을 계속적, 유기적으로 운영하는 각 급 학교가 아니라 학교법인이라 해석되므로 본 조항의 명확성에 위배되지 아니 한다."고 결정하였다. 또한 사건의 조항들이 사업주의 직업의 자유 및 재산권을 침해한다는 주장에 대하여도 "장애인 고용을 촉진한다는 근본적 입법목적이 있으므로 본 조항의 장애인 의무 고용률의 수준 또는 장애인고용부담금의 금액이 과도하다고 볼 수 없어 최소 침해성 원칙에 위반되지 아니하며, 장애인의 고용촉진이라는 공익은 청구인의 직업의 자유 및 재산권에 비하여 적지 않다고 볼 것으로 법익의 균형성도 충족한다."고 결정하였다. 이상에서 살펴본 헌법재판소의 결정들에서 재판부가 장애인의 경우, 고용이라는 면에서는 장애로 인한 사회적 편견으로 고용의 불안정성, 직업선택의 자유 등에 있어 불안한 위치에 놓여 있기에 이들에 대한 「헌법」 제10조의 인간의 존엄성 및 행복추구권이 상실됨을 막고자 적극적 법률해석을 하고 있다 볼 것이다(김수정 · 박연주, 2014).

한편, 대법원판결에 대해 살펴보면, 2009두21055는 장애인 고용의무부담의 기준과 관련해 해외근로자인 경우 이러한 의무기준을 어떻게 두어야 하는지에 대해 판단하고 있으며, 2010두1750판결은 건설업에 있어서 장애인고용부담금 및 가산금 부과처분에 대한 법리해석을 판단하고 있다. 각 판결의 법적쟁점이

되고 있는 고용의무부담기준과 고용의무부담금 판단기준에 대해 2009두21055 판결에서는 "장애인고용의무제도는 「대한민국 헌법」상의 사회적 기본권을 보장하기 위한 제도로 국내 법인이 해외에서 외국인 근로자를 채용할 경우는 장애인고용촉진법의 적용대상이 되지 않으므로 해외 사무소의 직원은 장애인의무고용 및 부담금을 정하는 기준인 근로자의 총수에 포함되지 않다."고 해석하고 있다.

그러나 이러한 판단은 「장애인고용촉진 및 직업재활법」의 장애인고용부담금제도는 고용시장에서 어려움을 겪는 장애인의 고용을 촉진하는 유도적 성격이 강한 만큼 해외사업장이라 해도 우리 법의 적용대상인 사업장에 대해서는 장애인을 고용하지 않는 것에 대한 부담금은 부과받아 타 사업장의 장애인고용촉진을 활성화할 수 있는 제도적 마련을 위한 적극적 판결을 내렸으면 하는 아쉬움이 남는 판결이라 볼 것이다(김수정 · 박연주, 2014). 또한 해외사업장이라 해도 우리 해외사업장의 외국인 근로자에 대한 적극적 고용정책이 이루어진다면 상호주의원칙에 따라 해외법인에 취업하는 우리나라 장애인 근로자에 대해서도 고용에 있어 안정적 보장정책이 이루어 질 수 있을 것이라 생각한다. 2010두1750판결은 복잡한 건설업 현장의 위임입법 취지와 관련한 해석을 함에 구 「장애인고용촉진 및 직업재활법」(2004. 1. 29. 법률 제7154호로 개정되기 전의 것) 시행령 제23조 제1항[14]과 법 제24조 제1항[15]의 위임범위와 관련해 "근로자의 수가 아닌 공사실적액을 기준으로 장애인 고용의무가 있는 사업주의 범위를 정하고 있는 구 「장애인고용촉진 및 직업재활법 시행령」 제23조 제1항 중 건설업에 관한 부분이 위임의 근거 법률인 구 「장애인고용촉진 및 직업재활법」 제24조 제1항의

14) 제23조 제1항(적용대상 사업주의 범위): 법 제24조 제1항의 규정에 의하여 장애인을 고용하여야 할 의무가 있는 사업주는 상시 300인 이상의 근로자를 고용하는 사업주(운전사가 딸린 건설 장비임대업을 제외한 건설업에 있어서는 공사실적액이 매년 노동부장관이 정하여 고시하는 금액 이상인 사업주)로 한다.
15) 법 제24조 제1항(사업주의 장애인 고용의무): 대통령령이 정하는 일정수이상의 근로자를 고용하는 사업주는 그 근로자의 총수의 100분의 5의 범위 안에서 대통령령이 정하는 비율(이하 "의무고용율"이라 한다) 이상에 해당(그 수에 1인 미만의 단수가 있을 경우에는 그 단수는 버린다)하는 장애인을 고용하여야 한다. 다만, 장애인을 고용하기 어렵다고 인정하는 직종의 근로자가 상당한 비율을 차지하는 업종에 대하여는 노동부장관이 위원회의 심의를 거쳐 정하는 적용제외율에 해당하는 근로자의 수(그 수에 1인 미만의 단수가 있을 경우에는 그 단수는 버린다)를 그 근로자의 총수에서 제외할 수 있다.

위임 취지를 벗어났다고 볼 수 없다."고 판결하여 장애인 고용부담금 및 가산금 부과처분의 취소부분을 파기하여 장애인고용의무와 관련한 사회적 책무에 대해 건설업에서도 그 건설업의 규모에 맞게 제시하고 있다고 볼 것이다(김수정 · 박연주, 2014).

(2) 장애인인권관점에서 판례의 시사점

장애인고용과 관련해서는 노동시장에서 노동공급의 탄력성이 낮기 때문에 고용주들은 장애인 근로자들에 대해 수요 독점적 지위를 갖게 된다(임두택 · 전이상, 2000; 김수정 · 박연주, 2014 재인용). 따라서 장애인은 일자리를 구하기도 어렵고 기대임금을 받기도 어려운 차별을 받게 된다(김수정 · 박연주, 2014). 이에 장애인고용을 위해 고용주들의 수요 독점적 지위를 제한하여 고용의 기회를 확대하는 제도를 마련해야 할 것이다(김지영 · 신동면, 2014; 김수정 · 박연주, 2014 재인용). 이와 관련해 우리 정부는 장애인의 의무고용규정을 마련하여 장애인고용촉진을 지원하고 있다. 이러한 의무고용규정의 취지와 관련해 헌법재판소결정은 "자유경쟁을 원칙으로 하는 사회에서 심신의 장애로 인해 취업의 어려움이 있는 장애인이 스스로 고용의 장을 확보한다는 것은 어려운 일이므로 사회연대책임의 원칙에 의해 장애인 고용의무를 국가 및 지방자치단체, 민간 사업주에게 부과하는 것이다."라고 보았다. 이러한 판결의 목적은 즉 의무고용규정이 재정적 목적보다는 근로의 권리를 갖고자하는 장애인의 어려움을 고려한 장애인고용촉진의 목적이 강한 결정이라 할 것이다.

한편, 헌법재판소는 고용과 관련해서는 적극적 해석을 하고 있으나 동일노동 · 동일임금의 원칙과 관련해서는 「헌법」에 규정도 없는 실정에서 이에 대한 적극적 해석이 없는 실정이다.

따라서 본 시사점에서는 외국인 장애인고용의무 할당해석의 문제와 장애인고용 후의 임금과 관련해 정리하고자 한다.

첫째, 국제사회를 맞이하여 근로의 현장에서도 우리 기업의 해외진출과 국내에 타 국가의 국내진출이 활발히 이루어지고 있는 실정에서 현 국내 법률의 규정에 따라 해외사업장에서 채용한 외국인 장애인에 대해서는 고용부담금을 정할 때 근로자 총수에 포함하지 않고 있다. 따라서 판결에서도 이들에 대해서는 소극적 판결을 내리고 있으나, 인권적 차원에서 이들의 고용안정을 위해 우리기업의 해외법인에 대해서도 적극적 판결을 내린다면 상호협정을 맺은 타 국가의 기업에 취업한 우리 장애인 국민에게도 고용안정의 기회가 이루어질 수 있을 것이라 생각한다(김수정 · 박연주, 2014).

둘째, 장애인을 고용한 후에도 이들의 임금과 관련해 동일노동 · 동일임금의 원칙이 주어져야 할 것이다. 현 「최저임금법」에서는 장애인의 임금과 관련해 최저임금적용제외규정을 두고 있다. 이는 고용촉진을 위해 어쩔 수 없다는 이유를 들어 장애인에 대한 차별을 두고 있는 규정이라 할 것이다. 또한 규정은 UNCRPD의 원칙인 실질적 보장과 관련해 노동 권리를 지키고 있다 볼 수 없다. 따라서 정부는 법률 개정을 통해 장애인의 임금과 관련한 최저임금 적용제외규정을 삭제하여야 할 것이다.

국가인권위원회는 장애인의 근로의 권리는 생존권보장의 문제이므로 이러한 생존권침해와 관련한 차별은 장애인 차별의 악순환이 되므로 기본적 소득보장에 대한 제도화가 이루어져야 한다고 보고 있다(국가인권위원회, 2004). 따라서 장애인의 소득을 보장하고 장애인의 자립생활에 도움이 되기 위해서라도 고용촉진 및 임금에의 차별이 시정 조치되어야 할 것이다.

4. 판례를 통해 생각해 볼 문제

【1】장애인에 대한 고용시장에서의 편견 혹은 낙인에 대해 논의해 본다.

【2】장애인고용과 관련해 적극적 복지정책으로 어떠한 것들이 있는지 알아본다.

【3】 장애인고용의무기준에 대한 법률에 대해 알아본다.
【4】 장애인의 「최저임금법」 적용제외 규정의 문제점이 무엇인지에 대해 살펴본다.

제3절 장애인의 이동할 권리 및 시설물 이용을 위한 접근권

1. 장애인 이동에 대한 지원현황

UNCRPD에 따르면 당사국들은 장애인의 이동권과 관련해 효과적이고 지속적인 조치를 취해야 한다고 권고하고 있다. UNCRPD에서는 제20조[16]에 따라 각 당사국들은 실질적 조치를 마련할 것을 규정에 두고 있다.

이동의 권리를 확보한다는 것은 원활한 사회활동을 유지할 수 있도록 하여 사회적 기능을 향상시킬 수 있게 된다는 것이다. 이러한 권리는 장애인의 경우도 마찬가지로 작용하여 이동권을 통해 「헌법」 제10조의 '인간으로서 존엄과 가치를 가지며, 행복을 추구할 권리'를 실현할 수 있다 할 것이다(두오균, 2010). 즉, 장애인의 이동권은 단순한 교통수단을 넘어서 이들의 생존권과 직결되어 있어 적극적 접근성의 문제해결을 의미한다고 볼 것이다. 그럼에도 불구하고 이동권과 관련해 58.2%가 장애인의 차별을 경험했다고 답변하고 있다(손병돈 외, 2011).

한편, 장애인의 접근권은 이동할 권리의 상위개념이라 볼 수 있는데 이와 관련해 살펴보면 다음 〈표 7-3〉과 같다.

---

16) 장애인의 이동권(제20조): 각 국가들은 이 조약에 따라 최대한 장애인들의 독립적 이동이 가능하도록 실질적 대책을 마련해 주어야 한다.

〈표 7-3〉 장애인의 접근권

이동할 권리	이동할 권리의 보장은 크게 보행, 대중교통수단, 특별교통수단, 자가운전 등으로 나뉘며, 장애인의 보행과 관련해서는 진동휠체어 등의 각종 서비스제공을 받을 수 있으며, 대중교통수단으로는 버스, 택시, 지하철 등의 이용서비스를 일반인과 같이 이용하나, 원활한 대중교통수단 이용을 위해서는 저상버스의 도입이 절실하다. 특별교통수단으로는 장애인콜택시를 들 수 있다.
시설물 이용을 위한 이동할 권리	시설물의 이용을 위해 장애인이 접근 가능하도록 이동할 권리로 일반적으로는 단순 교통수단의 개념이 아니므로 이동할 권리에 포함시키지 않기도 하나 이동할 권리는 단순 교통수단의 개념으로만 볼 것이 아니므로 저자는 이동할 권리의 하나로 분류하도록 하겠다.
정보접근권	각종 정보에의 접근을 말하며, 인터넷 등의 새로운 정보접근에 장애인이 장애로 인해 원활한 이용에의 어려움이 없도록 적절한 조치를 강구해야 한다.

출처: 유동철(2017, pp. 217-218)의 내용을 도표로 정리.

앞의 표에서 살펴보듯이 장애인이 생존권과 관련해 시설물에의 접근할 권리를 누리기 위해서는 이동할 권리가 우선적으로 조치되어야 한다.

2. 장애인의 이동할 권리 및 시설이용에의 이동에 대한 차별금지 및 권리구제

장애인의 이동할 권리에 대한 차별금지와 관련해서는 「장애인차별금지법」 제4조 제2항에 따라 "제1항 제3호의 '정당한 편의'라 함은 장애인이 장애가 없는 사람과 동등하게 같은 활동에 참여할 수 있도록 장애인의 성별, 장애의 유형 및 정도, 특성 등을 고려한 편의시설ㆍ설비ㆍ도구ㆍ서비스 등 인적ㆍ물적 제반수단과 조치를 말한다."고 포괄적으로 차별금지에 대해 규정하고 있다.

현재 장애인의 원활한 이동수단으로는 휠체어를 타든지, 장애인이 원활한 이동이 가능한 대중교통수단인 지하철을 이용하는 정도라 볼 수 있다. 지하철의 경우 일반인의 이용이 많은 출ㆍ퇴근시간에는 장애인이 휠체어로 이동하여 공간을 넉넉히 확보하기가 어려워 이러한 장애인들의 원활한 사회활동을 저해하고 있다. 일반적 이동이 가능한 버스의 경우 '저상버스'의 보급이 매우 부족한 실정이다. 한편, 자가운전의 경우에는 운전면허제도의 차별이 장애인의 원활한 운전을 제한하고 있다. 따라서 물적 제반수단으로서 적절하고 원활한 이동에 필요한 교통수단인 '저상버스'의 도입은 장애인에 대한 이동에 있어서의 차별을 금지하고 이 법의 목적과 취지에 부합하기 위한 권리구제라 볼 수 있다. 따라서 '저상버스' 도입과 관련해서는 적극적인 입법조치가 마련되어야 할 것이다. 즉, 장애인의 이동할 권리는 단순 교통수단이 아닌 적극적 생존권마련을 위한 권리구제 수단인 것이다.

또한 시설물에의 이용을 위해 이동이 가능하도록 필요한 조치가 강구되어야 한다. 이와 관련해 미국에서는 시설물 이용접근이 가능하도록 편의제공의무를 수행하는데 시설주의 비용부담과 관련해 세금크레딧제도를 활용하고 있었고, 영국의 경우에는 직접지원의 방식을 채택하고 있다(심재진, 2013).

3. 장애인의 이동할 권리 및 시설이용관련 이동에 대한 관련법제와 관련판례 및 사례

1) 장애인의 이동할 권리 및 시설이용관련 이동에 대한 관련법제

장애인의 이동할 권리 및 접근권과 관련해서는 「헌법」을 기준으로 「장애인복지법」, 「교통약자의 이동편의증진법」, 「장애인차별금지 및 권리구제 등에 관한 법률」 등이 대표적 장애인인권관련 국내 법률이라 볼 것이다.

장애인의 이동할 권리와 관련해서 기본적으로 「장애인복지법」에서는 제23조[17]의 규정에 의해 편의시설관련 지원 및 국가적 차원에서의 적극적 정책강구를

---

17) 제23조(편의시설): ① 국가와 지방자치단체는 장애인이 공공시설과 교통수단 등을 안전하고 편리하게 이용

마련할 것을 명시하고 있다. 장애인의 이동할 권리와 관련해 장애인의 특성을 반영한 이동수단의 적극적 접근성관련 법률은 아직 마련되어 있지 않고 다만 「교통약자의 이동편의 증진법」(이하 「교통약자법」)에 따라 동법 제1조에서는 "교통약자가 안전하고 편리하게 이동할 수 있도록 교통수단, 여객시설 및 도로에 이동편의시설을 확충하고 보행환경을 개선하여 사람중심의 교통체계를 구축함으로써 교통약자의 사회 참여와 복지 증진에 이바지함을 목적으로 한다."고 규정하여 단순히 교통수단으로써의 이동할 권리와 관련해 보호되고 있다. 동법 제3조[18]에서는 이동권과 관련한 정의를 두고 있으며, 동법 제4장의 보행우선구역 및 보행안전시설물의 설치 등에 관한 규정들에 따라 소극적으로 이동할 권리관련 규정을 마련하고 있다. 그러면서도 제27조[19]의 규정에 의해 장애인, 고령자들의 자가운전과 관련해서는 지원제도를 마련할 것에 대해 명문화하고 있다.

　이는 장애인의 경우 이동할 권리 및 시설에의 접근을 위한 이동의 권리는 단순한 교통수단이 아닌 생존권과 관련한 권리임을 묵시적으로 인정한 조항이라 할 것이다. 따라서 이 절의 관련판례 및 사례는 장애인의 이동할 권리 및 시설에의 접근관련 이동의 권리와 관련해 「헌법」상 장애인의 이동수단은 단순히 교통수단이 아닌 생존권과 관련한 부분으로 적극적조치인 법률마련을 위한 헌법결정 관련판례와 이동의 접근권보장과 관련한 사례를 살펴보고자 한다.

할 수 있도록 편의시설의 설치와 운영에 필요한 정책을 강구하여야 한다. ② 국가와 지방자치단체는 공공시설 등 이용편의를 위하여 한국수어 통역 · 안내보조 등 인적서비스 제공에 관하여 필요한 시책을 강구하여야 한다.

18) 제3조(이동권): 교통약자는 인간으로서의 존엄과 가치 및 행복을 추구할 권리를 보장받기 위하여 교통약자가 아닌 사람들이 이용하는 모든 교통수단, 여객시설 및 도로를 차별 없이 안전하고 편리하게 이용하여 이동할 수 있는 권리를 가진다.

19) 제27조(장애인 등의 자가운전 지원 등): ① 국가와 지방자치단체는 장애인이나 고령자가 직접 운전하여 안전하고 편리하게 이동할 수 있도록 운전면허제도를 정비하는 등 필요한 시책을 마련하여야 한다. ② 교통사업자는 장애인의 경제적 부담을 덜어 주기 위하여 관계 법령에서 정하는 바에 따라 운임이나 요금을 감면할 수 있다.

2) 장애인의 이동할 권리 및 시설이용관련 이동에 대한 관련판례 및 사례

(1) 판례 및 사례의 내용분석

우선적으로 장애인의 이동할 권리와 관련한 '저상버스' 도입에 대한 헌법재판소의 결정례를 살펴보면 다음 〈표 7-4〉와 같다.

〈표 7-4〉 '저상버스' 도입에 대한 헌법재판소결정의 내용

사건번호	심판대상	판결	결정요지	핵심사항
2002 헌마52	장애인을 위한 '저상버스' 도입에 대해 국가의 구체적 의무가 「헌법」으로부터 도출되는지 여부	각하	「헌법」 제34조에 의한 장애인의 복지를 위한 노력의무는 '장애인도 인간다운 생활을 누릴 수 있는 정의로운 사회질서를 형성해야 할 국가의 일반적 의무'를 뜻하는 것으로 구체적 '저상버스' 도입 등의 의무를 요하는 것은 아니다.	국가보호의무의 헌법적 의미 vs 행정권력 불행사에 대한 헌법소원

출처: 박연주·김정우(2015: 13).

장애인의 이동할 권리와 관련해서는 UNCRPD와 헌법재판소의 결정 내용을 토대로 판례를 살펴보고자 한다.

2002헌마52결정의 주요 내용은 청구인들은 장애인의 이동권보장과 관련해 「헌법」 제34조 제5항의 '신체장애자'에 대한 국가보호 의무는 '저상버스' 도입 등의 구체적 의무를 담고 있는 것이라 보고 이에 대한 공권력의 불행사는 장애인들에 대한 「헌법」 제10조의 인간존엄 및 행복추구를 침해하는 것과 같다고 주장한 내용이다. 이에 헌법재판소는 "「헌법」 제34조에 의한 장애인의 복지를 위한 노력의무는 무조건적 최우선 배려가 아닌 적절한 고려의 요청임을 근거로 하므로 '저상버스' 도입 등의 구체적 국가행위 의무를 도출해야 하는 것은 아니며, '저상버스' 도입은 사기업인 운영회사에 대한 고려도 이루어져야 하므로 국가지원대책이 마련되지 않는 한 도입이 불가능하다."고 결정하고 있다. 이러한 결정과

UNCRPD 제20조의 의미를 비교하여 살펴보면 다음 〈표 7-5〉와 같다.

〈표 7-5〉 헌법재판소결정과 UNCRPD 제20조의 의미비교

사건번호	헌법재판소결정	UN장애인권리협약
2002헌마52	장애인 이동권에 대해 접근성의 개념이 아닌 단순 교통수단으로서의 해석에 그침	장애인의 편의 제공을 위한 이동수단은 적극적 접근성의 문제이며 개인적 이동으로 보기도 함

출처: 박연주 · 김정우(2015) 도표 인용 변형.

　다음으로는 장애인의 시설이용을 위한 이동에의 권리보장과 관련해 장애인 인권상담 사례 몇 가지를 다음 〈표 7-6〉에서 살펴보았다.

　장애인의 이동할 권리는 접근권의 하위 권리로 이해되는데 여기서는 주로 건물의 편의시설 접근을 중심으로 이동편의시설 확충 및 보행환경 개선과 관련한 시설이용을 위한 이동에의 권리보장에 대한 상담사례를 살펴보았다.

〈표 7-6〉 장애인 통행과 관련한 이동의 편의시설 접근권 상담사례

질문1	"저는 휠체어를 이용하는 지체장애인이고, 현재 ○○대학교 신학과에 재학 중이에요. 제가 다니는 학교에는 저를 포함해 두 명의 휠체어 이용자가 있는데 학교에는 오래된 건물이 많아 아직까지 편의시설이 제대로 갖춰져 있지 않은 곳이 몇 군데 있어요. 특히 강의가 많이 열리는 ○○관에는 엘리베이터가 설치되어 있지 않아 필수과목을 들을 때마다 친구들이 전동휠체어를 들어서 옮겨 주고 있어요. 매번 이런 식으로 친구들의 도움을 받아 이동을 하는 것도 한계가 있고, 다른 학우들을 위해서라도 언젠가는 개선이 필요하다고 생각되는데, 이 문제를 해결할 수 있는 방법이 없을까요?"
답변1	"말씀해 주신 내용은 장애를 이유로 접근을 제한하는 것으로 장애인에 대한 차별행위로 볼 수 있습니다. 「장애인복지법」에는 '모든 교육기관은 교육 대상인 장애인의 입학과 수학 등에 편리하도록 장애의 종류와 정도에 맞추어 시설을 정비하거나 그 밖에 필요한 조치를 강구하여야 한다.'고 명시하고 있습니다. …… (중략) …… 유사사례의 경우, 저희 기관에서는 해당 학교 측 시설관리 담당자와의 면담을 통해 교육환경개선을 요청한 적이 있습니다."

질문2	"제가 살고 있는 임대아파트에는 작은 상가가 있는데, 상가를 들어가는 입구에 경사로가 없어 휠체어를 이용하는 사람들은 상가를 이용할 수가 없어요. 상가 안에는 약국, 미용실, 세탁소 등 일반 사람들이 굉장히 많이 사용하는 곳이 들어서 있는데, 가까운 곳에 있어도 이용을 할 수 없으니 너무 답답하네요. 어떻게 개선이 안 될까요?"
답변2	"말씀해 주신 내용은 장애인이 접근권을 임의로 제한한 것으로 장애인에 대한 차별행위로 볼 수 있어요. 「장애인차별금지 및 권리구제 등에 관한 법률」에는 '시설물의 소유, 관리자가 장애인이 시설물을 접근할 때에 장애인을 제한, 분리, 배제, 거부하여서는 아니된다.'고 명시하고 있어요. 이러한 경우 상가 관리사무소 또는 해당 관리부처로 공문을 보내 임시 경사로 설치 등의 조치 및 개선을 요구해 볼 수 있습니다."

출처: 장애우권익문제연구소(2017) 도표.

앞의 표에서 첫 번째 사례는 정당한 편의제공의무와 관련해 장애인의 통학 및 교육기관 내에서의 이동 및 접근에 불이익이 없도록 해야 한다는 「장애인차별금지 및 권리구제 등에 관한 법률」 제14조 규정을 어긴 사례로 시정조치를 명한 경우이고 두 번째 사례는 시설물관리자에의 시정조치 사례이다. 장애인복지와 관련해 탈시설화가 활발해지고 장애인의 활동영역이 다양해지면서 장애인의 이동권보장 및 접근권보장의 인식이 점차 높아지고 있다. 그러나 여전히 장애인의 이동에 대한 권리보장 및 편의시설에의 접근문제는 아직도 장애인인권에 있어 중요한 분야임에 대한 인식도 부족하고 해결해야 할 문제점도 많은 사안이라 하겠다(손병돈 외, 2011).

(2) 장애인인권관점에서 판례 및 사례의 시사점

앞의 헌법재판소결정과 상담사례를 근거로 장애인의 이동할 권리가 단순히 교통수단의 문제가 아닌 생존권 및 교육권 등의 장애인인권과 직결된 문제임을 살펴볼 수 있었다. 즉, 이동의 권리를 통해 차별 없는 이용과 보행의 보장을 추구하고자 「교통약자법」이 제정되었음에도 이에 대한 문제해결이 원활히 이루어지고 있지 않음을 살펴볼 수 있다. 2002헌마52결정의 경우에는 헌법재판소가 장애인의 이동할 권리와 관련해 단순히 교통수단의 문제로 바라보고 있는 점은

UNCRPD의 장애인 이동수단에 대한 적극적 편의제공 노력에도 어긋나 있는 결정이라 볼 수 있다.

이후 2005년 교통수단이나 도로의 이용 등에 차별 없는 이동권 보장을 위해 「교통약자법」이 제정되었다. 「교통약자법」 제1조에서는 "장애인 등의 교통약자가 안전하고 편리하게 이동할 수 있도록 교통수단, 여객시설 및 도로에 이동편의시설을 확충하고 보행환경을 개선하여 사람중심의 교통체계를 구축함으로써 교통약자의 사회참여와 복지 증진에 이바지함을 그 목적으로 한다."고 규정하고 있다. 또한 동법 제2조 제7호에 따르면 "이동편의시설이란 휠체어 탑승설비, 장애인용 승강기, 장애인을 위한 보도, 임산부가 모유수유를 할 수 있는 휴게시설 등 교통약자가 교통수단, 여객시설 또는 도로를 이용할 때 편리하게 이동할 수 있도록 하기 위한 시설과 설비를 말한다."고 정의하고 있다.

그러나 여전히 우리나라는 2005년 「교통약자의 이동편의 증진법」을 제정하여 5년 단위로 교통약자에 대한 이동편의 증진계획을 수립하고 있다. 이에 2007년에는 제1차 '한국형 저상버스 표준모델'을 개발하고 전국 시내버스 31.5% 저상버스도입 계획을 수립하였으나 12% 도입에 그쳤고, 제2차 계획에서는 '중형 저상버스'개발 도입을 시도 했으나 22.3% 도입에 그쳤다(장애우권익문제연구소, 2017: 31). 현재 이 법이 제정된 이후 14년이 흘렀으나 여전히 장애인 이동권과 관련해서는 현실이 크게 바뀌지는 않고 있다. 따라서 다음과 같은 사회복지 시사점을 제언하고자 한다.

첫째, 민간 버스를 임대하여 국가공공비용으로 저상버스로 물리적 형태를 변경하여 운영하는 방식을 도입하여야 할 것이다. 이러한 국가의 정책은 민간 기업에의 부담감을 줄여 주고 국가가 장애인의 교통수단에 대해 단순 이동수단이 아닌 생존권보장과 관련한 적극적 편의제공 노력을 기울이는 것이라 볼 수 있어 UNCRPD의 규정에도 부합하는 정책이라 할 것이다.

둘째, 저상버스 도입을 유도하기 위해 민간 기업에 세금공제제도를 주어야 할 것이다. 김명수·정재황(2007)은 장애인의 이동권리에 대한 박탈은 단순히 이동에 대한 박탈이 아닌 이들에 대한 모든 분야의 권리박탈이라 보았다. 따라서 국가 공익적 부분에서 저상버스의 완전한 도입이 어렵다면 민간 버스 운영 사업자들의 저상버스 도입을 유도하여 활성화시키는 방향도 모색해야 할 시점이라 생각된다.

마지막으로, 시설이용을 위한 이동할 권리의 보장을 위해서는 편의시설을 이용하기까지 이동상에 있어 연계마비가 오는 현실을 간과하여 이에 대한 정책적 마련이 시급하다 할 것이다. 장애인들에 대한 편의시설이용을 위한 이동상의 문제해결을 위해서는 이들에 대한 '차별'이 아닌 '다름'을 인정할 때에 비로소 장애인들에 대한 이동의 자유 및 인간의 존엄이 실현될 수 있다 볼 것이다.

앞에서 살펴보듯이 장애인들에 대한 이동의 권리 및 시설에의 접근권에 대한 보장이 성립되어야 장애인들의 사회적, 경제적, 물리적접근 등이 자유롭고 동등하게 된다고 할 것이다(유태완 외, 2017).

4. 판례 및 사례를 통해 생각해 볼 문제

【1】장애인의 편의제공관련 법률에 대해 알아보시오.

【2】장애인에게 이동할 권리가 갖는 의미가 무엇인지에 대해 생각해 보시오.

【3】장애인의 이동할 권리와 접근권의 차이에 대해 논의해 보시오.

【4】장애인의 이동할 권리에 대한 보장이 장애인의 생존권보장과 어떠한 관련성이 있는지에 대해서 생각해 보시오.

참고문헌

국가인권위원회(2004). 인권백서. 서울: 국가인권위원회.

권건보(2012). 장애인권리협약의 국내적 이행 상황 검토. 법학논고, 39, 517-542.

김명수·정재황(2007). 장애인 이동권에 관한 헌법적 고찰. 성균관법학, 19(3), 105-130.

김수정·박연주(2014). 고용촉진지원제도 관련 판례분석 연구. 사회복지정책, 41(3), 131-153.

김정순(2014). 맞춤형 장애인 복지법제 연구. 세종: 한국법제연구원.

김지영·신동면(2014). 기업체의 장애인 의무고용률 이행 영향요인에 관한 연구. 장애와 고용, 24(1), 51-81.

두오균(2010). 장애인의 이동권에 관한 연구. 장애아동 인권연구, 1(1), 7-19.

박연주·김정우(2015). 장애인의 권리보호와 관련한 판례분석연구. 한국장애인복지학, 27, 5-23.

손병돈·김기덕·권선진·박지영·이종복·이혜경·최승희(2011). 사회복지와 인권. 경기: 양서원.

심재진(2013). 합리적 편의제공의무와 장애인복지지원법제의 관계: UN장애인 권리협약, 미국, 영국의 사례를 중심으로. 세종: 한국법제연구원.

유동철(2017). 인권관점에서 보는 장애인복지. 서울: 학지사.

유태완·김재웅·문수열·손경화·정신모·서강훈·한우섭(2017). 장애인복지론. 서울: 창지사.

임두택·전이상(2000). 장애인고용이론과 요인에 대한 고찰. 현대사회과학연구, 11(1), 36-68.

장애우권익문제연구소(2017). 장애인 인권상담 사례집Ⅰ. 서울: (사)장애우권익문제연구소.

한인상(2017). 최저임금법 개정의 주요 쟁점과 과제: 법률안의 분석을 중심으로. 노동법포럼, 22, 23-68.

법제처 홈페이지 www.moleg.go.kr

헌법재판소 홈페이지 www.ccourt.go.kr

노인의 평등추구를 위한
사회적 기본권보장

제8장 노인의 평등추구를 위한 사회적 기본권보장

학습목표

1. 노인에 대한 노동권의 확대가 노인인권에 미치는 영향에 대해 알아본다.
2. 노인노동과 관련해 현 법제의 문제점에 대해 살펴본다.
3. 현 부양의무자제도의 문제점에 대해 살펴본다.
4. 노인 돌봄과 관련해 앞으로 국가적인 차원에서의 보호조치에 대해 살펴본다.

제1절 서론

우리나라는 세계 어느 나라보다도 빠른 속도로 초고령사회에 직면하고 있다. 2025년이면 '초고령사회'에 진입하며 2035년에는 국민 중위연령이 50세를 돌파할 것이라고 통계청은 바라보고 있는 실정이다(뉴스 1, 2019). 초고령사회의 가장 큰 문제는 '부양을 받는 자'와 '부양을 하는 자'의 비율이 무너져 현대 복지국가의 근간을 무너뜨리게 된다(강성태, 2011). 국가적 차원에서 이에 대한 대비로 고령자들의 경제적 독립을 통한 생계보장정책에 대해 많은 노력을 기울이고 있다.

고령자들의 생계보장과 관련해서는 사회보장제도를 통한 보장방법[1]과 고령자의 취업을 통한 생활유지의 방법을 병행하여 노인의 생계보장에 대한 정책이 마

---

[1] 고령자들을 위한 사회보장방법으로는 공공부조인 기초생활보장정책 및 기초연금과 사회보험정책인 국민연금이 있다.

련되어야 할 시점인 것이다. 이러한 국가적 정책대안 및 제도보장이 제대로 이루어지지 않으면 노인부양과 관련한 사회적 문제가 가족의 구조적 · 기능적 변화와 맞물려 심각한 노인 돌봄의 문제 및 노인학대, 노인자살, 노인에 대한 차별 등의 사회문제를 야기하게 될 것이다(국가인권위원회, 2004). 이러한 시점에 여전히 노인에 대한 고용 및 부양관련 정책은 미흡한 수준에 머물러 있어 현재의 수준은 급증하는 노인에 대한 적절한 대응책이 되지 못하고 있다.

「헌법」제32조 제1항에 따르면 "모든 국민은 근로의 권리를 가진다. 국가는 사회적 · 경제적 방법으로 근로자의 고용의 증진과 적정임금의 보장에 노력하여야 하며, 법률이 정하는 바에 의하여 최저임금제를 시행하여야 한다."고 규정하면서 제32조 제3항에서는 "근로조건의 기준은 인간의 존엄성을 보장하도록 법률로 정한다."고 규정하여 노인들에게도 인간의 존엄성이 보장되는 일할 권리가 보장되어 인간다운 생활을 추구하도록 명시하고 있다. 이에 이 책의 이 장에서는 노인의 고용촉진지원제도 및 노인에 대한 부양의무제도의 문제점에 대해 살펴보면서 각 주제에 따른 사회복지 시사점에 대해 살펴보고자 한다.

제2절 노인에 대한 고용촉진지원

1. 고령인력 활용에의 문제점

고령자의 고용에는 계속적 고용연장 · 유지와 고령자 취업을 통한 생계유지를 통해 사회적 부양부담을 줄이는 방법이 있다. 그러나 노인의 고용에 있어 전자인 계속적 고용연장 · 유지와 관련해서는 우리나라는 연공서열형 임금체계로 고령층의 고용을 유지하고자 하면 고비용이 들고 청년층에 비해 변화에 민감하게 적응하지 못한다고 보아 고용연장 · 유지의 어려움이 있다(김진태, 2011; 김수정 · 박연주, 2014 재인용). 이에 정부는 이러한 문제의 대안으로 임금피크제도를 추진하여 계속적 고용을 연장·유지하는 정책을 두고 있다.

임금피크제[2]란 정년에 도달하기 전에 일정 연령이 되면 단계적으로 임금을 줄여 연공서열의 임금부담을 줄이고 고령자의 고용을 연장·유지할 수 있도록 하는 제도를 말한다. 그러나 임금피크제도가 근본적 과제인 정년보장에의 도움과 인건비 절감, 인사적체 해소와 같은 실질적 문제해결이 되기보다는 임금삭감수단 및 조기퇴직종용수단으로 악용되고 있다는 비판이 있다(이학춘·고준기·전만길, 2011). 이러한 문제를 해결하고 고령인력에 대한 고용연장 및 유지를 위해 '고령자고용촉진장려금'을 사업주에게 지급하고 있다.

'고령자고용촉진장려금'제도는 고령화에 따른 국가의 부양의 부담에 대한 해소와 고령층의 안정적인 노후의 삶을 보장하기 위한 노동력의 확보와 고용안정의 필요성에 따라 도입하게 되었다. 이와 관련한 법제에 대해서는 다음의 고용법제정책과 고용촉진지원 관련법제 부분에서 상세히 서술하고 있다.

그러나 고용인력 활용과 더불어 문제되는 것은 이와 더불어 고용되지 못하는 노인의 경우이다. 따라서 이들에 대한 다양한 사회보장 시스템을 갖추어야 앞으로의 노인부양과 관련해 파생되는 문제들을 체계적으로 해결할 수 있게 된다(노상헌, 2012).

2. 고령인력 고용법제 현황과 정책

고령인력에 대한 현 고용 관련법제는 크게 연령차별금지법제, 고령자고용촉진법제로 구분할 수 있다(강성태, 2011).

우선적으로 연령차별금지법제인 「고용상 연령차별 금지 및 고령자고용촉진에

---

2) 임금피크제는 대표적으로 고용연장형과 고용보장형으로 나뉜다. 고용연장형 임금피크제도는 현재의 연공급 체계를 유지하고 정년연령에 도달하기 전에 일정시점부터 임금을 삭감하는 방식을 말하며, 고용보장형 임금피크제도는 일정한 연령부터 임금을 삭감하되 정년을 보장해 주는 형태를 말한다(이학춘 외, 2011). 전자는 고령자 고용유지에는 도움이 되나 임금삭감이라는 문제가 있고, 후자는 자칫 고용유지가 아닌 사실상의 조기퇴직의 문제를 가져오게 한다.

관한 법률」(이하 「고령자고용법」)에 따르면 "사업주는 합리적인 이유 없이 연령을 이유로 근로자 또는 근로자가 되려는 자를 차별하여서는 아니 된다."(제4조의4 제1항)고 하면서 "합리적인 이유 없이 연령외의 기준을 적용하여 특정 연령집단에 특히 불리한 결과를 초래하는 경우에는 연령차별로 본다."(제4조의4 제2항)라고 규정하여 직접적 차별뿐만 아니라 간접차별도 금지하고 있다. 이러한 연령차별금지에 대해 위반한 경우에는 1년 이내에 국가인권위원회에 진정서를 제출할 수 있으며, 국가인권위원회는 조사 결과 연령차별이 있다 판단되면 시정 권고조치를 내릴 수 있다(강성태, 2011).

다음으로는 고령자고용촉진법제와 관련해서는 「고령자고용법」, 「고용보험법」에 따라 고령자 고용촉진규정을 두고 있다. 이 법제에 따라 고령자 취업지원과 고령자 고용촉진 및 고용안정 정책, 정년보장 등으로 나눌 수 있다.

첫째, 고령자 취업지원과 관련해서는 「고령자고용법」에 따른 고령자 직업능력 개발훈련[3] 및 취업 전 적응훈련지원과 고령자 고용정보센터운영[4] 등이 있다.

둘째, 고용촉진 및 고용안정을 위해 고령근로자에 대해서는 기준고용율[5] 제도를 「고령자고용법 시행령」에 두고 있다. 또한 공공부문에 우선고용제도를 두어 우선적으로 선발하도록 조치하고 있다.

마지막으로, 정년의 보장 및 연장과 관련하여 정년을 보장하면서 정년 후에 취

---

3) 제6조(고령자에 대한 직업능력 개발훈련) ① 고용노동부장관등은 고령자의 고용을 촉진하고 직업능력의 개발 · 향상을 위하여 고령자를 대상으로 대통령령으로 정하는 바에 따라 직업능력 개발훈련을 실시하여야 한다. ② 고용노동부장관 등은 고령자가 작업환경에 쉽게 적응할 수 있도록 하기 위하여 필요하다고 인정하면 취업 전에 안전 · 보건에 관한 내용을 포함하여 고용노동부령으로 정하는 적응훈련을 실시하도록 조치하여야 한다. ③ 고령자의 직업능력 개발훈련과 해당 훈련생의 보호에 관한 사항은 「근로자직업능력 개발법」을 준용하되 고령자의 신체적 · 정신적 조건 등을 고려하여 특별한 배려를 하여야 한다.
4) 제10조(고령자 고용정보센터의 운영) ① 고용노동부장관등은 고령자의 직업지도와 취업알선 등의 업무를 효율적으로 수행하기 위하여 필요한 지역에 고령자 고용정보센터를 운영할 수 있다. ② 고령자 고용정보센터는 다음 각 호의 업무를 수행한다. 1. 고령자에 대한 구인 · 구직 등록, 직업지도 및 취업알선, 2. 고령자에 대한 직장 적응훈련 및 교육, 3. 정년연장과 고령자 고용에 관한 인사 · 노무관리와 작업환경 개선 등에 관한 기술적 상담 · 교육 및 지도, 4. 고령자 고용촉진을 위한 홍보, 5. 그 밖에 고령자 고용촉진을 위하여 필요한 업무
5) 제3조(고령자 기준고용율) 법 제2조 제5호에서 "대통령령으로 정하는 비율"이란 다음 각 호의 어느 하나에 해당하는 비율을 말한다. 1. 제조업: 그 사업장의 상시근로자수의 100분의 2, 2. 운수업, 부동산 및 임대업: 그 사업장의 상시근로자수의 100분의 6, 3. 제1호 및 제2호 외의 산업: 그 사업장의 상시근로자수의 100분의 3

업을 희망하는 자에게는 재고용을 촉진[6]할 것을 권고하면서 이 사항을 따르는 사업장에는 각종 정부지원을 받을 수 있도록 하였다.

3. 고령근로자의 고용촉진지원과 문제

1) 고령자 고용관련 지원금

고령자 고용촉진을 지원하기 위한 정부 정책으로 「고용보험법」 제23조에 "고령자 등에 대한 고용안정에 필요한 조치를 할 수 있다."를 근거로 하여 같은 법 시행령에서는 '고령자 고용촉진에 대한 지원[7]'과 '임금피크제도에 따른 보전수당[8]'을 사업주에게 지원규정을 두고 있다.

---

6) 제21조의2(정년퇴직자의 재고용 지원) 고용노동부장관은 제21조에 따라 정년퇴직자를 재고용하거나 그 밖에 정년퇴직자의 고용안정에 필요한 조치를 하는 사업주에게 장려금 지급 등 필요한 지원을 할 수 있다.

7) 제25조의2(60세 이상 고령자 고용지원금) ① 고용노동부장관은 법 제23조에 따라 다음 각 호의 요건을 모두 갖춘 사업의 사업주에게 60세 이상 고령자 고용지원금을 지급한다. 1. 정년을 정하지 아니한 사업장일 것, 2. 매 분기 그 사업의 월평균 근로자 수에 대한 매월 말일 현재 계속하여 1년 이상 고용된 만 60세 이상 월평균 근로자 수의 비율이 업종별로 고용노동부장관이 정하여 고시하는 비율 이상일 것, 3. 사업주가 60세 이상 고령자 고용지원금 신청일 당시 대통령령 제22603호 「고용보험법 시행령」 일부개정령 부칙 제18조에 따른 고령자 고용촉진 장려금을 1회 이상 지급받고 그 지급한도 기간 내에 있는 자가 아닐 것. ② 제1항에도 불구하고 사업주가 다음 각 호의 어느 하나에 해당하는 경우에는 같은 항에 따른 60세 이상 고령자 고용지원금(이하 "60세 이상 고령자 고용지원금"이라 한다)을 지급하지 아니한다. 1. 60세 이상 고령자 고용지원금을 신청하기 전 3개월부터 신청한 후 6개월까지 55세 이상 근로자를 고용조정으로 이직시킨 경우, 2. 임금 등을 체불하여 「근로기준법」 제43조의2에 따라 명단이 공개 중인 경우. ③ 60세 이상 고령자 고용지원금은 고용노동부장관이 노동시장 여건을 고려하여 고시한 금액에 제1항 제2호에 따라 고용노동부장관이 고시한 비율을 초과하여 고용된 만 60세 이상 근로자 수를 곱하여 산정한 금액으로 한다. 다만, 사업주가 분기별로 지급받을 수 있는 지원금의 총액은 본문에 따라 고용노동부장관이 고시한 금액에 그 사업의 근로자 수의 100분의 20(대규모 기업은 100분의 10)에 해당하는 수를 곱하여 산출된 금액을 초과할 수 없다. ④ 60세 이상 고령자 고용지원금의 지급을 위하여 근로자 수를 산정하는 경우에 다음 각 호의 어느 하나에 해당하는 사람은 제외한다. 1. 일용근로자, 2. 법 제10조 제2호부터 제5호까지의 규정에 해당하는 사람, 3. 만 60세 이상 근로자로서 「고용정책기본법」 제29조에 따른 고용유지를 위한 지원금의 지급 대상이 되는 사람. ⑤ 60세 이상 고령자 고용지원금의 신청 및 지급에 필요한 사항은 고용노동부령으로 정한다.

8) 제28조(임금피크제 지원금) ① 고용노동부장관은 법 제23조에 따라 다음 각 호의 어느 하나에 해당하는 경우(이하 이 조에서 "임금피크제"라 한다)에는 근로자에게 임금피크제 지원금을 지급한다. 다만, 제2호에 해당하는 경우에는 사업주에게도 임금피크제 지원금을 지급한다. 1. 사업주가 근로자대표의 동의를 받아 정년을 60세 이상으로 연장하거나 정년을 56세 이상 60세 미만으로 연장하면서 55세 이후부터 일정나이, 근속시점 또

2) 고령근로자의 고용관련 지원금과 사회보장정책의 문제점

고령자의 고용과 관련한 지원정책제도는 주로 「고령자고용법」과 「고용보험법」에 의해 지원되고 있다. 그러나 이 법제에 따라 현실적으로 고령자의 고용이 고용의 질도 괜찮은 노동시장에 적절하게 운영되고 있는지에 대해서는 의문이다. 이러한 예로 우리나라의 고령자에 대한 고용율은 다른 OECD국가들에 비해 높은 편이기 때문에 추가적인 상승가능성이 낮으며, 추가적인 재고용이 되는 경우에는 똑같은 업무의 일자리보다는 고용의 질이 낮은 일자리로 재고용이 되고 있는 실정이다. 따라서 고용촉진을 위한 지원정책에만 국한된다면 고용의 질이 낮은 일자리만이 고령자의 노동시장이 될 것이다(강성태, 2011). 즉, 고용유지 및 임금피크를 실시하게 되는 연령에 도달하게 되면 재고용의 방식을 통해 사업주는 고용지원을 받고자 할 것이다.

이러한 재고용에 대한 고용지원은 비정규직을 양성하거나 파견근로 등의 비교적 불안정한 일자리만이 생겨 노인의 노동시장의 질이 낮아지고 고된 노동에 삶의 질 또한 낮아지는 악순환이 반복되게 되는 문제가 있다.

우리나라는 노인의 경우 계속적 노동을 원하는 이유 중 하나로 노후 생활을 유지하기에는 낮은 연금수급제도와 사회보장 혜택에 있다고 볼 것이다. 따라서 고용촉진 지원과 더불어 삶의 질을 높이기 위한 사회보장정책이 함께 반영이 되어

는 임금액을 기준으로 임금을 줄이는 제도를 시행하는 경우, 2. 사업주가 제1호에 따른 제도를 시행하거나 제4호에 따라 재고용하면서 주당 소정근로시간을 15시간 이상 30시간 이하로 단축하는 경우, 3. 삭제, 4. 정년을 55세 이상으로 정한 사업주가 정년에 이른 사람을 재고용(재고용기간이 1년 미만인 경우는 제외한다)하면서 정년퇴직 이후부터 임금을 줄이는 경우. ② 제1항에 따른 임금피크제 지원금은 해당 사업주에 고용되어 18개월 이상을 계속 근무한 자로서 피크임금(임금피크제의 적용으로 임금이 최초로 감액된 날이 속하는 연도의 직전 연도 임금을 말한다. 이하 이 조에서 같다)과 해당 연도의 임금을 비교하여 다음 각 호의 구분에 따른 비율 이상 낮아진 자(해당 연도 임금이 고용노동부장관이 고시하는 금액 이상인 경우는 제외한다)에게 지급한다. ③ 제1항에 따른 임금피크제 지원금은 해당 근로자의 피크임금과 해당 연도 임금의 차액, 임금인상률과 제1항 제2호에 따른 소정근로시간 단축으로 인한 사업주의 노무비용 증가액 등을 고려하여 고용노동부장관이 고시하는 금액으로 한다. ④ 제1항에 따른 임금피크제 지원금은 임금피크제가 적용되는 날부터 5년 동안 지급한다. 다만, 고용기간이 5년보다 짧은 경우에는 그 고용기간 동안 지급하고, 제1항 제1호에 따른 임금피크제 시행 이후 제1항 제4호에 따라 재고용한 경우에도 최대 지급 기간은 통산하여 5년으로 한다. ⑤ 제1항에 따른 임금피크제 지원금의 금액산정, 신청 및 지급 등에 필요한 사항은 고용노동부령으로 정한다.

야 할 것이다. 즉, 노인의 고용촉진은 고용의 질을 높이면서 지속가능한 일자리를 유지하는 방향으로 흘러가면서 동시에 사회보장의 재정건전성을 확보해야만 삶의 질이 향상되고 비로소 제대로 된 고령자 고용촉진정책이 정착될 것이다.

4. 고령자의 고용촉진지원 관련법제와 관련판례

1) 관련법제

「헌법」제10조의 인간존엄 및 행복추구권에 대한 보장을 중심으로 노인에 대한 관련법제들도 정비되기에 이른다. 노인인권과 관련해서는 이러한 「헌법」을 기준으로 「노인복지법」, 「노인장기요양보험법」, 「고용보험법」, 「고령자고용법」 등이 대표적 노인인권관련 국내 법률이라 볼 것이다.

고령자의 고용촉진지원과 관련해서는 「헌법」제32조의 근로의 권리를 기본적으로 「노인복지법」제23조[9]에서 노인의 적극적 일자리 지원을 명문화하고 있다. 구체적인 고령근로자들의 고용을 촉진하기 위한 법률은 「고령자고용법」으로 본 법률 제1조는 "합리적인 이유 없이 연령을 이유로 하는 고용차별을 금지하고, 고령자가 그 능력에 맞는 직업을 가질 수 있도록 지원하고 촉진함으로써, 고령자의 고용안정과 국민경제의 발전에 이바지하는 것을 목적으로 한다."고 규정하여 직접적이고 구체적인 조항들을 구성하고 있다.

동법 제4조의3[10]은 고령자고용촉진 기본계획을 수립하고 제4조의4[11]에 따라

---

9) 제23조(노인사회참여 지원): ① 국가 또는 지방자치단체는 노인의 사회참여 확대를 위하여 노인의 지역봉사 활동기회를 넓히고 노인에게 적합한 직종의 개발과 그 보급을 위한 시책을 강구하며 근로능력 있는 노인에게 일할 기회를 우선적으로 제공하도록 노력하여야 한다. ② 국가 또는 지방자치단체는 노인의 지역봉사 활동 및 취업의 활성화를 기하기 위하여 노인지역봉사기관, 노인취업알선기관 등 노인복지관계기관에 대하여 필요한 지원을 할 수 있다.
10) 제4조의3(고령자 고용촉진 기본계획의 수립): ① 고용노동부장관은 고령자의 고용촉진에 관한 기본계획(이하 "기본계획"이라 한다)을 관계 중앙기관의 장과 협의하여 5년마다 수립하여야 한다. ② 기본계획에는 다음 각 호의 사항이 포함되어야 한다. 1. 직전 기본계획에 대한 평가, 2. 고령자의 현황과 전망, 3. 고령자의 직업능력개발, 4. 고령자의 취업알선, 재취업 및 전직(轉職) 지원 등 취업 가능성의 개선방안, 5. 그 밖에 고

연령차별금지에 대해 명문화하고 있다. 또한 동법률의 제2장에서는 정부의 고령자 취업지원을 통해 고령자들의 취업과 관련한 여러 구체적 조항을 마련하고 있다. 이 법률의 제3장의 고용촉진 및 고용안정을 위한 규정들 중 제12조[12]는 사업주의 고령자 고용의무 규정과 제14조[13] 고령자 고용촉진을 위한 세제지원 규정은 구체적 고용촉진 지원 규정이라 볼 것이다. 한편, 「고용보험법」에서는 제23조[14]와 제26조[15]에서 고령자고용촉진지원을 위해 고용촉진장려 및 계속고용장려금제도를 마련하고 있다. 이에 이 절의 판례는 고령자고용촉진 장려금제도

령자의 고용촉진에 관한 주요시책. ③ 고용노동부장관은 기본계획을 수립할 때에는 「고용정책 기본법」 제10조에 따른 고용정책심의회(이하 "고용정책심의회"라 한다)의 심의를 거쳐야 한다. ④ 고용노동부장관이 기본계획을 수립한 때에는 지체 없이 국회 소관 상임위원회에 보고하여야 한다. ⑤ 고용노동부장관은 필요하다고 인정하면 관계 행정기관 또는 공공기관의 장에게 기본계획의 수립에 필요한 자료의 제출을 요청할 수 있다.

11) 제4조의4(모집 · 채용 등에서의 연령차별 금지): ① 사업주는 다음 각 호의 분야에서 합리적인 이유 없이 연령을 이유로 근로자 또는 근로자가 되려는 자를 차별하여서는 아니 된다. 1. 모집 · 채용, 2. 임금, 임금 외의 금품 지급 및 복리후생, 3. 교육 · 훈련, 4. 배치 · 전보 · 승진, 5. 퇴직 · 해고. ② 제1항을 적용할 때 합리적인 이유 없이 연령 외의 기준을 적용하여 특정 연령집단에 특히 불리한 결과를 초래하는 경우에는 연령차별로 본다.

12) 제12조(사업주의 고령자 고용 노력의무): 대통령령으로 정하는 수 이상의 근로자를 사용하는 사업주는 기준고용률 이상의 고령자를 고용하도록 노력하여야 한다.

13) 제14조(고령자 고용촉진을 위한 세제지원 등): ① 사업주가 제12조에 따른 기준고용률을 초과하여 고령자를 추가로 고용하는 경우에는 「조세특례제한법」으로 정하는 바에 따라 조세를 감면한다. ② 고용노동부장관은 예산의 범위에서 다음 각 호의 구분에 따른 고용 지원금을 지급할 수 있다. 1. 고령자를 새로 고용하거나 다수의 고령자를 고용한 사업주 또는 고령자의 고용안정을 위하여 필요한 조치를 취한 사업주에게 일정 기간 지급하는 고용 지원금, 2. 사업주가 근로자 대표의 동의를 받아 일정 연령 이상까지 고용을 보장하는 조건으로 일정 연령, 근속시점 또는 임금액을 기준으로 임금을 감액하는 제도를 시행하는 경우에 그 제도의 적용을 받는 근로자에게 일정 기간 지급하는 고용 지원금. 이 경우 "근로자대표"란 근로자의 과반수로 조직된 노동조합이 있는 경우에는 그 노동조합의 대표자를 말하며, 해당 노동조합이 없는 경우에는 근로자의 과반수를 대표하는 자를 말한다. 3. 고령자와 준고령자의 고용안정 및 취업의 촉진 등을 목적으로 임금체계 개편, 직무 재설계(고령자나 준고령자에게 적합한 직무를 개발하고 설계하는 것을 말한다) 등에 관하여 전문기관의 진단을 받는 사업주에게 지원하는 고용 지원금. ③ 제2항에 따른 고용 지원금의 지급기준 등에 관한 사항은 대통령령으로 정한다.

14) 제23조(고령자등 고용촉진의 지원): 고용노동부장관은 고령자 등 노동시장의 통상적인 조건에서는 취업이 특히 곤란한 자(이하 "고령자등"이라 한다)의 고용을 촉진하기 위하여 고령자등을 새로 고용하거나 이들의 고용안정에 필요한 조치를 하는 사업주 또는 사업주가 실시하는 고용안정 조치에 해당된 근로자에게 대통령령으로 정하는 바에 따라 필요한 지원을 할 수 있다.

15) 제26조(고용촉진 시설에 대한 지원): 고용노동부장관은 피보험자 등의 고용안정 · 고용촉진 및 사업주의 인력 확보를 지원하기 위하여 대통령령으로 정하는 바에 따라 상담 시설, 어린이집, 그 밖에 대통령령으로 정하는 고용촉진 시설을 설치 · 운영하는 자에게 필요한 지원을 할 수 있다.

와 관련해 법률적 분쟁이 발생한 경우 입법적취지에 맞게 사법적 판결이 이루어
지고 있는지를 살펴 사회복지 시사점을 찾아보고자 한다.

2) 관련판례

(1) 판례의 내용분석

고령자고용촉진지원금제도는 고령자의 사회적 지식과 경험을 활용하고 고령
자의 근로의 권리를 충족시켜 이들의 생계수단을 제공함을 목적으로 사업주에
게 지원해 주는 제도이다(박종희 · 김미영 · 강선희, 2008). 따라서 이 제도와 관련
한 분쟁이 생겼을 경우 이 법률의 목적에 부합하여 판결의 내용을 살펴보는 것
은 중요한 의미가 있다. 이에 고령자고용촉진지원과 관련한 판례를 묶어 분쟁이
된 내용을 간단히 도식화 정리하였으며, 〈표 8-1〉과 같다.

〈표 8-1〉 분석대상판례의 사실관계

사건번호	청구인	상대방	청구이유	법원의 판단
2004나4743	주식회사 (원고)	입주자대표회의 (피고)	고령자고용촉진장려금의 귀속주체판단	입주자대표회의를 귀속주체로 판단
2010구합14238	주식회사 (원고)	고용노동청 (피고)	고령자고용촉진장려금의 지급요건판단	주식회사에게 지급 판단
2011구합2249	주식회사 (원고)	고용노동청 (피고)	계속고용 장려금의 지급요건판단	고용노동청의 처분 적법 판단
2003다67359	주식회사 (원고)	입주자대표회의 (피고)	고령자고용촉진장려금의 귀속주체판단	입주자대표회의가 아닌 주식회사를 사업주로 판단

출처: 김수정 · 박연주(2014) 도표 변형 인용.

고령자 고용관련 지원금(장려금) 판결의 주요쟁점사안과 관련해서는 ① 고
용관련 지원금의 귀속주체를 판단하는 기준에 대한 것, ② 지원금의 지급요건

에 대한 법률적 해석에 관한 것, ③ 정년퇴직자의 계속 고용 장려금에 관한 것
으로 나눌 수 있으며 이를 도식화해 보면 다음 〈표 8-2〉와 같다(김수정·박연주,
2014).

〈표 8-2〉   고령자 고용관련 지원금의 주요쟁점사안

귀속주체관련 법률적 쟁점사안	장려금지급요건에 대한 법률적 해석	정년퇴직자 계속 고용 장려금의 지급대상요건
2건	1건	1건

출처: 김수정·박연주(2014, p. 147).

첫째, 고령자고용관련 장려금의 귀속주체와 관련해 귀속주체에 대해 서로 다
른 판결이 난 2건을 갖고 내용을 살펴보고자 한다. 2003다67359판결은 문리적
해석에 따라 "사업자의 지휘, 감독권에 대해 근로계약상 형식적 지휘, 감독권을
갖고 있다."면 이러한 규정에 부합하는 사업자가 사업주라 판결한 경우이다. 이
에 반해 2004나4743판결은 "사업주의 형식에 따른 지휘, 감독권을 인정하는 사
업주라 하더라도 이들의 계약이 신의칙에 반하는 경우 고령자고용촉진장려금의
실질적 사업주체를 판단하여 장려금을 반환해야 한다."고 판단하여 장려금에 대
한 이익만 취하고자 하는 형식적 사업주에 대해 이 규정의 취지에 따라 법률적
쟁점인 신의칙위반을 적절히 적용한 판결이라 할 것이다.

둘째, 장려금 지급요건에 대한 법률적 해석과 관련해 2010구합4238판결을 살
펴보겠다. 이 판결은 고령화에 따른 노동력활용과 고령층의 취업기회를 실질적
으로 적용하고 있는 사업주체에 대해 명확하게 밝혀 준 사안이라 할 것이다. 이
판결에서는 정년 연장과 관련한 취업규칙과 단체협약의 규정이 모호한 '건강상
결격사유가 없는 자에 한 해 연장 할 수 있다.'는 규정과 관련해 전체 근로자에
한하지 않고 선별적 정년연장규정이라 하여 이 사업주는 고용연장 장려금지급
요건을 충족하지 않고 있다는 노동청의 판단에 대해 "본 규정의 문구는 일반적
인 확인의 취지에 불과한 것으로 고령자고용촉진 장려금을 지급하지 않는 것은

위법하다." 판단하여 고령자 계속고용에 대한 객관적 기준을 마련하고 있다(김수정 · 박연주, 2014).

셋째, 정년 퇴직자에 대한 계속고용 장려금의 대상요건과 관련한 판례의 내용을 보면 다음과 같다. 2011구합2249판결의 주요 쟁점사항은 기간제근로자가 정년퇴직자 계속고용 장려금의 지급대상에 해당되는지 이다. 이와 관련해 법원은 "본 제도는 일정 연령이상의 정년을 정한 사업장에서 정년퇴직을 시키지 아니하고 계속하여 고용하거나 정년퇴직 후 단기간 내에 재고용하는 사업주에게 금전적 지원을 함으로써 정년에 이른 근로자가 정년 이후에도 계속하여 근로관계를 유지할 수 있도록 보장하고자 함에 있는 것"이라 판단하여 정년여부에 상관없이 단순히 정년연령만을 기준으로 기간제근로자를 양산하는 것은 본 취지의 대상이 아님을 명시하고 있다(김수정 · 박연주, 2014).

(2) 노인의 인권관점에서 판례의 시사점

초고령화 사회에 대비하여 노인의 소득보장과 관련한 정책들은 노인의 노동정책과 사회보장정책의 적절한 결합이 이루어져야 할 것이다.

고용시장에서 노인은 취업지원, 고용촉진 및 고용안정, 정년제, 연령차별금지와 관련해 각 법률정책들 간의 연계성이 부족하고 지원의 한계가 있어 이들 계층에 대한 지원과 관련해서는 여러 문제점이 도출되고 있다(김현수, 2014). 따라서 앞의 판례를 통해 살펴본 고령자 고용시장의 문제점을 완화하고 지원의 한계를 최소화하기 위해서는 다음과 같은 시사점을 살펴볼 수 있겠다.

첫째, 고령자고용촉진장려금과 관련해 본 정책의 취지에 맞게 고용 장려금지원주체에 대한 명확한 법률적 해석이 이루어져야 할 것이다. 고령자 고용 장려금지원주체가 명확하지 않으면 사업주가 장려금만 지급받고 단순고령자들을 기간제로 양산하여 노인의 일자리가 열악해지고 실질적 사업주체와 형식적 사업체간의 괴리가 생겨 입법적 취지에도 맞지 않기 때문이다(김수정 · 박연주, 2014).

둘째, 노인의 일자리에 대한 지속적 안정정책이 마련되어야 할 것이다. 현재 노인은 일자리와 관련해 불안정한 노동현장에 내몰리고 있다. 즉, 노인이 근로를 하고자 함은 인간다운 생활을 누리기 위한 근로의 권리충족이 아닌 생존권과 직결되어 최저생활을 위해 열악하고 위험한 일자리라 하더라도 근로현장에 내몰리고 있는 실정이다.

　마지막으로, 이들 고령근로자들을 위해서는 노동시장의 안정과 더불어 사회보장정책인 공적소득보장정책이 어느 정도 현실화되어야 할 것이다. 즉, 노인의 '자립'과 '지원'이라는 정책이 원활히 이루어지기 위해서는 사회보장 관점에서 법률이 연계성을 갖고 적극적 지원방향으로 이루어져야 함을 의미한다(김현수, 2014).

5. 판례를 통해 생각해 볼 문제

【1】 고령자의 소득보장정책에 대해 논의해 보시오.

【2】 판례를 통해 정년퇴직자 계속고용 장려금에 대한 명확한 연령의 제시가 이루어진다면 노인의 일자리창출에 도움이 된다고 생각하는가?

【3】 현 고령자일자리사업 창출과 관련한 사회복지서비스제도에 대해 논의해 보시오.

【4】 사업주에게 지급되고 있는 고령자촉진지원금제도와 노인일자리 창출에 도움이 되고 있는지 생각해 보시오.

제3절 노인에 대한 부양의무기준

1. 고령사회의 노인부양의 문제

노인인구의 증가와 핵가족의 증가 현상은 노인부양과 관련해 심각한 사회문제가 되고 있다. 노인부양과 관련해 노인 1명을 부양하는 데 2010년에는 생산가능 인구 10명이 노인 1.5명을, 2020년에는 2명을 부양해야 할 것으로 추측되고 있다(손병돈 외, 2011). 2025년이면 '초고령사회'에 진입하며 2035년에는 국민 중위 연령이 50세를 돌파할 것이라고 통계청(뉴스 1, 2019)의 자료는 앞으로 노인부양의 심각성에 대해 깊게 논의할 단계임을 나타낸다.

그러나 노인부양과 관련해서는 국가적 차원의 지원 및 노인복지서비스정책의 노력은 매우 미흡한 수준으로 여전히 가족우선의 부양정책에 머물러 있다 볼 수 있다. 그러한 대표적인 예로 「국민기초생활 보장법」상의 '부양의무자' 제도이다. 현재 이러한 국가정책기조는 부양의무를 기피하거나 부양을 거부하게 하는 근거가 되고 있어 가족해체를 가져오는 사회적 문제가 되어 새로운 사회적 이슈가 되고 있다. 이러한 부양의 문제해결을 위해 고령인구의 지속적이고 체계적인 소득보장정책이 시급한 시점이라 할 것이다.

현시점에서 노인의 소득보장정책은 사회보험인 「국민연금법」상의 노령연금과 공공부조인 기초연금 및 「국민기초생활 보장법」상의 생계급여 등이 대표적이라 할 것이다. 그러나 「국민연금법」상의 노령연금은 사회보험에 가입되어 있는 자에 한정되고 기초연금은 일정한 재산이 없어야 하며 「국민기초생활 보장법」상의 생계급여는 '부양의무자'가 없어야 지급받는 구조이기 때문에 현실에서는 노후대비에 적정한 수준이 되지 못하고 있다. 여기에서 빈민의 고령층에게 가장 시급한 부분이 '부양의무자' 기준으로 인한 「국민기초생활 보장법」상의 대상자에서 제외되는 경우이다. 체계적인 노인부양정책을 위해서는 '부양의무자' 제도와 관련해 현실적 대안이 무엇인지를 살펴보는 것이라 할 것이다. 이에 이 책에서는 「국민기초생활 보장법」상의 '부양의무자'와 관련해 명확한 법적 근거를 살펴보고자 한다. 이를 위해 몇 가지 판례의 내용을 분석하여 문제점이 무엇인지를 살펴보고 사회복지관점에서 시사점을 다루었다.

2. 부양의무자의 근거와 기준의 문제점

1) 부양의무자에 대한 법적근거

부양의무의 기준에 대해 현행 「민법」은 제974조에 의하여 "다음 각 호의 친족은 서로 부양의 의무가 있다."고 규정하면서 다음 각 호는 '1. 직계혈족과 그 배우자 간' 및 '3호 기타 친족 간(생계를 같이하는 경우에 한한다.)'라고 규정하고 있다. 「민법」에 따른 부양은 크게 부모의 미성년 자녀에 대한 부양과 부부사이의 부양인 1차적 부양과 제974조에 따른 친족 간의 부양인 2차적 부양으로 나뉘며 여기서는 2차적 부양과 관련해 논의하고자 한다(전경근, 2012).

다시 이러한 「민법」상 부양의무는 사적부양으로 생활을 유지하는 부양과 생활을 파괴하지 않는 범위 내에서의 생활부조의 부양으로 나뉘는데(이지선, 2012), 전자는 미성년의 자녀에 대한 부모의 부양을, 후자는 직계존속인 부모에 대한 부양의무를 말한다 할 것이다. 이를 토대로 「국민기초생활 보장법」에서는 부양의무자에 대해 제2조 제5호에 따라 "수급권자를 부양할 책임이 있는 사람으로서 수급권자의 1촌 직계혈족 및 그 배우자(사망한 1촌의 직계혈족의 배우자는 제외)를 말한다."고 규정하고 있다.

「국민기초생활 보장법」상의 생계급여와 관련해서는 앞의 규정에 따른 ① 부양의무자가 없거나, ② 부양의무자가 있어도 부양능력이 없거나, ③ 부양을 받을 수 없는 경우라야 생계급여지급을 받거나 의료급여 및 장제급여 등을 받을 수 있다. 따라서 부양의무자가 있어도 부양능력이 없는 경우나 부양을 받을 수 없는 경우와 관련해 다툼이 있으며, 여기서 몇 가지 경우를 살펴보도록 하겠다.

2) 「국민기초생활 보장법」상의 부양의무자 기준과 문제점

「국민기초생활 보장법」에 따른 부양의무자와 관련해 '부양의무자가 없거나 부양의무자가 있어도 부양능력이 없거나 부양을 받을 수 없는 경우'와 관련해 살펴보면 다음과 같다.

우선 부양의무자가 있어도 부양능력이 없는 경우에 대해서는 다음과 같은 기준을 따르고 있다. 첫째, 부양의무자가 부양능력이 없는 경우[16]이다. 다음의 사례를 살펴보면 법의 기준에 따르더라도 수급에서 탈락될 수밖에 없는 사각지대가 있음을 시사하고 있다.

"박○○ 씨(70세)는 처(66세)와 함께 살고 있으며, 국가유공자 급여와 틈틈이 일을 하여 100만원의 소득이 있다. 평소 우울증을 앓고 있던 박씨의 아들 박○○(50세)은 3년 전부터 집을 나가 연락이 두절된 실종 상태이다. 2인 가구의 경우 소득인정 액이 114만원이하인 경우이면 생계 · 의료 · 주거급여 대상자로 선정될 수 있어 박씨는 기초생활수급대상자 신청을 하였다. 그러나 '배우자가 실종 상태인 며느리'의 부양비와 박씨의 소득인정액이 합산되어 수급대상자에서 제외되었다. 제외된 이유는 현재 자녀와 함께 살고 있는 부양

---

16) 부양의무자가 부양능력이 없는 경우

① 부양의무자가 수급권자인 경우

② 실제소득에서 질병, 교육 및 가구특성 등을 고려한 금액을 뺀 부양의무자의 소득(이하 '차감된 소득'이라 함)이 부양의무자의 해당 가구원 수의 기준 중위소득의 100분의 40 이하이고, 재산의 소득환산액이 수급권자 및 부양의무자 각각의 기준 중위소득의 100분의 18 미만인 경우를 말한다(보건복지부고시 제 2015-86호, 2015. 5. 29. 발령 2015. 7. 1. 시행).

③ 부양의무자가 일용근로에 종사하는 사람으로 재산의 소득환산액이 수급권자 및 부양의무자가구 각각의 기준 중위소득의 100분의 18미만인 경우

위의 경우 외의 사람으로서 다음에 해당하는 요건을 모두 갖춘 경우

– 차감된 부양의무자의 소득이 수급권자 기준 중위소득의 100분의 40과 해당 부양의무자 기준 중위소득을 더한 금액 미만인 경우

– 재산의 소득환산액이 수급권자 및 부양의무자 각각의 기준 중위소득의 100분의 18 미만인 경우

– 부양의무자의 차감된 소득에서 부양의무자 기준 중위소득에 해당하는 금액을 뺀 금액의 범위에서 보건복지부장관이 정하는 금액을 수급권자에게 정기적으로 지원한 경우

④ 직계존속 또는 「장애인연금법」의 중증장애인인 직계비속을 자신의 주거에서 부양하는 경우로서 자신의 주거는 반드시 본인명의 주거(소유권 및 사용권 포함)여야 하고, 직계존속이나 직계비속의 실제소득이 직계존속이나 직계비속의 수에 해당하는 기준 중위소득의 100분의 43이하여야 한다(직계존속 또는 중증장애인인 직계비속을 자신의 주거에서 부양하는 경우의 기준: 보건복지부 고시 제2017-203호. 2017. 11. 9. 발령, 시행)

⑤ 그 밖에 질병, 교육, 가구 특성 등으로 인해 부양능력이 없다고 보건복지부장관이 정하는 경우

> 의무자인 며느리의 부양능력 판정소득액이 444만원으로 조회되어 부양비가 15만원이 부과되면서 박씨 가구의 소득인정액이 115만원으로 최종 결정되었기 때문이다. 배우자가 실종상태인 며느리에게 15%의 부양비를 부과하면서 생겨난 결과이다."(조만선·박병현, 2016연구사례참조)

둘째, 부양의무자가 있어도 부양을 받을 수 없는 경우[17]이다.

특히 문제가 되고 있는 경우는 부양의무자가 있어도 부양을 받을 수 없는 경우 중 '부양을 기피하거나 거부하는 경우'와 관련해 문제가 되고 있다. 이와 관련해서는 수급신청자가 입증책임을 부담하고 있고 행정담당자의 재량권이 넓게 부여되어 있어 상황에 따라 인정되기도 하고 그렇지 못하기도 하므로 일관된 지표가 필요하다 볼 수 있다(박연주 외, 2013).

이러한 문제점들과 관련하여 사회복지학계에서는 부양의무자제도에 대해 꾸준히 폐지하는 방향에 대해 논하고 있으나 여전히 현실적 어려움에 부딪히고 있다.

---

17) 부양의무자가 있어도 부양을 받을 수 없는 경우
 1. 부양의무자가 「병역법」에 따라 징집되거나 소집된 경우
 2. 부양의무자가 「해외이주법」 제2조의 해외이주자에 해당하는 경우
 3. 부양의무자가 「형의 집행 및 수용자의 처우에 관한 법률」 및 「치료감호법」 등에 따른 교도소, 구치소, 치료감호시설 등에 수용 중인 경우
 4. 부양의무자에 대하여 실종선고 절차가 진행 중인 경우
 5. 부양의무자가 제32조의 보장시설에서 급여를 받고 있는 경우
 6. 부양의무자의 가출 또는 행방불명으로 경찰서 등 행정관청에 신고된 후 1개월이 지났거나 가출 또는 행방불명 사실을 특별자치시장·특별자치도지사·시장·군수·구청장(자치구의 구청장을 말한다. 이하 "시장·군수·구청장"이라 한다)이 확인한 경우
 7. 부양의무자가 부양을 기피하거나 거부하는 경우
 8. 그 밖에 부양을 받을 수 없는 것으로 보건복지부장관이 정하는 경우

3. 노인부양 관련법제와 관련판례

1) 관련법제

노인부양과 관련해서는 「노인복지법」, 「노인장기요양보험법」, 「국민기초생활 보장법」 등에 명시하고 있으며, 특히 「국민기초생활 보장법」에서는 부양의무자 제도를 명문화하고 있다.

「국민기초생활 보장법」상에서는 생계급여 등을 지급받기 위해서는 '부양의무자가 없거나' '부양의무자가 있어도 부양능력이 없거나' '부양을 받을 수 없는 경우'이어야 한다. 이러한 부양의무자에 대해서는 「국민기초생활 보장법」 제2조 제5호에 따라 "수급권자를 부양할 책임이 있는 사람으로서 수급권자의 1촌 직계혈족 및 그 배우자"로 정의하고 있다. 앞부분에 규정과 관련해서는 정리되어 있으므로 참조하기 바란다.

2) 관련판례

(1) 판례의 내용분석

우선 이 책에서 부양의무자기준과 관련한 판례의 내용은 「국민기초생활 보장법」 사례집의 판례내용을 토대로 작성되었음을 밝힌다. 판례들의 내용에 대해 도식화 정리해 보면 다음 〈표 8-3〉과 같다.

〈표 8-3〉 「국민기초생활 보장법」상 부양의무자 관련 부양할 수 없는 경우와 부양받을 수 없는 경우 관련판례

사건번호	피고	청구이유	법원의 판단
부산지법 2012. 04. 05. 선고 2011 구합 4436	부산광역시 ○○ 구청장	사회복지서비스 및 급여변경처분이 위법하므로 본 처분을 취소해 줄 것을 소 제기	급여변경처분이 충실한 조사에 따라 이루어지지 않았으므로 처분 취소 판결

대구고법 2011. 04. 29. 선고 2010누2549	대구광역시 ○○ 구청장	사회복지서비스 및 급여부적합 결정처분이 위법하므로 본 처분을 취소해 줄 것을 소 제기	급여부적합 결정처분에 대한 위법성 인정 판결
서울고법 2011. 01. 11. 선고 2010누21435	서울특별시 ○○구청장	부양의무자의 소득발견으로 인해 생계급여가 감액변경된 처분에 대한 위법성 주장	감액변경 처분은 적법하다고 판결
서울행정법원 2013. 02. 19. 선고 2012구합 27442	서울특별시 ○○구청장	부양의무자인 아들과의 통화기록 등으로 인하여 급여중지결정	급여중지처분에 대한 위법성 인정 판결

출처: 국민기초생활보장사례집 판례 내용 도식화.

노인부양과 관련하여 선정한 판례들은 모두 「국민기초생활 보장법」상의 부양의무자와 관련해 분쟁이 발생한 경우이다.

우선 부산지법 2011구합4436 판결의 쟁점을 살펴보면 부양의무자인 딸과의 불화로 인해 부양을 받지 못하고 있다는 확인서를 제출하였으나 딸과 지속적으로 연락해 온 사실이 인정되었다면서 '부양의무자가 있어도 부양을 받을 수 없는 경우'에 해당되지 않는다는 처분과 관련해 쟁점이 된 사안이다. 이에 대해 법원은 "① 이 사건 변론과정에서 현재 남편과 함께 시어머니를 모시고 살고 있는데 경제적으로 넉넉하지 못하여 원고를 부양하지 못하고 있다는 내용의 사실 확인서를 제출한 사실이 있다. ② 본 「국민기초생활 보장법」 제34조 '수급자에 대한 급여를 정당한 사유 없이 불리하게 변경할 수 없도록 규정한다.'와 관련해 수급기관이 수급자에 대한 급여를 감액하는 경우에는 위 각 규정에 따라 충실하게 조사하여야 한다고 해석된다."고 판단하여 '부양의무자가 있어도 부양을 받을 수 없는 경우'에 해당한다고 보았다.

대구고법2010누2549사안은 부양의무자인 장남과 며느리로부터 부양을 받지 못하고 있으며, 부양의무자인 장남과 며느리가 부양거부, 기피사유서를 제출하였는바, '부양의무자가 있어도 부양을 받을 수 없는 경우'에 해당하는지가 쟁점이 된 사안이다. 이에 대해 1심 판단은 부양기피, 거부사유로 인정하기 어렵다고 보아 수급을 인정하지 않은 반면 본 2심에서는 "이 법의 목적, 급여의 기본원칙, 수급권자의 범위 및 보장비용의 징수 등의 규정에 비추어 보면, 부양능력 있는 부양의무자가 어떠한 이유이든 실제로 명백히 부양을 기피하거나 거부하고 있는 사실이 인정되면 '부양의무자가 있어도 부양을 받을 수 없는 경우'를 충족한다고 해석할 수 있다."고 판단하여 '부양의무자가 있어도 부양을 받을 수 없는 경우'에 해당한다고 판단하였다.

세 번째 서울고법2010누21435판결은 장녀와 차녀의 소득발견으로 인하여 수급자의 수급급여를 변경하고자 한 사안으로 법원에서는 "부양의무자의 부양거부·기피의 경우 단순히 부양비를 지급하지 아니한 것을 넘어서 부양의무의 임의이행을 기대할 수 없을 정도에 해당하는 경우로 한정 해석함이 상당하므로, 부양의무자들이 관련 법령에서 정한 어느 정도의 부양능력이 됨에도 불구하고 단지 생활형편이 어려워 부양료를 지급하지 못하고 있다는 사정만으로는 위 시행령 소정의 '부양을 기피하거나 거부하는 경우'에 해당하여 '부양의무자가 있어도 부양을 받을 수 없는 경우'에 해당한다고 인정할 수 없다."고 판시하여 부양을 받을 수 없는 경우의 인정범위를 위의 대구고법의 판단보다 좁게 판단하고 있다.

마지막 서울행정법원2012구합27442에서는 '자녀의 부양능력이 인정되나 가족관계단절로 자녀가 부양을 거부 또는 기피함으로써 부양을 받을 수 없는 경우에 해당하는 경우'로 급여를 받고 있던 중 부양의무자의 아들과 전화통화를 하고 아들의 직장건강보험에 피부양자로 등재되었던 점 등을 들어 급여 부적합 결정을 관할구청이 결정함에 법원은 "아들과 4개월 동안 10여 차례 통화를 한 적이 있었다는 사유만으로 가족관계가 단절되지 않았다는 사실을 인정하기 부족하고, 직장건강보험에 피부양자로 등재된 점은 원고의 급여중지에 따라 건강보험공단이 직권으로 원고를 아들의 직장건강보험에 피부양자로 등재한 것에 불과하여 가족관계가 단절되지 않았다는 데에 대한 근거로 삼기 어렵고, 원고의 통장내역 상 자녀로부터 입금내역도 전혀 없는 것으로 보인다."고 보아 기초생활

수급권자에 해당함이 타당하다 판시하여 피고의 처분은 위법하다고 보았다.

앞의 사안들은 모두 '부양의무자가 있어도 부양을 받을 수 없는 경우'와 관련해 분쟁이 발생한 경우로 특히 '부양의무자가 부양을 기피하거나 거부하는 경우'에 대한 기준의 모호성으로 인해 판결도 상황에 따라 좁게 혹은 넓게 해석되고 있음을 살펴볼 수 있다. 따라서 이와 관련해 사각지대가 형성됨을 막기 위해서는 행정 자의적 판단을 막기 위해서라도 명확한 기준안을 제시하는 것이 중요하다.

(2) 노인의 인권관점에서 판례의 시사점

따라서 이상의 판례를 통해 다음과 같은 사회복지관점에서의 시사점을 살펴볼 수 있겠다.

첫째, 부양의무자 기준과 관련한 부양비 산정에 대해 각 가구별 특성에 따른 개선방안이 이루어져야 할 것이다. 이와 관련해서는 다음 〈표 8-4〉를 참조하면 좋을 듯하다.

〈표 8-4〉 **부양의무자 기준 개선 방안**

구분	부양의무자 기준 내용 및 개선방안	
	범위	예시
15. 7. 시행	수급권자의 1촌 이내의 직계혈족 및 그 배우자 (사망한 1촌의 직계혈족의 배우자 제외)	−부모, 아들, 딸 −며느리, 사위, 계부, 계모 등
개선방안	수급권자의 1촌 이내의 직계혈족 및 그 배우자 (사망, 실종 등 상태인 1촌의 직계혈족의 배우자 및 계자녀를 양육하는 계부모 제외)	− 부모, 아들, 딸 − 며느리, 사위, 계부, 계모 등
지침변경	현재	변경안
	부양비율 15%	부양비 부과 제외
	내용 − 생계, 주거를 달리하는 재혼한 직계존속인 부모가 재혼한 배우자의 근로능력 이 없는 자녀(계자녀)를 양육하는 경우 − 배우자가 실종 된 상태인 며느리 및 사위인 경우	

출처: 조만선·박병현(2016, p. 48).

　둘째, '부양을 거부하거나 기피하는 경우'와 관련한 행정청의 자의적 판단을 막기 위해 사회복지급여와 관련해서는 사회복지급여심사위원회(가칭)를 마련하여야 할 것이다. 앞에서 살펴보았듯이 행정청의 과도한 자의적 판단이 소송으로 가고 이러한 소송은 소송비와 시간의 낭비 및 불필요한 소명자료의 제출 등에 따른 부작용이 발생하고 있다. 따라서 이러한 기관을 새로이 설립하여 수급권자의 수급 공백 기간을 막고 빠르게 문제를 해결하여 수급권자의 인권을 지켜 주어야 할 필요가 있다.

　셋째, '부양을 거부하거나 기피하는 경우'와 관련해 구체적 기준이 마련되어야 할 것이다. 이와 관련해서는 시행령에 새로운 기준을 열거적으로 작성하여 제시하여 주면서 포괄적으로 기준을 제시하여 주면 부양을 거부하거나 기피하는 기준에 대한 해석과 관련해 행정청의 과도한 자의적 판단을 어느 정도 막을 수 있을 것이다.

　마지막으로, 부모와 함께 살면서 부모를 부양하는 경우에는 이에 대한 국가차원의 혜택이 마련되어야 할 것이다. 이와 관련해서는 간단한 자료의 입증이 있으면(예를 들면, 모시고 살거나, 지속적인 부양비를 지원하고 있음이 입증된 경우) 세금의 혜택 및 부양에 따른 인적공제인센티브 등을 실시하는 것이다(조만선 · 박병현, 2016).

　사회가 변화되면서 점차적으로 부양의무자제도인 사적 부양제도는 점차 더욱 축소되어야 할 것이고, 이에 따른 공적 부양제도가 체계적으로 자리 잡아 가야 할 것이다. 공적 부양이 자리 잡기 위해서는 「노인복지법」을 좀 더 체계화하고 노인의 인권 보호 강화를 위해 법체계의 개선을 모색할 때이다(김현수, 2014). 그렇다하더라도 '부양을 거부하거나 기피하는 경우' 등과 같이 명확한 기준이 결정되지 않는다면 이와 관련한 소송비용 및 국가적 차원에서의 지속적인 문제가 발생할 것이다. 따라서 부양의무범위에 대한 연구가 지속되어야 할 것이다.

4. 판례를 통해 생각해 볼 문제

【1】노인의 부양과 관련해 현 부양의무자제도에 대한 문제점에 대해 논의해
보시오.

【2】「국민기초생활 보장법」상의 노인수급자제도의 문제점에 대해 논의해 보
시오.

【3】노인부양과 관련한 사회복지서비스 및 급여제도에 대해 논의해 보시오.

【4】노인의 소득보장과 관련한 제도에 대해 논의해 보시오.

참고문헌

강성태(2011). 고령자 고용법제의 현황과 개선방안: 노동정책과 사회보장정책의 결합을 중심으로.
동아법학, 52, 845-870.

국가인권위원회(2004). 인권백서. 서울: 국가인권위원회.

김수정·박연주(2014). 고용촉진지원제도 관련 판례분석 연구. 사회복지정책, 41(3), 131-153.

김진태(2011). 고령화에 따른 고령자 노동시장의 변화와 법적 대응. 노동법논총, 21, 263-301.

김현수(2014). 사회적 취약계층의 신상보호를 위한 법제정비 방안 연구: 고령자 보호를 중심으로. 세종: 한
국법제연구원.

노상헌(2012). 고령사회와 고령자고용법의 문제. 법학논총, 32(1), 61-84.

뉴스1. http://www.naver.com 2019년 3월 24일 접속.

박연주·김수정·정수정(2013). 국민기초생활보장수급자 선정을 위한 부양의무자 기준의 개선방
안에 관한 연구. 비판사회정책, 39, 117-144.

박종희·김미영·강선희(2008). 고령자 고용촉진을 위한 노동시장법제 개선방안 연구. 세종: 고용노동
부.

손병돈·김기덕·권선진·박지영·이종복·이혜경·최승희(2011). 사회복지와 인권. 경기: 양서
원.

이지선(2012). 부양의무제 위헌성에 대한 검토. 국민기초생활보장법상 부양의무자 제도의 위헌 여부 토론
회 자료집. 13-34.

이학춘·고준기·전만길(2011). 고령자 고용촉진과 고용연장유지를 위한 임금피크제의 문제점과
개선방안. 노동법논총, 21, 391-429.

전경근(2012). 국민기초생활보장법상 '부양의무자'의 법적 문제. 사회복지법제연구, 3, 3-30.

조만선 · 박병현(2016). 사례분석을 통한 국민기초생활보장제도 부양의무자 기준 개선방안. 한국
사회복지조사연구, 48, 29-56.

법제처 홈페이지 www.moleg.go.kr

찾아보기

내용

········
저자 소개

박연주 Park yeon ju

성균관대학교 대학원 사회복지학 박사

전 성균관대학교 박사 후 교내 연수

　　동국대학교, 숭의여자대학교, 성균관대학교, 세명대학교 등 출강

현 성균관대학교 초빙교수

　　중앙대학교 강사

　　손해사정사

주요 논문

「아동학대범죄의 처벌 등에 관한 특례법」 전 · 후 판결 비교(2018)

인권관점에서 살펴본 장애아동 성폭력범죄 판례연구(2018)

한국의 아동 · 청소년대상 성범죄 양형분석연구(2017)

13세 미만 아동성폭력 재판에서의 아동진술연구(2016) 외 다수의 판례분석연구

주요 관심 분야

사회복지법제, 인권과 사회복지, 산업복지, 사회보장정책 등

판례와 사례를 중심으로 한

인권과 사회복지
Human Rights and Social Welfare
Focusing on Judicial Precedents and Cases

2020년 1월 20일 1판 1쇄 인쇄
2020년 1월 30일 1판 1쇄 발행

지은이 • 박연주
펴낸이 • 김진환
펴낸곳 • ㈜ **학지사**
　　　　04031 서울특별시 마포구 양화로 15길 20 마인드월드빌딩
대표전화 • 02)330-5114　　　팩스 • 02)324-2345
등록번호 • 제313-2006-000265호

홈페이지 • http://www.hakjisa.co.kr
페이스북 • https://www.facebook.com/hakjisa

ISBN 978-89-997-2021-5 93330

정가 16,000원

이 도서의 국립중앙도서관 출판시도서목록(CIP)은 서지정보유통지
원시스템 홈페이지(http://seoji.nl.go.kr)와 국가자료공동목록시스템
(http://www.nl.go.kr/kolisnet)에서 이용하실 수 있습니다.
(CIP 제어번호: CIP2020000720)

출판 · 교육 · 미디어기업 **학지사**

간호보건의학출판 **학지사메디컬** www.hakjisamd.co.kr
심리검사연구소 **인싸이트** www.inpsyt.co.kr
학술논문서비스 **뉴논문** www.newnonmun.com
원격교육연수원 **카운피아** www.counpia.com